＊　＊　＊

基金项目：

教育部哲学社会科学研究重大课题攻关项目(17JZD059)
国家社会科学基金重大项目(11&ZD057)
华南理工大学"双一流"建设项目(X2GG/K5183080)

A Library of Academics by PHD Supervisors

博士生导师学术文库

公共财政与政府整体绩效

基于第三方评价

郑方辉　卢扬帆　廖逸儿　编著

中国书籍出版社
China Book Press

图书在版编目（CIP）数据

公共财政与政府整体绩效：基于第三方评价/郑方辉，卢扬帆，廖逸儿编著. —北京：中国书籍出版社，2020.2

（博士生导师学术文库）

ISBN 978-7-5068-7774-9

Ⅰ.①公… Ⅱ.①郑… ②卢… ③廖… Ⅲ.①公共财政－财政管理－研究－中国 ②国家行政机关－行政管理－研究－中国 Ⅳ.①F812 ②D630.1

中国版本图书馆 CIP 数据核字（2019）第 293593 号

公共财政与政府整体绩效：基于第三方评价

郑方辉　卢扬帆　廖逸儿　编著

责任编辑	毕　磊
责任印制	孙马飞　马　芝
封面设计	中联华文
出版发行	中国书籍出版社
地　　址	北京市丰台区三路居路 97 号（邮编：100073）
电　　话	（010）52257143（总编室）　（010）52257140（发行部）
电子邮箱	eo@ chinabp. com. cn
经　　销	全国新华书店
印　　刷	三河市华东印刷有限公司
开　　本	710 毫米×1000 毫米　1/16
字　　数	298 千字
印　　张	16
版　　次	2020 年 2 月第 1 版　2020 年 2 月第 1 次印刷
书　　号	ISBN 978-7-5068-7774-9
定　　价	95.00 元

版权所有　翻印必究

目 录

上篇 财政资金绩效评价

第一章　财政收入绩效评价与减税降费目标实现 ················· 2
 一、问题与文献 ··· 2
 二、减税降费：财政收入软约束推高宏观税负 ··················· 6
 三、预算管理：构建财政收入绩效评价体系和机制 ··············· 10
 四、税费成本：反照财政收入绩效评价的结果导向 ··············· 14
 五、税负痛感：凸现财政收入绩效评价的满意度导向 ············· 18
 六、动力机制：以收入绩效评价驱动减税降费政策目标实现 ······· 22

第二章　财政绩效评价：理念、体系与实践 ····················· 25
 一、问题的提出 ·· 25
 二、研究回顾：财政绩效评价的二重属性 ······················ 27
 三、理念嬗变：从财务评价、绩效审计到绩效评价 ·············· 31
 四、组织模式：追求公共财政公信力的主体定位 ················ 35
 五、指标体系：构建统一性与差异性相结合的通用模型 ·········· 39
 六、十年探索：我国财政绩效评价的实践审视 ·················· 43

第三章　省级财政支出绩效评价 ······························ 47
 一、评价说明 ··· 47

二、评价结果及特点 ·· 52
　　三、评价发现与启示 ·· 59
　　四、代表性省级财政绩效评价结果 ·································· 61

第四章　财政支出绩效评价报告 ·· 65
报告一：广东省基层医疗卫生服务能力建设资金支出绩效评价简报
　　一、评价说明 ·· 65
　　二、评价结果 ·· 69
　　三、主要成绩 ·· 72
　　四、存在问题及原因 ·· 73
　　五、对策建议 ·· 80
报告二：广东省扶贫开发资金支出绩效评价简报
　　一、评价说明 ·· 82
　　二、政策概况 ·· 83
　　三、大数据分析与发现 ·· 87
　　四、第三方评价结果 ·· 88
　　五、成绩、问题与原因 ·· 90
　　六、对策建议 ·· 93

中篇　教育经费绩效评价

第五章　教育经费绩效评价缘由及特征 ·································· 96
　　一、我国教育经费绩效评价背景 ···································· 96
　　二、教育经费绩效评价理论方法 ··································· 102
　　三、我国教育经费绩效评价实践 ··································· 107
　　四、我国教育经费绩效评价特征 ··································· 108

第六章　教育经费支出绩效实证评价 ·································· 112
　　一、指标体系及其依据 ··· 112

二、实证评价：以 2017 年度广东省为例 ·················· 115
　　三、发现与建议 ·· 120

第七章　财政教育精准扶贫绩效评价 ·············· 125
　　一、我国教育事业及其教育经费 ······························ 125
　　二、贫困人口教育财政支出绩效分析 ······················ 132

第八章　公众教育满意度评价 ·························· 138
　　一、评价说明 ·· 138
　　二、总体满意度结果 ·· 139
　　三、公众教育关注度 ·· 142
　　四、教育经济负担 ·· 144
　　五、教育存在问题感知与归因 ·································· 148

下篇　地方政府整体绩效评价

第九章　评价说明 ·· 152
　　一、政府绩效评价及发展 ·· 152
　　二、我国政府绩效管理及评价 ·································· 154
　　三、本项研究的特征与审视 ······································ 158
　　四、2016 年度评价指标体系 ···································· 164

第十章　地级以上市政府评价结果 ······················ 166
　　一、技术说明 ·· 166
　　二、总体评价结果 ·· 168
　　三、50 项指标评价结果 ·· 171
　　四、21 个地级以上市政府评价结果 ·························· 174

3

第十一章 县级政府评价结果 ················· 185
一、总体评价结果 ························· 185
二、促进经济发展领域层评价结果 ············· 189
三、维护社会公正领域层评价结果 ············· 191
四、保护生态环境领域层评价结果 ············· 194
五、节约政府成本领域层评价结果 ············· 196
六、实现公众满意领域层评价结果 ············· 199

第十二章 公众满意度评价结果 ················· 202
一、评价说明 ···························· 202
二、全省满意度评价结果 ···················· 203
三、13项满意度分项结果 ···················· 206
四、地级以上市评价结果 ···················· 212
五、县（市、区）评价结果 ·················· 220
六、公众背景对满意度评价影响 ··············· 223

第十三章 问题与建议 ······················· 225
一、主要成绩与问题 ······················· 225
二、存在问题 ···························· 228
三、若干建议 ···························· 245

附录 2017年度广东省地方政府整体绩效评价结果 ······ 247
一、评价结果 ···························· 247
二、主要特点 ···························· 248

上篇　财政资金绩效评价

第一章　财政收入绩效评价与减税降费目标实现[①]

现代预算是现代国家治理的有效支柱。"一个国家的治理能力在很大程度上取决于它的预算能力。"[②] 2018年9月，中共中央国务院印发《全面实施预算绩效管理的意见》（中发〔2018〕34号），要求加快建成全方位、全过程、全覆盖的预算绩效管理体系。针对一般公共预算，首次涉及财政收入绩效管理，要求重点关注收入结构、征收效率和优惠政策的实施效果。2019年1月，落实中央经济工作会议精神，财政部提出将实施"更大规模减税、更为明显降费"的财税政策。事实上，现代财政制度的三大核心问题：预算制度、央地财政关系、税收体系构建于财政收支之上，"建立全面规范透明、标准科学、约束有力的预算制度"离不开财政收入绩效管理。但多年以来，在不断强化减税降费的同时，企业和民众却缺少一定程度的感知度。反思这种落差，学界将问题聚焦于财政收入的形成机理、监督机制及评价体系上，进而延伸至新的范畴，涉足公共管理学科的新领域——凸现税负痛感和税费成本的财政收入绩效评价。

一、问题与文献

（一）问题的提出

现代国家建立于税收之上。历经四十年改革开放，我国已成为全球第二大经济体。2018年，全国GDP超过90万亿元（同比增长6.6%），一般公共预算收入为18.3万亿元（同比增长6.2%），其中，税收收入达15万亿元（同比增长8.3%）。尽管过去一年因政策调整，财税增速峰值向下，但近几年的变化态势依然特征明显：一是财政收入增长率高于GDP增长率，尤其是税收增长超过或接近两位数；二是预算与执行偏离率扩大，自2015年以来，超支大于超收，并呈逐年扩大之势，2017年达20.4%；三是非税收入居高不下，约一半政府收入源自于税外；四是地方政府债务日趋膨胀，截至2017年地方显性与隐性债务超过

[①] 基金项目：教育部哲学社会科学研究重大课题攻关项目"我国教育经费绩效评价与提升研究"（17JZD059）。

[②] Allen Schick. Capacity to Budget [M]. Washington: The Urban Institute Press, 1990.

40万亿元，为当年财政收入的两倍多，负债率超过公认60%的警戒线；①五是宏观税负不断攀升，根据世界银行公布的2017年全球企业综合税率排行榜，在190个有数据的经济体中，我国名列第12位（67.3%），远超过世界平均水平的40.5%。

2018年年中，央行官员发出"多个现象表明积极的财政政策不是真积极"的诘问，财政部官员迅速做出尖锐回应，②将长期以来备受关注的财政货币政策的争论再一次推向台前。围绕"放水与减税"的经济痛点，社会及学界的困惑是：为什么在不断减税的同时，税收收入不减反涨？国内税负及减税盘子到底有多大？税负水平能否建立预警机制及标准？如何检验减税降费的政策成效？等等。更深层次的疑虑在于：依据我国现行制度，人大对税收及税率"把关"，政府为收费的主体，但在"让花钱人去制定收钱规则"的税制中，基于收入最大化的理性和任性，如何约束和规范财政收入规模，优化收入结构，提高征收效率，回应社会关切？应该说，这是重大的现实及理论议题。

追溯财政史，税收及税制作为现代国家治理的基石，既与国家制度、权力结构与制衡机制息息相关，又有赖于一套成熟的技术体系。在西方，所谓预算民主的根基在于税收法定，坚守"非同意勿纳税"的底线，行政机关不过是预算的执行者。由此，财政收入的法定性及选举市场的刚性约束发挥了收入绩效评价的功能。我国的社会制度迥然有别，但体现以人民为中心的发展理念，不论是检视现实矛盾与问题，还是驱动预算管理理论创新，迫切需要立足于中国国情，重构理论框架与建立标准体系，以夯实全面预算绩效管理的实现路径。同时，公共政策重在落地，检验政策成效比政策本身更重要。兑现减税降费的政策目标，客观上要求厘清政策逻辑，界定目标内涵，构建度量标准，推行财政收入绩效评价。

本研究的立论是：置于全面预算绩效管理的时代背景，基于减税降费的内在逻辑和生成机理，围绕预算约束和度量标准，融合价值导向和工具理性，构建财政收入绩效评价体系与机制，进而将税负痛感、税费成本作为评价维度的关键指标，体现结果导向和满意度导向，铸造实现政策目标的新动能。值得一提的是，为兑现竞选理念，2017年年末，特朗普政府开始落地"降低税率、减少税级、拓宽税基"的税制改革。显而易见，这一举措将改变美国财政收入结构及营商环境，引发溢出效应和连锁反应。也是本研究需面对的外部环境。

---

① 张明，朱子阳. 中国政府债务规模究竟几何？[J]. 财经，2018（17）.
② 贺斌. 央行和财政部"互怼"背后[J]. 中国新闻周刊，2018（862）.

（二）文献简述

学界对预算管理、财政政策、绩效评价等领域的研究由来已久，并上升至国家治理现代化的高度，但涉及财政收入绩效评价的文献十分有限。

"预算一词就像社会正义等词一样，成为政治的常用语。"① 从发展进路上看，现代预算与现代国家治理存在着价值诉求、体系构成、形态特质和功能实现等方面的整体共生性。② 从"领地国家"到"税收国家"再到"预算国家"的两次转型，奠定了西方现代国家预算的理性化、民主化、透明化、法治化及可问责的价值原则。诺斯指出：预算在协调国家的二元目标，即界定所有权结构促使统治者的租金最大化与降低交易费用导致社会产出最大化的过程中发挥着直接作用。③ 对于预算的功能定位，无论政治家的目的是什么，预算过程都是一个政治工具。④ 换言之，预算融合价值导向和工具理性。历史经验表明，现代预算系统是持续繁荣的催化剂，但如果被官僚和利益集团俘获，就会直接导致经济的停滞和社会的不公正。⑤ 正因为如此，预算国家呈现两个基本特征，一是财政上的集中统一，二是代议机构能监督政府的财政收支。⑥

税负折射国家、政府与社会的关系。罗斯巴德在《美国大萧条》一书中指出：税负即是"估算政府对私营国民产值的掠夺程度"，阿西莫格鲁等人进一步认为，政府每一分钱的税收以及通过国企获取的垄断利润，近似于挤占了公民包括私人及私营企业的支出权利。⑦ 政府性基金、社保基金、国有资本经营等项目收入具有相同的性质，同样是对当下市场经济流量的削弱。针对国内的现实，有学者认为，非税收入大多是政府提供特定公共服务或国有资源而收取的对价，不符合税收无偿性原则；⑧ 也有学者指出，大、中、小三个口径均应纳入社保基金

---

① 乔纳森·卡恩.预算民主：美国的国家建设和公民权（1890—1928）[M].叶娟丽译.上海：上海人民出版社，2008.
② 曹堂哲.现代预算与现代国家治理的十大关系——基于文献的审视[J].武汉大学学报（哲学社会科学版），2016，69（06）：23-34.
③ 道格拉斯·C·诺思.经济史中的结构与变迁[M].陈郁等译.上海：上海人民出版社，1994年.
④ Wildavsky A. B.. Budgeting: A Comparative Theory of Budgetary Process [M]. Boston: Little Brown, 1975.
⑤ 曼瑟·奥尔森.权力与繁荣[M].苏长和译.上海：上海人民出版社，2005年.
⑥ 王绍光.从税收国家到预算国家[J].读书，2007（10）：3-13.
⑦ 李炜光，臧建文.中国企业税负高低之谜：寻找合理的企业税负衡量标准[J].南方经济，2017（02）：1-23.
⑧ 朱青.对我国税负问题的思考[J].财贸经济，2012（07）：5-12.

收入。广义的政府收入中,政府性基金收入应剔除土地使用权出让收入。①

　　减税降费意味着税负过高。过高的税负可能形成"死角损失"(deadweight loss),造成全社会福利降低。② 犹如熊彼特所言:税务国家一定不能从其人民那里要求太多,否则他们将丧失生产兴趣。③ 从而导致经济衰退,反过来影响税收收入。④ 针对我国的情况,一般认为,"小口径"税负水平较其他国家要低,"大口径"接近发达国家。同时,分税制改革后,三个口径的宏观税负均呈明显的上升态势。⑤ a其主要特点:一是名义税负不高,但实际税负较重;⑥ 二是非税收入与税收收入"平分秋色",尤其因财权事权错位诱发了地方政府所谓的土地财政结构格局;⑦ 三是税收负担结构性失衡。小微企业和中低收入居民承担较高的税负,但直接获益较少。⑧ 背后原因复杂,但归到底在于漠视纳税人最重要的宪法权利:"赞同纳税权"及由此延伸的"政府服务权"和"税款节俭权",继而降低了纳税遵从度。⑨ 传导至体制层面,财政不透明和预算软约束及其相互作用很大程度上诱发了非税收入的扩张。因为在支出刚性、以支定收、收入弹性的理念惯性与体制循环中,收入最大化是政府的理性选择,推高税负无可避免。以此为据,有论者认为,财政支出刚性导致中国事实上并不存在大规模的减税可能。要实现更大规模的减税降费绝非一道简单的算术题,事关体制机制改革,涉及央地财权事权划分。⑩

　　拉弗曲线表明,实现财政收入最大化,最优税率并非最高税率。由此,实现税率最优化关键在于如何平衡政府增收的动力与社会减收的压力。理论上,预算体现为具有法律效力的财政收支计划,以制度遏制政府增收的冲动,提供制衡的标准体系。财政收入绩效评价将涉及征税收费的责任主体——政府作为被评对象,直面财政收入规模结构、征收过程等核心问题,是实现预算绩效管理的有效

---

① 李文. 宏观税负的成因——基于公共品供求的非正常影响因素 [J]. 税务研究, 2013 (08): 25-30.

② N. Gregory Mankiw. Principles of Microeconomics [M]. Boston: Cengage Learning, 2014.

③ Schumpeter J. A. The Crisis of the Tax State [M]. 1918.

④ Porter P K, Scully G. Institutional Technology and Economic Growth [J]. Public Choice, 1995, 82: 17-36.

⑤ 杨灿明,詹新宇. 中国宏观税负政策偏向的经济波动效应 [J]. 中国社会科学, 2016 (04): 71-90+206-207.

⑥ 赵理想. 由宏观税负分化现象看中国是否需要减税 [J]. 税务研究, 2008 (11): 20-23.

⑦ 周飞舟. 分税制十年:制度及其影响 [J]. 中国社会科学, 2006 (06): 100-115, 205.

⑧ 陈彦斌,陈惟. 中国宏观税负的测算及启示 [J]. 财经问题研究, 2017 (09): 3-10.

⑨ 王玮. 纳税人权利与我国税收遵从度的提升 [J]. 税务研究, 2008 (04): 70-74.

⑩ 张国帅. 中国大规模减税的盘子到底有多大 [N]. 经济观察报, 2018-12-21.

手段与价值标准。① 事实上，尽管斯密的自由市场理念影响深远，但近半个多世纪以来，主流经济学家无不相信凯恩斯主义的宏观调控政策，确信一套看上去无懈可击的数学模型，以增强高税负高福利的政策自负。不过，里根主义之后三十年，特朗普政府的减税政策再次改变了这一进程。

应该说，减税降费、税费约束及税负评价为新时代全球化趋势，也为跨学科研究的热点领域。但有关研究均以西方语境的法治和自由市场经济为前提，换言之，内置了征税及政府收入的制约机制和评价体系。尽管我国社会制度不同，但预算绩效作为一种约束决策机制，贯穿政府活动始终。因此，如何有效约束财政收入规模与优化收入结构，维持公平、合法、合理的税负水平，提高收入质量则是一个全新的问题。正因为如此，凸现了财政收入绩效评价的现实意义和学术价值，也为本研究提供了空间。

二、减税降费：财政收入软约束推高宏观税负

税收作为重要的宏观政策工具内置了强烈的价值导向。一旦税收成为事实，它就好像一柄把手，社会力量可以握住它，从而改变社会结构。② 或者说，征税塑造了一种特定的国家与社会关系。反观财税史，减税是重要的财政政策工具，但降费具有本土特色。逻辑上，减税降费意味着存在过高的税（费）负，其背后隐含的问题是：我国宏观税负水平到底多高？是什么原因推高了宏观税负？

（一）我国宏观税负水平估算与判断

税、费、租、价构成现阶段我国政府财政收入体系。宏观税负（又称宏观税率）作为衡量全社会总体税收负担的综合性概念意指一定时期内政府收入与 GDP 的比重。由于政府收入来源较为复杂，分类存在差异。与国际通行做法有所不同，我国政府收入大体上包括税收收入、非税收入、社保基金收入、债务收入及其他收入等类别，由此形成大、中、小三种宏观税负计算口径。一般而言，"小口径"针对税收收入；"中口径"指向财政一般公共预算收入；"大口径"在"中口径"基础上，还包括政府性基金收入、国有资本经营收入及社会保险基金收入。

图 1-1 根据《中国财政年鉴》及财政部公布的数据，估算 1994—2018 年我国三种口径的宏观税负，并与税收、财政收入和 GDP 增长率一起置于坐标系中，

---

① 郑方辉，廖逸儿. 论财政收入绩效评价 [J]. 中国行政管理，2017 (01)：11-18.
② Schumpeter J. A. The Crisis of the Tax State [M]. 1918.

形成曲线图。由图可知，总体上，2001年前，三个口径的曲线变化趋势基本一致，之后差距逐年拉大。其中，"小口径"与"中口径"曲线变化较为平缓，税负水平差距较小。但"大口径"与GDP增速自2001年后更快。2018年，"大口径"为0.37，为1994年的2.3倍及同年"小口径"的2倍；2018年"中口径"和"小口径"分别为0.2和0.17，分别为1994年的1.9倍和1.6倍。另外，税收增长率和财政收入增长率曲线较为贴合，变化趋势基本一致。简言之，二十多年来，我国各种口径的宏观税负逐年提高，尤其是"大口径"自2009年后增速明显，与中小口径税负水平差距迅速拉大。当然，也有学者认为这种测算结果低估了税负水平，并估算2013年我国宏观税率即达到45.6%。[1]

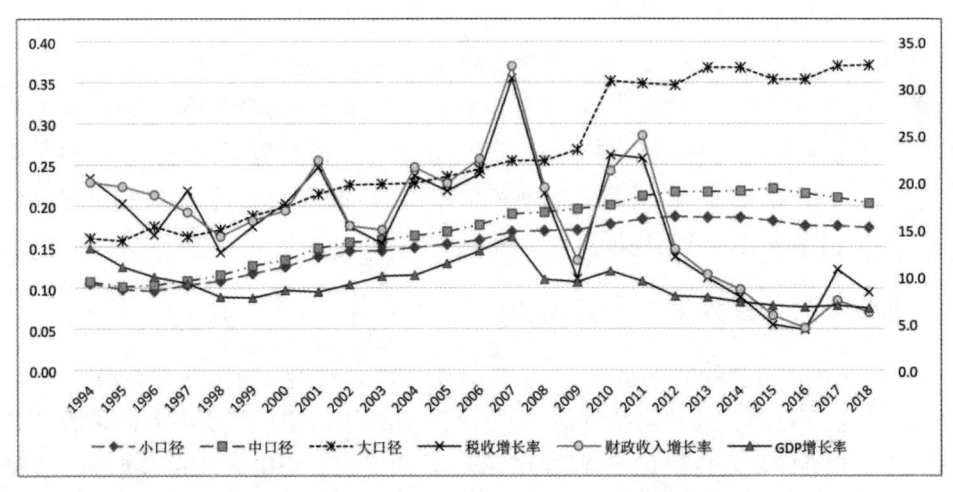

图1-1 1994—2018年我国不同口径宏观税负水平及收入与GDP增长趋势[2]

进一步横向比较。根据OECD公布的数据，2017年，"小口径"宏观税负，OECD成员国均值为0.34，其中，美国为0.27；英国为0.33；韩国为0.27；而"大口径"宏观税负，2017年美国为0.33；英国为0.39；韩国为0.36；爱尔兰为0.26。[3] 对比发现，我国"大口径"税负水平与发达国家相差无几，"小口

---

[1] 盛洪. 没有约束的财政支出是宏观税率攀升的主要动因[N]. 价值中国网，2019-3-2.
[2] 图中三个口径均不包含债务收入，2018年"大口径"结果依据财政部、人社部公布数据估算而成。由于政府收入核算方式经历多次变化以及政府性基金收入与国有资本经营收入部分数据缺失，2009年前估算的大口径税负水平较实际偏低，在图中表现为2009—2010年的宏观税负明显升高。
[3] 数据来源于OECD数据库。小口径宏观税负以税收收入和GDP之比计算；大口径根据SNA2008的相关规定进行统计，财政收入包括税收、社会缴款、其他经常性收入、应收资本转移。参见：https://data.oecd.org/gga/general-government-revenue.htm，2019-4-18.

径"税负水平处于发展中国家的中间水平。另外，依据世界银行提出的最佳宏观税负率标准，2017年，我国"中口径"宏观税负水平为0.21，与世行标准基本相当，但"大口径"（0.35）则超过最佳标准（0.30）。[①]

宏观税负水平标准受制于制度体制、发展阶段、统计规范等因素影响，对其科学性与合理性判断是一个复杂问题。最佳税负水平应兼顾税收与经济增长协调性、政府支出最低限度、宏观与微观税负匹配性等原则。严格而言，我国与国际通行做法存在诸多不可比因素，比方说，当前以间接税为主的税制结构具有明显的"累退性"，[②] 中下等收入阶层成为税收的主要承担者；各种收费占据重要地位，国有企业利润收入具有特殊性，等等。理论上，财政收入"取之于民，用之于民"，但2017年，一般公共预算收支中，我国教育、医疗及社保等民生方面的支出仅占收入的40%，与当年"大口径"宏观税负水平相差不多的美国形成巨大反差（2017年美国用于教育、医疗及社保方面支出为44765.08亿美元，占政府总收入的68%）。[③] 总之，不论比照国际通行标准，还是综合考虑财政收入结构、民生投入占比、税制税率特点，以及经济增长、税费增长、居民收入与企业利润增长等匹配程度，目前我国宏观税负水平居高是一个不争的事实，源自于2011年结构性减税政策也佐证这种判断。

（二）预算软约束是推高税负的主因

"只有死亡与纳税不可避免"。税收对现代国家治理及社会发展的作用不言而喻。但基于税率为公共物品价格，供给的垄断性决定了宏观税率趋高是理性选择。不断走高的宏观税负意味着政府扩张，从而造成市场扭曲，需求萎缩，投资和供给减少，经济步入恶性循环。换言之，无论从经济增速的长期趋势还是引起税收超高速增长特殊因素的变化来看，目前我国高速增长的税收收入并不具有可持续性。[④] 由此，客观上要求探究推高宏观税负的成因及其带来的影响。

自分税制改革以来，随着经济快速增长，税基扩大，征管手段完善，以及非

[①] 世界银行发展报告指出，一国宏观税负水平与经济发展水平呈现一定的正相关，但有间断点。中低收入国家（人均GDP<3125美元）的宏观税负水平在13%~19%，中上等收入国家（人均GDP>3125美元）最佳宏观税负率为0.22，高收入国家（人均GDP>9666美元）最佳宏观税负率为0.3。2017年，我国人均GDP为59201元，约为8819美元，属于中上等收入国家。周强. 新税负痛苦指数分析及启示——基于中国宏观税负加权 [J]. 人民论坛, 2015 (05): 82-85.

[②] 高培勇. 论完善税收制度的新阶段 [J]. 经济研究, 2015, 50 (02): 4-15.

[③] 根据《National Accounts of OECD Countries, General Government Accounts 2018》的数据计算. OECD. https://read.oecd-ilibrary.org/economics/national-accounts-of-oecd-countries-general-government-accounts-2018_na_gga-2019-en#page2, 2019-3-8.

[④] 李冬梅. 当前我国宏观税负水平合理性辨析 [J]. 经济问题, 2009 (03): 103-105.

税收入占比增大，我国宏观税负水平一路攀高某种意义上符合经济发展的一般性规律，但三个口径之间的税负差异意味着名义税负与实际税负的分化，即名义税负不高，但实际税负过重。究其原因，涉及体制机制、收入结构、支出规模、税率税基，以及历史惯性、发展阶段等因素，但背后无不指向预算软约束。

首先，针对税收收入。税制与税率是影响税收收入的基本元素。制约机制是驱使公共物品的垄断定价倾向于均衡价格的唯一手段。但我们恰恰缺少这样的机制，税负很大程度上由"花税人"的行政部门决定，趋高与任性为本能使然。比方说，我国现行的18个税种中，仅个人所得税、企业所得税等8种通过全国人大立法，其他10种税收事项（如作为税收收入重要来源的增值税、消费税等）均是依据行政法规、规章及规范性文件来征收。

其次，针对非税收入。分税制改革催化了地方政府之间竞争，在驱动经济高速增长的同时，也诱发了非税收入膨胀等一系列问题。① 由于"财权"与"事权"的不匹配，地方政府唯有寻求预算外资金以充实自身可支配的财力，中央政府硬化预算约束、规范非税收入增长的努力难以见效。以"土地财政"为例，1998—2017年，全国国有土地出让收入由507亿元上升到6.5万亿元，占地方性基金收入的比例由3%上升至86%。② 同时，各种各样的市场准入门槛、审批手续，以及由此带来的不确定性及寻租空间加大了企业负担，提高了交易成本，实际上也是收入流量的净损失。

最后，针对预算执行。长期以来预算管理关注过程控制，忽视绩效管理，"以支定收"导致财政收入压力增大，超收成为常态。对于突破预算约束的行为，理论上，人大负有财政监督权，但实际上对违规现象难以责任追究，并形成有效处罚。执法主体不明确、法律责任的不具体与缺乏有效操作性制约，客观上纵容了地方政府的预算弹性、收入冲动和约束"空转"。在"人大监督乏力、政府预算行为随意、公众预算监督不足"的背景下，③ 我国宏观税负不断攀高尽管表象多样，成因复杂，但归结到底在于预算弹性和任性，即财政预算无法对政府行为形成强有力的约束，预算机制不足以制约政府过度收支的倾向。④

---

① 吕冰洋，郭庆旺. 中国税收高速增长的源泉：税收能力和税收努力框架下的解释 [J]. 中国社会科学，2011（02）：76-90，221-222.；李永友，沈玉平. 财政收入垂直分配关系及其均衡增长效应 [J]. 中国社会科学，2010（06）：108-124，222-223.

② 唐云锋，吴琦琦. 土地财政制度对房地产价格的影响因素研究 [J]. 经济理论与经济管理，2018（03）：43-56.

③ 蒋悟真. 推动预算民主的三条进路 [J]. 法学，2011（11）：24-29.

④ 郭月梅，欧阳洁. 地方政府财政透明、预算软约束与非税收入增长 [J]. 财政研究，2017（07）：73-88.

三、预算管理：构建财政收入绩效评价体系和机制

预算规模最大化趋向与公共财政的低效率必然推高宏观税负。遏制税负攀升，实现减税降费的目标，客观上要求刚性约束征税收费的责任主体，以法律效力规范财政收支计划，实行预算管理。"虽然预算系统看上去是一门技术，但实际上它却是政治，是政治和技术的结合，而且技术位于最低层面，政治却处于最高位置。"① 背后的逻辑，折射了从预算管理到预算绩效管理，以及与预算民主的关系。财政收入绩效评价秉承政府绩效评价的理念方法，直面预算收入的核心问题和主要矛盾，成为预算绩效管理的约束机制及工具体系。

（一）财政收入绩效评价是预算绩效管理的客观要求

"在各种监督中，预算监督是最有效的手段"。② 对预算的评价推动预算变革和国家治理变迁。财政管理历经财务管理、预算管理到预算绩效管理，折射了预算民主的发展逻辑。财政收入绩效评价与预算绩效管理存在着价值同构、路径同向、目标同一的关系，是预算绩效管理的必然要求。

首先，体现预算绩效管理的价值理念。从收入汲取、公共责任和行政控制三个维度，凯顿将预算史划分为前预算时代、预算时代和超预算时代。③ 在前预算时代，财政管理等同于王室家族的营收管理，与私人财务管理相近。中央集权及政府规模扩张促使财政收支更加依赖于一种提前规划、全面监控和定期清算的办法，以使国家达至整体的"数目字管理"④。这一过程表现出技术特性，但构建于清晰的价值基础上，即预算是透视财政与国家治理关系的多棱镜，评价服务于监督政府公共财政。基于"财政制度是把经济基础转化为政治结构的转换器。"⑤ 财政收入绩效评价体现预算绩效管理的民主价值理念。

其次，实现预算绩效管理目标的手段。我们以为，预算绩效管理为绩效导向的预算管理，所谓绩效导向，即在目标管理的基础上，强化结果导向和满意度导向。财政绩效评价的结构量表和开放体系既驱动预算绩效管理的目标实现，又因内置绩效导向避免目标走样。评价的技术理性，将政府及部门、社会公众、纳税

---

① 罗伯特·D. 李等. 公共预算系统 [M]. 曹峰等译. 北京: 清华大学出版社, 2002 年.
② 约翰·穆勒. 代议制政府 [M]. 段小平译. 北京: 中国社会科学出版社, 2007: 155.
③ Camden Naomi. Patterns of Budgeting [J]. Public Administration Review, 1978: 539 – 543.
④ 黄仁宇. 中国大历史 [M]. 北京: 三联书店, 2014 年: 第 8 页.
⑤ Braun R. Taxation, Sociopolitical Structure, and State – building: Great Britain and Brandenburg – Prussia [J]. The formation of national states in Western Europe, 1975, 8: 243 – 327.

缴费主体以及评价机构、专业人士置于共同协商的系统中，通过充分博弈得到评价结果，提供决策依据。显然，评价成为预算绩效管理有效工具，因为不论是收入决策还是支撑决策的技术依据离不开科学规范的评价结果。

最后，覆盖预算绩效管理的全部范畴。预算绩效管理寓绩效于预算编制、预算执行、预算监督全过程。① 过去十几年来，我国着力推动财政支出绩效评价，服务于自上而下的政府财政监管，旨在提升财政管理的执行力，难以触动财税体制的深层矛盾。中央《关于全面实施预算绩效管理的意见》特别强调预算绩效管理的"全方位、全过程、全覆盖"，以及"四本预算"在收支两条线上落实绩效约束。② 财政收入绩效评价以收入资金流为轴心和向导，不仅关注收入结构、征收效率和优惠政策实施效果，而且覆盖预算绩效管理的方方面面。

（二）财政收入绩效评价作为纠错纠偏的约束机制

财政收入绩效评价是基于结果导向及满意度导向，依据合理标准、规范流程和科学指标体系，对收入全过程进行综合测量和评判的活动。与支出绩效评价一样，收入绩效评价遵循经济性、效率性、效果性与公平性的绩效标准，凸现产出效果，其本质上是一种以纳税人为导向的约束政府收入行为的制约机制，也可视为财政收入决策的纠错纠偏机制。

从发展进程来看，财政绩效评价有着深刻的社会背景及历史沉淀。20世纪60年代，为应对日益加剧的财政危机，监控政府支出，提高资金使用效率，西方国家开始建立一套审查支出合理性和有效性的评价制度。③ 20 世纪 80 年代，席卷全球的新公共管理运动进一步扩展了绩效评价的广度和深度。事实上，现代预算管理是监督与问责的工具，可视为一种制衡机制。西方所谓的预算民主制度，税收法定以及议会票决内置了财政收入绩效评价的功能，从而无须凸现收入绩效评价的地位。我国的社会制度有别，预算绩效管理关注资金效益效率、合规合法等固然重要，但决策失误是最大失误，决策绩效为最大绩效。确保政府收入决策的科学性、民主性与合理性，客观要求构建有效可行的纠错纠偏机制，财政收入绩效评价满足这一要求，具备动力、目标和路径三个基本要素。具体而言，如下。

---

① 王泽彩. 预算绩效管理：新时代全面实施绩效管理的实现路径 [J]. 中国行政管理, 2018 (04)：6-12.

② 卢扬帆, 尚虎平. 财政领域全面实施绩效管理的权责关系与定位 [J]. 中国行政管理, 2018 (04)：27-32.

③ 朱志刚. 财政支出绩效评价研究 [M]. 北京：中国财政经济出版社, 2003：35.

一是提供纠错纠偏标准。财政收入绩效评价追求公共财政公信力，或者说有公信力的执行力。指向政府财政收入的规模、水平和结构"应该怎么样"，并非"现状是什么"，直指收入决策及其权力和利益格局调整，涉及政府与社会的关系，并非政府内部纵横关系，以社会满意作为检验收入政策的标准，从而避免政府内部责任主体与评价主体的角色冲突和逻辑悖论。应该承认，追求财政收入最大化为政府的理性和本能，收入目标存在自动放大的趋向。以纳税人满意度为导向的财政收入绩效评价构筑起纠错纠偏的外部坐标，形成外部压力和检验标准，从而对政府内部决策进行有效制约。

二是发起纠偏纠错行动。对税费的关注莫过于纳税人与缴费者，因为涉及他们的切身利益。财政收入绩效评价的开放特征决定其对税负的敏感性，发起纠偏纠错行动存在强烈的内在动因和可行条件。首先，外部评价是政府绩效评价的内在要求，因评价主体的民间性，独立性和专业性，因关注重大的民生民情诉求，能迅速将热点问题转化为"评价事件"，从而成为收入绩效评价的导火线及发动者；其次，内部评价通常引入外部实施主体和评议主体，社会公众、纳税人、专业人士参与评价，为评价注入了持续的能量；最后，政府之外的公权力机关主导评价，如人大发起评价本身具有监督财政收入的法律基础和行动资源。

三是传导纠错纠偏压力。财政收入绩效评价始于发起评价，以发现问题形成外部压力，继而转化为内部动力，倒逼纠偏纠错及改进收入绩效，表现为一种传导链条。评价结果与预算安排挂钩，并纳入政府绩效及干部政绩考核体系，从而影响官员政绩表现。换言之，评价结果公开、激励与问责造就一种压力转化为动力的传导机制，绩效问责涉及政府和社会，以及政府内部的权责关系，问责过程有助于相关主体在绩效改进行动中达成普遍共识、目标信仰和合理追求。

四是呈现纠偏纠错的技术方案。财政收入绩效评价以结构性指标化的量表提供直观的评价结果，绩效指数具有动态可比性，尤其是针对政府征税收费标准、内容及行为过程的纳税人满意度聚焦民情民意，贴近现实状态，因为承担风险的利益相关者都有权公开讨论自身的主张、焦虑和争议，并且可要求获得答复，无论他们持什么样的价值观念。[①] 以此将税负感知转化为可量化的参数，折射出财税政策"偏差"的真实程度，从而为纠偏纠错的收入决策提供可量化的依据。

（三）凸显满意度导向和结果导向的财政收入绩效评价体系

评价体系是实现评价目的的有机系统，涵盖组织体系、技术体系、制度体系

---

① 埃贡·G. 古贝等. 第四代评估 [M]. 秦霖等译. 北京：中国人民大学出版社，2008：5.

和信息化体系。财政收入绩效评价呈现结构式体系特征，融合价值理性与工具理性，体现满意度导向和结果导向。构建规模有据、结构合理、征管有度、社会满意的指标体系是确保财政收入绩效评价的科学性、公信力的前提条件。

首先，评价主体决定评价的公信力。财政收入绩效评价涉及评价权、组织权、实施权与评议权，对应于评价主体、组织主体、实施主体与评议主体，关联主体之间形成矩阵式结构。内部评价主体可为上级政府或政府部门，同级人大甚至党委；外部评价主体可为社会公众和组织，也可为人大政协。评议主体一般指向纳税人和缴费者，包含专业人士；实施主体一般由评价或组织主体委托授权，通常为第三方研究机构，具有专业性和相对独立性。界定评价对象是绩效改善的前提。我国税制税率由人大通过，税务部门为执行主体，收费的主体为各级政府，他们对财政收入（尤其是收费）决策、执行和监管负有法定责任，构成被评对象。显然，这种格局中，由财政部门主导收入绩效评价存在角色冲突。[①]

其次，指标体系决定评价的科学性。主要涵盖指标结构、层次、指标、权重和评分标准。遵循政府绩效评价的技术准则，体现经济性、效率性、效益性、公平性的绩效内涵，从收入流动全过程视角，财政收入绩效评价包含宏观、中观和微观评价。评价维度指向决策论证、过程监管、目标实现与社会满意。由于征税与收费主体和依据等存在差别，指标体系中，针对征税评价应关注征收过程的合规性、便捷性和回应性，针对收费评价应强化论证的民主性、科学性。同时，应充分平衡评价体系的统一性与差异性，结果导向与过程控制，决策绩效与执行绩效，评价周期与起始时间，主观指标与客观指标，增量与存量等关系。

最后，财政收入绩效评价为关键指标评价，根据帕累托法则，抓住20%的关键进行分析和衡量，就能抓住绩效测评的重心。[②] 理论上，税费收入为财政收入绩效的产出结果，但对纳税人而言，税费存在负效应，因此，作为产出指标，税费成本更能体现收入绩效的内在价值和绩效导向，因为税费成本对社会和纳税人而言表现为净损失，并且具有放大效应。税负痛感并非税负痛苦指数，为纳税人主观税负感知，凸现满意度导向，凸现收入绩效产出影响，指向税负公平性和社会公正性，因为没有什么比纳税人自身更有权力和能力来评价税负水平，民主财政实为政府与公民间的契约框架，作为纳税人的公民是国家的主人，拥有评议权，也可成为决策主体，体现财政的正当性及公信力。[③]

---

① 郑方辉，廖逸儿. 论财政收入绩效评价 [J]. 中国行政管理，2017（01）：11-18.
② 马国贤. 政府绩效管理 [M]. 上海：复旦大学出版社，2005：217.
③ 周刚志. 论公共财政与宪法国家——作为财政宪法学的一种理论 [M]. 北京：北京大学出版社，2005：118.

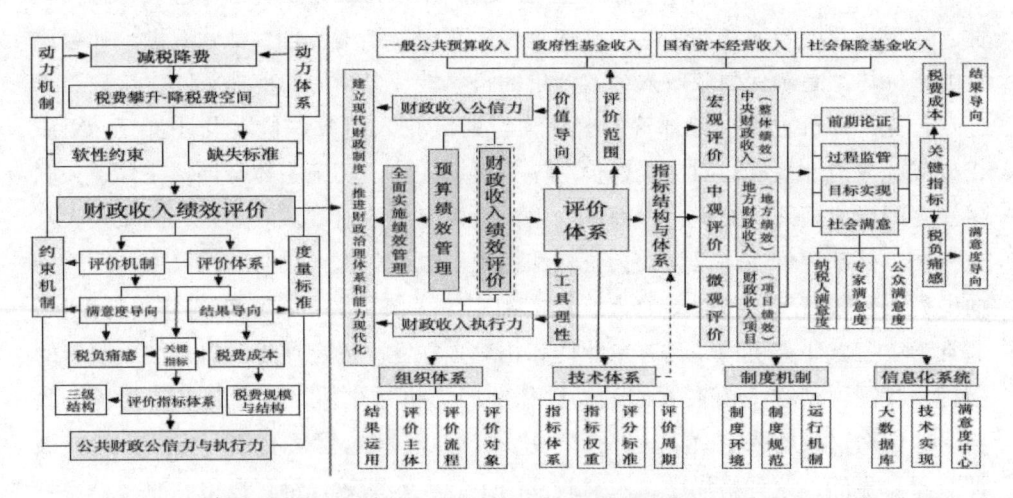

图 1-2　研究逻辑与财政收入绩效评价的思路及体系

四、税费成本：反照财政收入绩效评价的结果导向

结果导向是政府绩效评价的基本导向。采用结果性（Outcome-related）绩效评价指标方能为外部主体提供政府行为结果有关的信息，以此作为判断政府绩效的依据。[①]在科层制度中，以追求程序公正、路径规范和节点制衡为特征的过程管理有助于确保结果的认同性。但过程是手段不是目的，本身亦可能出错，并且对应于成本。因此，某种意义说，政府绩效评价的结果导向是对过程管理导向的回归，税费成本是更能体现结果导向的核心指标。

（一）税费成本内涵及征收体制

税费成本是指政府征税与收费所产生的成本，即为实现税费收入发生的各项费用的总和，一般有狭义和广义之分，广义的税费成本还涵盖因征税收费而导致的社会成本，包括交易成本。与之相关的概念有税（费）务成本、征税（费）成本等。

基于不同的视角和认识，国内学界对税费成本存有不同的称谓和解释。[②] 一

[①] Smith P. Outcome-related Performance Indicators and Organizational Control in the Public Sector [J]. British Journal of Management, 1993, 4: 135–151.

[②] 李彩霞，盖地. 税收成本与非税成本研究：回顾与展望 [J]. 税务与经济，2013 (03): 84–91.

14

般将其划分为税收征管成本、税收遵从成本和改变资源配置导致的经济成本。征管成本指政府取得税费收入过程中花费的所有成本,包括制定税费制度、开展征税收费活动、稽查处理相关违法违规案件等环节发生的费用,对应于立法成本、征收成本和查处成本。税收遵从成本又称为奉行纳税费用,是指计缴税费过程中花费的成本,也可分为直接纳税成本和间接纳税成本。社会成本是指征税(费)成本和纳税(缴费)成本之外的关联成本。狭义上称为经济成本,即征税(费)对社会经济运行产生的扭曲和负效应;广义社会成本还包括征税(费)之外主体的相关支出,如司法、海关、银行、工商等部门协助征护税(费)的成本。[①]

税收成本与税制复杂程度正相关,税制越复杂成本越高。一般情况下,税率与成本存在正向关系。在税制和税源既定的情况下,税收征管水平反映征税成本水平,间接影响纳税成本和税收社会成本。[②] 征管体制、模式、手段等对税收成本亦会不同程度地产生影响。征管效率作为衡量税收征管活动的效果指标,对其评价起重要作用。[③]我国财政收入及征管体制具有典型的本土特色,根据《政府非税收入管理办法》,非税收入由财政部门直接征收(主管部门),也可由财政部门委托其他部门和单位征收,包括国家机关、事业单位、代行政府职能的社会团体及其他组织。非税收入实行分类分级管理,县级以上地方财政部门负责制定本地非税收入管理制度和政策。始于1994年分税制改革,我国实行国税与地税"二元化"的税收征管体制,2018年新一轮改革将国税地税合并,建立新的税务局系统,实行以国家税务总局为主与省级政府双重领导的管理体制。

(二) 国内税费成本估计及其特点

从17世纪威廉·佩第到18世纪亚当·斯密,节约、效率是西方税收理论延续至今的税收原则。税费成本意味着效率损失,降低税费成本意味着增加政府的实际收入,促成社会收益最大化。尽管缺少系统的统计数据,但不妨碍我们对税费成本做出基本评估和判断。

一是征税成本。税收征收成本率和人均征税率是衡量征税成本的两项重要指标。依据国家税务总局公布的数据测算,1994年税制改革前,我国税收征收成本率为3.12%,1996年约为4.73%,2000年估算为5%~8%(其中,内蒙古为

[①] 黄桦. 税收学 [M]. 北京:中国人民大学出版社,2011:158-161.
[②] 蔡昌. 税原理 [M]. 北京:清华大学出版社,2010:78-179.
[③] 李嘉明,闫彦彦. 税收征管效率研究述评 [J]. 重庆大学学报(社会科学版),2014,20 (02):39-45.

9.6%，贵州为 11%，河北为 7.96%）。① 同期西方国家税收征收成本率大都在 1% 左右，如美国自 1980 年以来，最高年份值仅为 0.60%，并且呈逐年下降之势。② 另有研究显示，2009 年我国征税成本率已接近 8%，美国为 0.50%。③ 再从人均征税率来看，2014 年我国税务人员总计 87.6 万，人均征税额 1360.36 万元，美国联邦税务人员 9.1 万人，人均征税额 3366 万美元。在两国宏观税负基本接近的情况下，我国人均征税额仅为美国的约 1/15。④ 征税成本之高、效率之低可见一斑。

二是收费成本。经验表明，收费成本与收费项目、税费水平存在正向关系。我国非税收入占比较高，2016 年专项收入、行政事业性收费、罚没收入和其他收入等占财政收入的 18.3%，同期美国联邦非税收入占比不足 5%。税收具有强制性、固定性和规范性，但地方政府诸多收费则缺少制度规范和刚性约束，征管部门拥有较大的自主裁量权，收费项目过多过杂及费率标准过高，推高了收缴成本，加剧了社会矛盾，也成为乱收费与寻租的源头。同时，周而复始的治理乱收费及税费领域的反腐败成本高昂。尽管缺失全面系统的实证数据，但基于征税成本低于收费成本的常识，不难判断，我国政府收费成本居于高位。

三是成本结构。税费成本包括显性和隐性成本，隐性成本也可称为间接成本，主要指向税费风险成本、财务成本及服务成本。我国税费成本结构呈现几个特点：其一，人力成本比重过大导致成本规模增加；其二，名目繁杂、于法无据的一些费用；其三，有些市场主体应对准入、审批的相关投入难以预期，甚至超过税负；其四，强制性购买支出；其五，旨在应付所谓逃避税费的财务成本可能是占比最高的税费成本支出。

总之，我国税费成本远高于西方发达国家，并且过去二十年间不降反升。⑤ 其中，收费成本高于征税成本，隐性成本规模庞大，尤其是乱收费及寻租等行为增大了市场及社会的不确定性，抑制公众及纳税人的积极性和创造性，反过来制约了经济及财政收入的增长。

---

① 张秀莲. 对控制我国税收成本的研究［J］. 税务与经济（长春税务学院学报），2005（02）：13－16.

② 杜豪. 除了宏观税负，中国征税成本也远高于美国［ol］. https：//www.weibo.com/ttarticle/p/show？id＝2309614060982589697810，2019－3－5.

③ 刘璐璐等. 我国税收成本世界最高［N］. 经济参考报，2009－01－21.

④ 任泽平. 中美税负大 PK［eb/ol］. https：//wallstreetcn.com/articles/292769，2017 年 3 月 2 日. 另外，2010 年我国税收收入占 GDP 比重追上美国（美国扣除社保税后约为 16.51%），2015 年平均税收负担率达 18.30%，亦与美国（不考虑社保税）接近.

⑤ 1995 年我国征税成本率为 3.01%，之后逐年上升，2014 年为 6.52%。参见王长宇. 中国税收成本问题研究［M］. 北京：首都经济贸易大学，2016 年：第 40－42 页

（三）作为关键指标的税费成本体现评价的结果导向

首先，税费成本构成财政收入绩效评价的"投入指标"。收入绩效评价既是关键指标评价，又是全面评价。按照波伊斯特提出的"投入—产出—结果"指标设计逻辑模型，结果为产出的实质影响，产出与投入之比反映效率。① 从财政收入流全过程的视角，投入是实现财政收入的前提条件，征税收费的政府支出即为绩效评价的投入维度，缺失投入指标将难以观测财政收入的经济性和效率性。由此，控制投入、节约成本成为评价的基本原则和行动规范。例如，2004年北京市政府因征税成本过高取消"自行车税"，因为"自行车和其他非机动车车船使用税"在税收中占比不足万分之四，但征税成本占征税支出的30%-40%。②。

其次，税费成本映照真实的"产出"结果。政府绩效评价以产出和结果来衡量目标实现程度。理论上，税费水平为财政收入绩效"产出"的关键指标，对政府而言表现为正收益。但财政收入合法性的基础在于税率为公共产品的价格。"诺思悖论"表明：国家的创立是为了更好地提供公共物品，推动社会繁荣，但国家可能存在有别于社会的自身利益，因本能地追求财政收入的最大化而与社会争利，从而导致社会衰落。换言之，税费水平及总量对纳税人而言是一种负收益，并且当税负超过合理的限度，这种负收益将呈现放大效应，对社会而言表现为放大的净损失。基于政府总是存在不断增加财政收入以满足支出需求的倾向，以及遏制财政收入最大化是财政收入绩效评价的重要价值与功能，平衡社会、政府与纳税人之间的关系，税费成本相对于税费水平和规模更能体现真实的产出水平和结果导向。这种做法也是绩效评价有别于目标评价的衡量标尺。

再次，税费成本彰显财政收入绩效评价的内在价值。当前经济、金融、市场最大的问题是信心问题，最大的成本是制度成本。③ 威廉姆森等新制度经济学家认为，交易费用理论适用于分析所有能作为交易或契约问题的现象。④ 税费是政府与纳税人之间基于公共服务达成的契约和交易，假如交易费用为零，即可实现资源配置最优与效率最大。⑤ 现实环境中，愈趋近于零的交易成本愈能实现产出

---

① 西奥多·H. 波伊斯特. 公共与非营利组织绩效考评：方法与应用 [M]. 肖鸣政等译. 北京：中国人民大学出版社，2005：201-210.
② 王超. 征管成本过高让一些税种成"鸡肋" [N]. 中国青年报，2013-10-17 (05).
③ 张智. 蒋锡培呼吁减税背后：国家减税超万亿，企业为何感受不深 [N]. 华夏时报，2018年8月15日
④ 黄家明，方卫东. 交易费用理论：从科斯到威廉姆森 [J]. 合肥工业大学学报（社会科学版），2000 (01)：33-36.
⑤ 程承坪. 理解科斯定理 [J]. 学术月刊，2009，41 (04)：55-61.

和结果的优化。有效率的组织需要在制度上做出安排和确立所有权,以便形成一种刺激,将个人的经济努力变成私人收益率接近社会收益率的活动。[①]由此,追求税费成本最小化意味着社会福利和社会动力最大化。税费成本作为政府向社会提供公共服务"成本"的成本,对社会经济发展呈现指数式放大负效应。同时,基于信息不称、纳税人弱势地位等因素,税费成本作为关键指标有助于回应纳税人诉求,减少各种主体冲突,降低社会成本,体现绩效评价的内在价值。

最后,提供财政收入绩效改进的路径与方向。财政收入绩效评价也是发现问题的方法论,涉及收入过程中的主要问题与矛盾通过指标体系加以量化,从而揭示短板,为化解矛盾和解决问题提供指引和路径。同时,税费成本作为关键指标符合评价的技术要求。内涵清晰、功能卓著、数源可靠、简便易行是遴选评价指标的重要原则。税费成本指标具有明确的行为导向,其可量化、可比较的属性能有效提高评价过程的可行性和评价结果的说服力。

五、税负痛感:凸现财政收入绩效评价的满意度导向

新公共管理运动将政府定位于公共服务的供给者,公众为政府的"顾客",争取公民满意是政府应有的使命,也是检验施政成效的最终标准。作为"政府再造"的价值工具,政府绩效评价被视为"以顾客满意为基础的市场责任机制"。[②]秉承这一理念,将税负痛感视为财政收入绩效评价的关键指标,凸现公众满意度导向,是实现评价目的的逻辑使然。

(一)税负痛感及其现状分析

满意度评价源自于企业营销。满意是指个人通过对产品或服务的可感知的效果与其期望相比较后所形成的感觉状态。[③] 政府绩效评价导入公众满意度为顾客满意度在政治领域的拓展,意指公众在体验公共行政及服务过程中,满足其需求、期望和目标实现程度的一种心理体验,也称公众满意指数。[④] 财政收入绩效评价作为人类主动行为本质上是一种主观评价,反映纳税人与政府及财政的关

---

① 沈满洪,张兵兵.交易费用理论综述[J].浙江大学学报(人文社会科学版),2013,43(02):44-58.

② Cooper Phillip J. Accountability and Administrative Reform: Toward Convergence and Beyond [J]. Governance in a Changing Environment, 1995: 173.

③ 奚从清.社会调查理论与方法[M].杭州:浙江大学出版社,1992:167—169.

④ David Osborne and Ted Gaebler. Reinventing Government—how the entrepreneurial spirit is transforming the Public sector [M]. Paris: Addison-Wesley publishing Company, 1992.

系。由此，税负痛感可视为纳税人对纳税（费）预期与现实比较后的一种主观感受，等同于纳税人满意度。但任何主观评价均基于特定的客观事实。与此相应的税负痛苦指数（Tax Misery Index）体现客观的"税率"事实。2002 年，针对一定时期一个国家或地区的公司税率、个人所得税率等 6 项指标，《福布斯》杂志率先发布全球税负痛苦指数排行榜。① 连续性的评价结果显示，我国排名居前，并引起学界讨论。赞同者认为，指数化实现了全球税负的横向比较，是观察各国税负水平及营商环境的风向标；异议者指出，各项指标计算基于最高边际税率，忽略了税基、税种等其他重要因素的影响。

  税率或税费并不等同于纳税人主观层面的痛苦程度。事实上，个人体验受制于复杂因素影响。税率较高、纳税较多亦可能获得较高的福利，从而增强幸福感，降低税负痛感。正因如此，借鉴《福布斯》税负痛苦指数的理念与体系，国内学者基于公民对自身承担的税收负担水平与获得的合意性公共产品供给水平之间状况的主观感受及判断，提出了"税负痛感指数"概念，并尝试实证研究。一项涵盖 27 个发展中国家及 31 个发达国家的测量结果显示，中国大陆为 1.225，排名 12，略高于 27 个发展中国家的均值（1.216），处于中等水平；31 个发达国家的税负痛感指数均值为 1.148，较发展中国家要低。② 在此基础上，以纳税人对自身承担的税收负担水平与享受合意公共服务水平之间的比例，有实证表明，东部地区的税负痛感指数高于中部及西部地区。③ 如果将概念内涵定位于"纳税人感受到的税负水平"，并对各类财政收入进行加权计算，一项针对全球 58 个国家的实证研究表明，我国税负痛感为 0.935，低于发展中国家（均值为 1.015），但高于发达国家（均值为 0.913）。换言之，在发展中国家中处于中等偏下水平，在全球范围内处于中等水平。④

  税负痛感为主观感知，税负痛苦指数为客观评价，两者分属于不同的范畴。主观感评价受制于环境、技术条件等因素影响，不同的评价主体，评议主体及抽样方案将导致评价结果的差异。但即使如此，主观与客观测量结果仍有印证性。

---

  ① 福布斯指数全称为"福布斯全球税收痛苦指数"（The Forbes Tax Misery Index），也称"全球税收痛苦与改革指数"（Tax Misery & Reform Index），由公司所得税、个人所得税、雇主和雇员的社会保险税（费）、商品税以及财产税等六大税种的最高一档名义税率加权合成。2002—2009 年，我国年度指数全球排名在第二与第六之间。The Forbes Tax Misery Index [eb/ol]. https://www.forbes.com/global/2009/0413/034 - tax - misery - reform - index.html#7b7dbf0443b3, 2019 - 3 - 11.
  ② 庞凤喜，潘孝珍. 论税负痛感指数的构建及其运用[J]. 中南财经政法大学学报，2013（02）：71 - 75.
  ③ 于佳，胡红平. 湖北省地方税负痛感指数研究[J]. 湖北社会科学，2016（01）：62 - 68.
  ④ 闫伟，宫善栋. 财政幻觉视角下的中国税负痛感指数测算[J]. 财经问题研究，2018（03）：95 - 100.

由《福布斯》发布的税负痛苦指数及国内学者的实证研究结果均表明，过去十几年来，我国税费负不断攀高，纳税人满意度呈下降趋势。① 究其原因，一是源自于较高的税负痛苦指数，即较高的税负税率对纳税人的主观影响；二是公平性不足，税负痛感反映纳税牺牲，税收制度的公平性带来社会牺牲最小化和社会效用最大化，反之亦然；三是对等性有限，纳税人拥有对等权力，萨克斯主张的税收账单应在不同纳税人之间进行分摊，每个人承担的成本份额在主观上相等意味着每个人缴纳的税收，与其所接受的公共服务在主观价值上应相当；四是公共服务缺位与错位，公共商品和服务供给不足，合意性有限，政府收入、行政收费及征收成本较高，预算不公开等因素是导致人们税负痛苦的原因。②

（二）税负痛感作为财政收入绩效评价的关键指标

税费成本较税费水平更能体现结果导向，同样，税负痛感较税负痛苦指数更能凸现满意度导向，因为没有什么比纳税人更清楚应该承受多高的税负。作为关键指标，税负痛感具有财政收入绩效评价的价值导向和技术特征。

首先，体现价值导向。"预算过程中做出资源配置实际上反映了政治权利的分配。"③ 体现民主法治的价值形态。财政绩效评价在追求经济、效率、效果的基础上，全面回应社会及纳税人诉求，凸现"公平性"。因为公共财政源自于税费，纳税人满意度是检验政府作为的终极标准。"通过绩效评价，组织将可以获得市民的信任，市民们会觉得他们在缴税后得到合理的回报"。④ 财政收入绩效评价中，纳税人作为评议主体，参与评价过程，表达意愿，并将纳税人满意度纳入评价结果，从而体现聚集民意的价值目标。即使在技术层面，不论是评价绩效的指标层，或具体指标，均必须以民意作为导向，满足民意需求。⑤ 显然，税负痛感作为关键指标凸现公众评价政府的权利和税收国家的特征及价值。

其次，满足绩效标准。美国学者苏珊·温将政府绩效评价总标准设定为经济

---

① 依据普华永道和世界银行公布的《2017年度纳税报告》，我国企业各种税费负担占其净利润的68%（同年美国为44%）。而同年另一项抽样调查结果显示，"营改增"后，仍有63.2%的民营企业表示"税收负担很重或偏重"。李炜光，张林，臧建文. 民营企业生存、发展与税负调查报告 [J]. 学术界，2017（02）：5-13+322.

② 郭艳娇，寇明风. 关于我国税负"痛苦"的理性思考 [J]. 财政研究，2013（03）：8-12.

③ 阿伦·威尔达夫斯基，内奥米·凯顿. 预算过程中的新政治学 [M]. 邓淑莲、魏陆译. 上海：上海财经大学出版社，2006年：第5页.

④ David N. Ammons. Overcoming the Inadequacies of Performance Measurement in Local Government：The Case of Libraries and Leisure Services [J]. Public Administration Review, 1995, 55 (1): 37-47.

⑤ 郑方辉，雷比璐. 基于公众满意度导向的地方政府绩效评价 [J]. 中国特色社会主义研究，2007（03）：47-52.

效率、以财政平衡实现公平、再分配公平、责任和适应性等五大个要素。[①] 涵盖经济性、效率性、效果性、公平性的"4E"要素结构已成为分析绩效的最好出发点,因为它们是建立在一个相当清楚的模式之上,并且这个模式是可以被用来测评的[②]。一般来说,经济性指输入成本的降低程度,效率性为产出及其投入之间的关系,效益性指产出对最终目标所做贡献。[③] 由于政府产出大都为非市场产出,对于性质难以界定和量化的政府服务和产品,效果性便成为衡量其绩效的重要指标。税负痛感属于效果性的满意度评价范畴,体现公平性维度。技术上将公平价值转化为可评价的量表,与内涵清晰的经济性、效率性指标一起构成完整的绩效结构,从而满足绩效评价的标准要求。

再次,符合国际潮流。源自于西方的政府绩效评价服务于选举市场,旨在强化选民理性,为选票提供标尺和依据。由此,所谓公共选择莫不以满意度为基础,某种意义上是量化选民价值。在"量化"过程中,客观事务通过主观感知得以反映,主观评价和客观评价并不处于同一层级。英国的"公民宪章"运动在公共治理历史上具有里程碑式影响,实质上是基于尊重公民自由选择权利,通过明确服务标准和服务承诺,完善投诉受理机制,以提高公众满意度为杠杆来再造政府。事实上,20世纪80年代以来,西方国家普遍建立起统一的公共服务公众满意度指数,作为政府绩效的观测坐标。如美国许多地方政府将公众满意度作为衡量公共服务质量的重要指标。[④] 换言之,政府绩效满意度评价为世界潮流和规范惯例,嵌入税负痛感的财政收入绩效评价自不例外。

最后,弥补客观评价局限。客观指标评价的价值和功能不言而喻。不过,并非所有的客观事实都对应于客观指标,存在可获取的指标值,加之现阶段我国政府信息公开程度有限,信息获取壁垒重重,客观评价常常难以操作,第三方评价尤其如此。因此,基于公众能够准确感知客观绩效[⑤]和主观评价模式有助于弥补单纯依赖客观产出指标无法评估政策影响的缺陷,[⑥] 针对公平性、责任性和回应

---

① 埃莉诺·奥斯特罗姆,拉里·施罗德、苏珊·温. 制度激励与可持续发展——基础设施政策透视[M]. 毛寿龙译. 上海:上海三联书店,2000.
② 于军. 英国地方行政改革研究[M]. 北京:国家行政学院出版社,1999:183.
③ Lewis Sue & Jess Jones. The Use of Output and Performance Measures in Government Department [M]. Cambridge:Cambridge University Press, 1990:42.
④ Poister T. H. and Streib G. Performance Measurement in Municipal Government:Assessing the State of the Practice [J]. Public Administration Review, 1999. 59 (4):325.
⑤ Percy, Stephen L. In defense of citizen evaluations as performance measures [J]. Urban affairs quarterly, 1986, 22 (1):66-83.
⑥ Brudney Jeffrey L. & England Robert E. Urban Policy Making and Subjective Service Evaluations:Are They Compatible? [J]. Public Administration Review, 1982, 42 (2):127-135.

性,主客观评价更具优势,并与客观指标互补互证,从而提升评价的科学性与可行性。要避免"税款被多征,纳税人税感过重"的现象产生,[①] 财政收入绩效评价应能折射宏观税负水平、合乎民意的财政收支状态以及税制结构特征,从而不可缺失税负痛感指标。但与此同时,基于不进行测定或测定不精确的政府绩效会导致公共物品的供给过度,鼓励财政预算最大化倾向,以及公共机构内部趋向于私人目标等消极后果。[②] 因此,确保税负痛感测量的科学性与公信力,有赖于社会开放及财政透明,信息对称及纳税人理性,开放评价权等环境条件。

六、动力机制:以收入绩效评价驱动减税降费政策目标实现

财政是现代国家发展的推动力,预算反映政治权利的分配,绩效是预算管理的高级形态。历经改革开放,我国财政收入规模以及动员收入的能力今非昔比。但随着环境条件的重大变化,推动高质量发展,共享发展成果,激发民间活力,客观上要求重构发展动能。财政收入绩效评价为兑现减税降费的财政政策目标及注入了动力和标尺。因为在政治和公共政策中,如果政治家的目标是促进经济增长,那么,预算就成为经济增长的手段。如果政治家的目标是收入分配,那么,预算就成为收入分配的发动机。[③]

(一) 更大规模减税降费的政策目标实现取决于动力总成

市场经济导向的改革开放本质上是追求低成本高效率的社会变革。减税降费符合社会主义制度的逻辑和初心,也是应对经济下行压力的硬招实招。自 2011 年以来,我国推行结构性减税政策,社会却对此充斥争论。从"减税超万亿,为何企业感受不深""中国减税降费的盘子到底有多大"式的诘问,[④] 到"2018 年为市场主体减负约 1.3 万亿,超过了世界上任何一个国家"的事实,以及 2019 年国务院《政府工作报告》部署全年减税及社保缴费近两万亿等,无不坐实了减税降费的必要性和迫切性。不过,我们以为,"更大规模减税、更明显降费"政策绩效取决于动力机制(如何面对压力)和工具体系(减多少如何减的标准)

---

① 张磊. 我国公民纳税人税感问题研究 [J]. 中央财经大学学报,2014 (05): 11 - 17.
② 查尔斯·沃尔夫. 市场或政府——权衡两种不完善的选择 [M]. 谢旭译. 北京: 中国发展出版社,1994: 53.
③ Wildavsky A. B. Budgeting: A Comparative Theory of Budgetary Process [M]. Boston: Little Brown, 1975.
④ 张智. 蒋锡培呼吁减税背后:国家减税超万亿,企业为何感受不深 [N]. 华夏时报,2018 年 8 月 15 日;张国帅. 中国大规模减税的盘子到底有多大 [N]. 经济观察报,2018 - 2 - 21.

及其有机合成。因为缺失动力源泉和测量标准的公共政策难以持续，或者偏离初衷。事实上，现代化进程中，无可讳言，所谓中等收入陷阱、修昔底德陷阱的巨大挑战，但更应该摆脱的则是黄宗羲定律，即如何避免陷入税赋每改革一次即加重一次的历史怪圈。置于现实场景，更大规模减税降费是一场涉及矩阵式的利益格局的革命，目标的实现很大程度上取决于正向动力与负向压力的总成。

毫无疑问，正向动力源自于顶层决策及政策推动，以及发展阶段与理念转型的使然，包括社会与市场的强烈期待，国际贸易格局重大变化的驱使等。但问题在于，政府是增收与减收的主体，政策过程存在着角色冲突，隐含着逻辑悖论。或者说，减税降费面对着巨大压力，因为不断固化的财政刚性支出以收入为前提，尤其是庞大的基建支出、行政支出和地方政府财政缺口与减税降费形成矛盾。而"只有国有企业才能提供稳定充足的财政收入来源"的惯性思维抑制了政府减税降费的积极性和主动性，究其原因，在于漠视国家经营"无法克服预算软约束和激励不相容从而缺乏效率"的事实，本质上是对市场经济的不信任。同时，当前企业的负重不仅是一个税负问题，更是综合性问题。任何税费政策变化将涉及利益格局重组以及带来的社会风险。由此，突破历史常态，兑现政策目标，关键在于铸造减税降费新动能，打破动力和压力的胶着平衡。事实上，从国际视野来看，近几年美国财税政策及经济走向表明，减税、放权（让企业家和消费者主导市场）和重振制造业的保守主义经济学智慧不外乎是回归斯密传统。简言之，降低社会成本，政府及征税收费"退出制高点"。

（二）财政收入绩效评价为减税降费注入新动能和新标准

"各国之间最大的政治分野，不在于政府的形式，而在于政府的效能。"[①] 减税降费重在政策落地，铸就新动能的前提在于凝聚新共识。透析高税（费）负的成因，尽管社会认知存在差异，但根源于约束机制的不健全和约束体系的不完善，包括法律不完善、立法监督不到位、审计监督独立性不够、政府绩效评价制度不成熟等。或者说，追求财政收入最大化的政府理性与约束机制、监督体系的软性化形成空当或虚当。理论上，各级人大审议和监督本级财政收支预算制度是我国的基本制度要求。作为最高权力机构，人大对财政收入约束的逻辑是基于"征税要经人民同意"，此外还有习惯法原则。从历史经验来看，"轻徭薄赋"是儒家倡导的政府财政传统。秉承源远流长的惯性思维，历代统治者基本上遵从税收法定原则，并将其转化为公共政策。因为历史变迁的逻辑表明，税负始终是一

[①] 亨廷顿. 变化社会中的政治秩序 [M]. 王冠华等译. 北京：生活·读书·新知三联书店, 1989：7.

道分水岭，最佳税负并不等同最高税率，对税负的约束存在他律和自律的压力和动力。

"评估是对人民和进步的投资。"[①] 财政收入绩效评价涉及政府内部和外部的关系，体现他律和自律特征，既是绩效改进的动力机制，也为减税降费提供了工具体系。按照中央《全面实施预算绩效管理的意见》的要求，完善全覆盖预算绩效管理体系，推行财政收入绩效评价：一是要加强顶层设计。科学谋略及制订评价规划，遴选评价项目，将社会关注度高，影响大的诸如地方政府土地收入率先开展评价。二是明确评价定位。正确处理支出绩效与收入绩效评价、税收与费用、地方政府与纳税人之间的关系，重点关注收入结构、征收效率和市场获得感。三是构建多元化的评价主体，包括由人大主导、第三方实施的评价模式，培育第三方评价市场，出台规范第三方绩效评价办法。推动财政收入信息公开，提高财政收入及税负透明度，参照国际标准公布年度征税收费的直接成本。四是建立通用模型及标准体系，完善财政收入绩效评价的技术规范，创造条件鼓励第三方发布年度税负痛感指数，倒逼营商环境优化。五是强化绩效成果应用。建立绩效目标和绩效评价结果与预算安排、政策调整挂钩机制。六是加强财政绩效评价的法制化和信息化建设。针对减税降费，应建立信息和协作平台，提高减税降费等相关信息的准确度和灵敏度；规范减税降费的程序，健全民主听证及政策公示制度；建立动态的社会监测网络和机制，提高政策的执行力。

审视财政史，自17世纪甚至更早在英国率先建立的所谓"大国财政"，实现了人类历史上由贡赋财政、领地财政和赋税财政向公共财政和预算国家的转型。1689年英国议会通过"权利宣言"并制定为法律，标志着现代民主财政制度的确立。我国实行社会主义制度，基于一切权力属于人民的法定原则，避免"诺思悖论"，约束政府财政增收的任性与冲动，抑制税负水平，降低税费成本和税负痛感，强化经济增长动力，倒逼财税体制改革，兑现"决不允许以任何名目揩减税的油"的承诺。[②] 实现减税降费的财政政策目标客观上要求对政策的成效进行跟踪与检验。显而易见，财政收入绩效评价成为切实可行的价值工具。

(本章作者郑方辉、贲睿，原文载于《中国社会科学》2019年第6期，标题有改动。)

[①] 埃贡·G. 古贝等. 第四代评估 [M]. 秦霖等译. 北京：中国人民大学出版社，2008.
[②] 刘杨，李克强：决不允许以任何名目揩减税的油 [N]. 新京报，2019-3-27.

第二章 财政绩效评价：理念、体系与实践

　　财政是国家治理现代化的基础和支柱。作为政府绩效评价的重要组成部分，财政（支出）绩效评价始于以古典经济学为基础的财务评价，到基于福利经济学和凯恩斯主义的社会费用—效益分析，之后延伸至3E理念的绩效审计，再到凸现结果导向与公众满意度导向的4E结构维度，其变迁的过程有着历史的同步性，与预算民主和法治财政的进程息息相关，并成为国家治理体系与能力现代化及政府管理创新的具体体现。基于全面实施绩效管理的战略部署，系统检视与反思十余年间我国财政绩效评价的理论研究与实践历程，对于丰富政府绩效评价的理论方法体系，构建具有中国特色的财政绩效评价体系与机制具有逻辑的一致性和现实的必然性，同时为不同学科之间的融合及创新提供了契机与路径。因为"财政具有把经济、社会、政治三大社会的子系统连接起来的作用，是它们的媒介"（阿道夫·瓦格纳），财政学与政治学、经济学、管理学、社会学等一脉相承。诚如亚当·斯密所言："财政乃庶政之母，有政必有财，财为政之资。"

一、问题的提出

　　我国正处于社会经济的深度转型期。经济社会发展的成就及深层矛盾大都与财政密切关联。在近四十年财政收入超高速增长的背后，结构性矛盾日趋尖锐。具体而言如下。

　　一是收支规模失衡。从基本面看，改革开放至今我国财政收支缺口呈不断扩大之势，形成所谓赤字财政惯性。以全国财政大省广东为例，过去十余年，赤字率呈攀升趋势，2015年赤字占GDP比重达4.72%。同时，一些地方政府的债务风险超过了国际警戒线。

　　二是收支结构错位。尽管统计口径有别，财政收入占GDP比重过高为不争的事实，[①] 自2000年以来我国在福布斯税负痛苦指数榜单中排名稳居全球前四即是佐证。同时，收入结构中，非税收入占比过高，税制累退效应明显；支出结构

[①] 原国家税务总局副局长许善达曾坦言：中国宏观税负达44%，已超过除北欧福利国家以外发达国家水平（约为35% - 40%之间）。李蕾. 国税总局原副局长：政府收入占GDP比重44% 明显偏高 [N]. 新京报，2014-7-31（B05）.

中，竞争性领域补助名目繁多、民生投入明显不足。

三是体制改革动力不足。财政体制是经济与政治体制的中枢，过去十几年来，财政体制改革试图在预算管理制度、税收制度及中央和地方政府间财政关系等方面有所突破，但总体进展不尽如人意，改革受制于多重系统性因素制约，源动力不足，缺失具体的手段及突破口。

四是财政绩效备受质疑。在收入方面，宏观税负水平的快速上升显著降低经济总量的增长，[1] 财政均等化的再分配功能在累退的税制下未能体现。支出方面出现了所谓"项目治国"现象，重复建设及投资、过多介入竞争领域、资金不足与闲置沉淀同现，社会对资金绩效的质疑此起彼落。

应该说，上述问题的成因复杂，也并非始于今日。部分学者将其归因于分税制下央地之间事权与财权的不对等，以及"官员晋升锦标赛模式"的考核激励机制，[2] 也有观点认为是缺乏监督之故。探究起来，前者属于环境性因素，部分能解释地方政府追求财政收入持续性扩张的冲动，以及结构性矛盾的困境，后者针对现行的财政监督制度，可视为内在性因素。不过，客观而言，我国对财政的监管，包括审计、税管、监察、稽查等涉及多个核心部门，已形成较为完备的监管体系，但无例外地指向资金的合规性，并难以回答社会普遍关注的诸如结构、分配、效果等关键问题。正因为如此，自本世纪初开始，财政支出绩效评价应运而生。按照财政部的定义，"财政支出绩效评价是指财政部门和预算部门（单位）根据设定的绩效目标，运用科学、合理的绩效评价指标、评价标准和评价方法，对财政支出的经济性、效率性和效益性进行客观、公正的评价。"[3] 应该说，这一理念已有重要的突破，实践中也触及了财政资金合规性之外的内容，如绩效目标检验等。问题在于，理论上，财政绩效评价属于民主范畴的技术工具，旨在监督政府的财政活动，与由政府作为评价主体，财政部门作为评价组织者存在逻辑悖论与角色冲突，加之现行的评价活动与审计比较，缺失法律法规保障和完备的组织资源，并且与其他监管手段重复并形成矛盾，同时，评价不涉足收入绩效。

2013 年，党的十八届三中全会明确提出"建立现代财政制度""改进预算管理制度"；2014 年，全国人大通过的新《预算法》中，六处提到"财政绩效"，并要求厘清与现有预算体制的关系。2016 年，中央经济工作会议提出"要落实

---

[1] 何茵，沈明高. 政府收入、税收结构与中国经济增长 [J]. 金融研究，2009 (09)：14－25.
[2] 周黎安. 中国地方官员的晋升锦标赛模式研究 [J]. 经济研究，2007 (07)：36－50.
[3] 财政部. 财政部关于印发《财政支出绩效评价管理暂行办法》的通知（财预〔2011〕285 号）[Z]. 2011－4－2.

推动中央与地方财政事权和支出责任划分改革"。这些要求离不开建立中国特色的绩效预算制度，财政绩效评价成为这一制度的导向性工具。正如艾伦·希克所说，预算仅规定政府确定支出额、收支平衡与支出分配的常规与程序，而财政绩效评价作为新的公共支出管理手段，在追求政策产出的同时，承认不当的预算组织与安排会导致预算结果无法达到最优。[1] 换言之，财政绩效评价能弥补绩效预算的不足。对我国而言，三十多年来超常的财政增长形成了庞大的规模，也积聚了深层的问题，试图再以规模的扩张来化解结构性矛盾难以为继，推进财政绩效评价具有客观必然性，从而有必要重新审视十余年来有关财政绩效评价的理念、目标、定位与体系，反思实践的得失。当然，严格而言，这里所提的财政绩效评价与部分学者及地方政府所言的概念并不相同，因此，对概念的梳理有助于进一步明确财政绩效评价的学科定位。

二、研究回顾：财政绩效评价的二重属性

财政学具有跨经济学、管理学、政治学、社会学等学科特点。基于不同的理论视角及逻辑起点，过去半个多世纪以来，学界对财政绩效评价研究并不局限于财政学的范畴，但大都与预算民主相联系，因为评价的"内在机理和运行逻辑与现代民主政治的发展一脉相承"。[2] 不过，国内的研究更多视其为一种技术工具。事实上，财政绩效评价具有二重属性，融合了价值理性与工具理性及其动态平衡。

（一）关于财政绩效评价缘由及实践

财政绩效评价起因于政府绩效评价及西方财政支出监管。瑞尼克等人在总结美国财政监管史的基础上，认为"除非会计官员能够监管到每一笔财政支出，否则，受《独立财政法案》限制的支出部门，都应被审计部门等财政监控者密切关注"。[3] 1995年，芬维克（Terry Fenrick）、福林（Flynn）等人在政府绩效评价的经济性、效率性、效果性、公平性框架下，进一步将财政监管内容具体化，形成4E评价结构。

---

[1] Schick A. A Contemporary Approach to Public Expenditure Management [Z]. World Bank Institute，1998.

[2] 郑方辉，廖鹏洲. 政府绩效管理：目标、定位与顶层设计 [J]. 中国行政管理，2013 (05)：15-20.

[3] Renick, Edward Ireland. The Control of National Expenditures [J]. Political Science Quarterly, 1891, 6 (2)：248-281.

国内的研究始于21世纪初。早期主要集中于对国外经验的总结,一些学者尝试将西方财政支出绩效评价的经验中国化,力图构建以经济、效率、效益为维度的评价体系。这一努力推动了实践探索,但各地的做法"带有明显的审计特征"。① 主要表现为合规性评价,尤其是"对公共资金的公共价值认识不到位"。② 由于合规性监督是一种依附于政府行政的监督,因此,有必要通过以财政支出绩效评价为中心的财政监督实现公共支出的有效性。③ 最近几年,在财政部有关评价体系的指引下,部分学者或以财政绩效目标管理为主线,或以第三方评财政专项资金绩效为推手,④ 或以绩效预算为依托,⑤ 尝试构建有地方特色的财政支出绩效评价体系。不过,学界对此的态度较为慎重,马国贤认为,2003年以来,各级政府积极探索绩效管理的中国化,形成以"考绩"和"预算绩效"为内容的两个评价体系,但从效果看,存在"两大评价体系重复,效果互相抵消"等问题。⑥

(二) 关于财政绩效评价的价值理性

对价值理性的探讨肇始于马克斯·韦伯"工具—价值"二分法的论述。韦伯认为,价值理性就是根据个人信念与要求而采取行动。⑦ 置于公共财政领域,价值理性即是预算民主。首先指向民生财政,"公共财政的内在逻辑、基本框架和全部特征,都决定了它就是民生财政"。⑧ 高培勇进一步分析,改善民生并非财政唯一的职能,"也非公共财政的实质所在"。⑨ 因为财政是政治问题,涉及公民与政府之间关系及政治合法性。⑩ 换言之,公共财政本质是"民主财政",建立公共财政的基本框架,"就是要按照民主财政的要求构建现代政府预算制度,

---

① 盛明科等. 政府绩效评估 多样化体系与测评实例 [M]. 颜佳华、陈建斌编. 湘潭:湘潭大学出版社,2011年:第138页.
② 刘国永. 对财政支出绩效评价基础性问题的再认识 [N]. 中国财经报,2016-08-30 (007).
③ 马国贤. 财政监督将进入嬗变阶段 [J]. 财政监督,2008 (07):9-10.
④ 郑方辉,李文彬,卢扬帆. 财政专项资金绩效评价:体系与报告 [M]. 北京:新华出版社,2012.
⑤ 剑飞. 绩效预算:浦东政府治理模式的新视角 [M]. 北京:中国财政经济出版社,2008年.
⑥ 上海财经大学公共经济与管理学院"绩效管理与绩效评价"课题组,马国贤,刘国永. 推进我国政府绩效管理与评价的五点建议 [J]. 人民论坛·学术前沿,2015 (14):62-71.
⑦ [德] 马克斯·韦伯. 经济与社会(上卷)[M]. 林荣远译,北京:商务印书馆,1997:57.
⑧ 贾康,梁季,张立承."民生财政"论析 [J]. 中共中央党校学报,2011,15 (02):5-13.
⑨ 高培勇. 公共财政:概念界说与演变脉络——兼论中国财政改革30年的基本轨迹 [J]. 经济研究,2008,43 (12):4-16.
⑩ 李炜光. 财政不是经济问题,是政治问题 [ol]. 搜狐财经,http://www.unirule.org.cn/index.php? c=,2016-12-27.

确立财政运作的民主机制"。[1]

作为预算民主的实现形式，财政绩效评价内置了预算民主的要求。评价政府绩效不仅仅局限在抑制"政府失灵"，也为选票提供了标杆，是现代民主化的内在要件。[2] 1997年出版的《美国标杆管理研究报告》中，将政府（财政）绩效评价定义为：达到预定目标的过程，包括资源转化为公共物品和服务的效率、服务的质量及与期望相比较的结果、特定目标实现的有效性等。这一定义有着强烈的价值导向。菲利普·J. 库珀进一步地把政府绩效评价理解为一种市场责任机制，[3] 体现顾客价值。

具体到财政支出绩效评价中的民主机制，学界普遍认为，应邀请人大政协代表参与、引入第三方评价及满意度测量、加大预算公开等。[4] 当然，民主机制以法治为基础。朱大旗等认为，议会在一切国家政治生活（包括财政）当中具有至尊的权威，并以控制财政为其核心使命。[5] 基于此，马骏认为，对于盐津模式来说，最大的挑战在于是否能够持续，能否在未来获得制度化的机会。[6] 进一步说，由于立法机关本身拥有最强的民意基础，同时法律制定过程最为正式、严格、透明，所以对财政权的控制方式通常就体现为法律的规定。[7] 但同时，亦有人指出，当代中国财政法治现状尚未为民主财政提供完全意义上的制度保障。[8]

（三）关于财政绩效评价的工具属性

财政绩效评价作为财政监督手段，体现工具属性，用韦伯的话来讲，即把"目的、手段和附带后果"作为依据，通过比较权衡之后做出决策。[9] 学者对评价工具属性的论述主要集中于三个方面：一是辅助决策。财政绩效评价向社会提

---

[1] 焦建国. 民主财政论: 财政制度变迁分析 [J]. 社会科学辑刊, 2002 (03): 77-83.
[2] 郑方辉, 雷比璐. 基于公众满意度导向的地方政府绩效评价 [J]. 中国特色社会主义研究, 2007 (03): 47-52.
[3] 范柏乃. 政府绩效评估理论与实务 [M]. 北京: 人民出版社, 2005年: 第34页.
[4] 郑方辉, 雷比璐. 基于公众满意度导向的地方政府绩效评价 [J]. 中国特色社会主义研究, 2007 (03): 47-52.
[5] 朱大旗, 何遐祥. 议会至上与行政主导: 预算权力配置的理想与现实 [J]. 中国人民大学学报, 2009, 23 (04): 128-135.
[6] 马骏. 盐津县"群众参与预算": 国家治理现代化的基层探索 [J]. 公共行政评论, 2014, 7 (05): 5-34+189.
[7] 刘剑文. 论财政法定原则——一种权力法治化的现代探索 [J]. 法学家, 2014 (04): 19-32+176-177.
[8] 张际. 论立法权的范围 [A]. 周旺生主编. 立法研究（第2卷）[C]. 北京: 法律出版社, 2001: 282.
[9] 马克斯·韦伯. 经济与社会（上卷）[M]. 北京: 商务印书馆, 1997; 57.

供可量化的评价结果，为公众参与预算监督、理性表达偏好提供可参考的依据。① 而这种预算民主机制反过来可提高决策的科学性。因为只有政策制定者和市民积极主动地参与业绩评估——即参与让政府机构对他们的开支负责，对他们的行动负责，对他们的承诺负责这样的评估过程，才能实现责任和改进。② 二是提供方法论。财政绩效评价"在给定目标的前提下寻求最有效率的实现目标的方式"，③ 本身即是方法论。通过完善的指标体系，"从规模与结构角度较为全面地呈现"绩效，④ 进而作为"清理、整合、归并专项资金"等财政重大决策的重要参考，达到"约束地方政府征税收费与举债的冲动"。⑤ 也为遏制收支乱象提供了规范度量的手段与标准。三是驱动功能。评价的激励作用体现了驱动的功能，对支出绩效评价而言，关注于政府支出做了哪些事，水平怎样，效率如何，值不值得。⑥ 对收入绩效评价来说，则聚焦于征税（费）是否符合法律规定，结构是否合理，程序是否繁琐，成本有多高，能否促进公平，等等。

（四）文献评析

应该说，财政绩效评价研究与政府绩效评价研究具有同步性。学界的探讨呈现几个特点：首先，境外对财政绩效评价理念体系已有深入探讨，对政府实践也形成了案例库，甚至针对公共项目建立了绩效评价的通用模型。但基于西方的分权与预算制度，政府的收支权限相当有限，监督体系也相当完善有效，加之无所谓专项资金的预算范畴，因此，这方面的文献不多，关注点更集中于评价的工具属性。其次，国内研究以财政系统的学者官员为主体，这一特点直接或间接地推动由财政部门主导的支出绩效评价的实践探索，存在的问题：一是将财政绩效评价视为纯技术工具，等同于财务或绩效审计，指向资金的合规性，追求财政的执行力，进而将评价主体设定为财政部门与预算部门，作为部门工作的推手；二是将功能目标定位于财政资金的目标式考评，由此对应于资金流路径及节点，构建庞杂的指标体系。究其原因：技术工具论者忽略了西方所谓预算民主的制度框架，目标论者将财政绩效评价作为财政管理工具。应该说，目前我国对财政资金

---

① 郑方辉，廖逸儿．论财政收入绩效评价 [J]．中国行政管理，2017（01）：11 - 18．
② 马克·霍哲（Marc Holzer），张梦中．公共部门业绩评估与改善 [J]．中国行政管理，2000（03）：36 - 40．
③ "我国推行财政支出绩效考评研究"课题组，贾康．我国推行财政支出绩效考评研究 [J]．经济研究参考，2006（29）：2 - 36．
④ 汪柱旺，谭安华．基于 DEA 的财政支出效率评价研究 [J]．当代财经，2007（10）：34 - 37．
⑤ 赵学群．关于财政支出绩效评价和管理制度的思考 [J]．现代经济探讨，2010（12）：42 - 45．
⑥ 高培勇．什么才是衡量税负水平高低的根本标准 [J]．财会研究，2012（05）：20 - 21．

的监督体系已相当完备,包括审计、税管、监察、稽查等,相反,功能趋同的所谓财政绩效评价处于尴尬境地。最后,现有研究将财政绩效评价等同于财政支出绩效评价,极少涉及收入绩效评价。虽然世界银行 PEFA 政府财政管理能力评价体系、我国财政部 2014 年提出的地方财政管理绩效综合评价体系等,以及少数学者的研究已有所涉及,但目前只是导入阶段,缺少实证应用,更不用说评价结果的可比性。[①] 因此,严格来讲,一个兼顾工具理性与价值理性,较为系统的财政绩效评价框架尚未形成。

三、理念嬗变:从财务评价、绩效审计到绩效评价

(一)公共项目支出评价的阶段性与方法论

理念体现价值,是实践及行动的指针与源泉。从理念导向和方法论的角度,财政绩效评价历经财务评价、绩效审计到绩效评价,是多种因素共同作用的结果,并且具有重叠性。但大体而言,可以分为如下三个阶段。

第一阶段:财务评价。

财政支出与政府公共项目投资有着天然的联系。事实上,投资项目评价有着悠久的历史和深刻的社会背景。一般认为,财务评价以利润最大化为逻辑起点,在完全竞争的市场格局中,私人利得之和构成社会总效益,因而无须市场之外的其他的评价手段。[②] 1884 年,杜皮特(Jules Depuit)率先提出公共工程社会效益的概念,可视为公共项目评价的始端。从发展历程看,财务评价以古典经济学理论为基础,兴起于 20 世纪初,其间包括 1907 年起纽约市政局定期提交的市政管理与公共工程绩效报告,1912 年成立国家经济和效率委员会与 1916 年建立布鲁金斯研究院,1937 年罗斯福政府成立总统管理委员会并发布绩效评价报告。这一时期公共项目的财务评价更多是审查政府或项目支出过程的合规性,加强财政成本核算及推进政务公开。在方法上,主要通过核验相关凭证及支出(审批)程序,要求对既定的目标、规则与制度负责,以提升支出的经济性和效率性。

作为政府财政监督手段,财务评价的理念服务于政府投资项目的财务控制,假定了财政决策及管理规则的正当性与正确性,属于自上而下的目标性考评,关

[①] Boex, Jamie, and Serdar Yilmaz. An Analytical Framework for Assessing Decentralized Local Governance and the Local Public Sector [R]. Urban institute center on international development and governance (IDG), 2010.

[②] [英] 马歇尔. 经济学原理(下卷)[M]. 北京:商务印书馆,1965.

注财政支出的合法合规,工具特性明显。同时,采用精细化、标准化的操作流程,重点核验审批程序、资金流向、账目信息、会计凭证等,更加强化全过程监控和结果问责效力。财务评价基于企业经营理念,将过程控制置于结果导向之上。但由于公共财政目标的多元性及外部性,企业化的财务理念背离了政府的性质及其职能,因为公共财政决策并非天然正确。同时,市场标准不等同于政府的守则,财务评价不具有纠错纠偏的功能,过程控制有可能背离目标结果,精细化的评价存在高昂成本。

第二阶段:绩效审计。

公共项目支出绩效审计是"绩效预算"的结果。1947 年,胡佛委员会提出了绩效预算和标准的改革方案,1965 年,约翰逊总统要求所有联邦政府部门实行计划—项目—预算制度,1973 年尼克松政府推行目标管理制度,以及 1970 年代卡特政府为降低行政成本进一步实施零基预算。这一阶段的特点:一是把行政目标、计划、活动与行政资源的分配联系起来,即通过控制支出提高效率;二是由经济性与效率性评价扩展到产出结果评价。从理念上看,"绩效预算"及其绩效审计立足于福利经济学和凯恩斯主义的社会费用—效益分析理论,与古典经济学不同,更侧重于公共项目带来的社会福利的改善,如"帕累托"准则提供了公共项目"成本—效益"评价的基本方法,福利经济学进一步寻求评价社会福利增减或高低的规范性标尺,致力于生产与排列可供选择的不同的社会经济情况。1936 年,美国颁布的《全国洪水控制法》首次规定以费用—效益分析的方法来评价洪水控制和水域资源开发项目,此后这一方法即成为政府决策的必要程序和必需工具。与此同时,以凯恩斯主义为导向,由经济合作与发展组织开发的 OECD 法(L-M 法)、联合国工业发展组织提出的 UNIDO 法(准则法),以及阿拉伯国家工业发展中心出版的增值法,逐步获得应用。这些方法尝试从不同角度完善公共项目评价的方法论,以区别于传统的财务分析方法,评价重点关注公共项目的社会效益,但不涉及社会分配效应。

我国于 20 世纪 90 年代初开始绩效审计探索,早先称之为经济效益审计或承包责任制审计。审计作为一种经济监督的形式,最重要的依据当然是各种有关经济行为的法律,这就是合法性审计的形成基础。[1] 随着市场经济发展,审计工作提出了既要审计财务收支的真实性、合法性,又要逐步向检查有关内部控制制度和经济效益方面延伸,即所谓审计评价的"两个延伸"要求。同时,采用更为综合或多元化方法确立审计标准。[2] 1993 年,审计署颁布《全民所有制工业企业

---

[1] 谢志华,陶玉侠. 论国家审计的角色定位 [J]. 审计与经济研究,2013,28(02):9-15.
[2] 林红. 财政专项资金绩效审计体系研究 [D]. 华南理工大学,2015.

转换经营机制审计监督规定》，要求在对国有企业资产负债和损益真实性、合法性审计的基础上，增加检查有关管理制度和经济活动，促进企业经济效益提高。1994年实施的《审计法》规定：财政或财务收支的真实、合法和效益，依法需要进行审计监督。虽然并未提及绩效审计，但已关注到"效益"问题。2002年，全国审计工作会议提出要积极探索效益审计，同年，深圳市率先开展政府绩效审计；2006年修订的《审计法》进一步要求"提高财政资金使用效益"；同时，国家审计署在《2006至2010年审计工作发展规划》中，要求审计内容和审计方式做到财务评价与绩效审计"两个并重"。[①]

第三阶段：绩效评价。

自20世纪80年代起，在新公共管理运动的旗帜下，政府绩效评价成为全球政府管理创新的助推器，以结果导向和满意度导向为特征的财政支出绩效评价被广泛应用。与绩效审计的理念不同，财政支出绩效评价置于民主范畴，追求公共财政的公信力，不仅是审查财政支出的合规性，绩效目标的完成程度，而且针对目标本身进行纠偏纠错。同时，绩效审计与财务评价、财务审计比较，强调绩效目标设置以及对目标的检验，前提是财政支出存在明晰的目标。问题在于，在市场经济条件下，财政支出追求社会福利最大化，存在明晰经济目标的支出并非政府职责，还应由市场作为，换言之，财政支出绩效目标审计存在逻辑悖论，现实中亦难以操作。

在评价维度上，威廉·邓恩提出效益、效率、充足性、公平性、回应性和适应性的评价标准，同时，基于可持续发展理论，评价内容逐步拓展到经济、环境、社会、政治等方面。在评价方法上，构造多层次的评价指标体系，形成绩效指数。从实践来看，1993年，美国国会通过《政府绩效与结果法》，公共项目绩效评价进一步受到重视，其他西方国家及世界银行、国际货币基金组织等也大力探索或倡导公共项目投资评价的改革，美、英等国率先建立了较为完善的法律法规体系。我国的情况较为特殊，新世纪以来，在审计部门探索财务审计向绩效审计转变的过程中，由财政部门主导的财政支出绩效评价开始试点探索。评价主要以财政资金使用者为对象，以专项资金为范围，部分评价结果向社会公开。

应该说，财政支出绩效评价从财务评价、绩效审计到绩效评价的演进（但不替代）是财政理念嬗变的结果。背后的动因：一是市场化与民主化的深化。不论是市场化改革还是民主化潮流都强调对政府财政决策的顶层监督，体现决策过程的民主性。绩效审计可以检验目标的实现程度，但难以对财政目标进行纠错，本

---

① 张大田. 从绩效审计的历史沿革看我国绩效审计的发展 [J]. 财会通讯，2010 (24)：143-145.

质上是政府内部评价。二是现实的财政压力。分税制改革之后,在地方政府"政绩锦标赛"背后,出现所谓"财政收入越增长,收支矛盾越突出"的"财政悖论",① 支出规模及赤字规模不断扩大,非税收入居高不下。要遏制这种趋势,财务评价与绩效审计固然重要,但提高财政资金产出效果势在必行,绩效评价成为现实选择。三是全球化及信息化。全球化经验与信息化手段为绩效评价提供了条件和工具。

(二) 财政支出绩效评价的理念体现

财务评价、绩效审计、绩效评价是一种递进的理念转变,但不是一个替代的过程。财政支出绩效评价理念嬗变主要表现于以下四个方面。

一是在评价目的上,从强化财政管理的执行力到追求公共财政公信力。财务评价和绩效审计属于目标管理的范畴,强调自上而下的过程监控,即下级完成上级指令的执行力。公共财政体现公信力,或说有执行力的公信力。财政支出绩效评价理念将关注点上移,指向财政决策过程的民主性、资金分配的科学性、目标设计的合理性及制度安排的可行性等,通过公众参与强化公众对支出目标的认同性。

二是在评价重点上,从过程控制转向为结果导向。绩效评价更加强调支出目标的实现程度及其影响力、可持续性等,体现结果导向和公众满意导向。进一步说,结果导向的绩效评估是对规则导向的行政原则的颠覆,借规制之放松来提高政府的绩效和政府对公众的回应性,② 将监督视点由过程转移到结果,指向公共财政做了什么、成效如何、是否实现公民满意,审视支出本身的必要性、可行性、科学性与民主性。

三是在评价标准上,从"2E"逐步扩展至"3E"和"4E"。传统的财务评价根植于古典经济学及科学管理理论,服务于财政支出成本节约、执行规范与效率提高的目的,遵循经济性和效率性的"2E"标准,绩效审计在此基础上关注效果性评价,实现从"2E"到"3E"扩展。绩效评价进一步强化公平性评价,形成"4E"结构维度。

四是在评价方法上,从会计普查、定性分析到综合评价、定量分析。财务评价一般限于查验支出票证及审核支付程序,绩效审计延伸到效果性,尝试加入数

---

① 刘明,欧阳华生. 深化政府预算绩效管理改革:问题、思路与对策 [J]. 当代财经,2010 (04):35-41.

② 陈国权,王柳. 基于结果导向的地方政府绩效评估——美国凤凰城的经验及启示 [J]. 浙江学刊,2006 (02):209-212.

理模型和量化分析，绩效评价"要求定量评估与定性评估并重，侧重定量；客观指标和主观指标并举，客观指标优先"。[1] 同时，采用多维综合的评价标准，取得结构化的量化评价结果，形成更有深度和针对性的评价意见。[2]

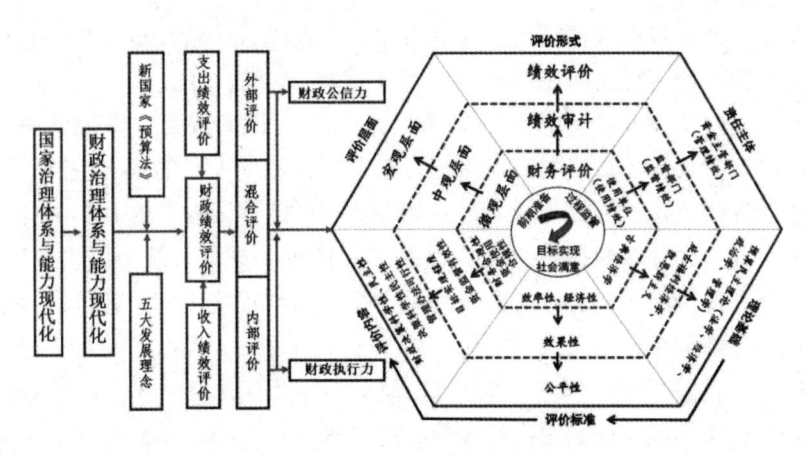

图 2-1　财政绩效评价的理念与思路

四、组织模式：追求公共财政公信力的主体定位

财政绩效评价体系包括组织体系、技术体系、制度机制等，进一步分解，组织模式与指标体系构成评价体系的核心元素，前者决定评价的公信力及执行力，后者决定评价的科学性。组织模式涉及相关主体的权责关系，背后指向评价权、组织权、实施权、评议权的角色定位。由于财政信息的专业性，我国财政绩效评价面对两难处境：政府及其部门主导的评价存在角色冲突，外部评价目前又缺失必要的条件与保障（如政府信息公开度不足）。由此，以监督政府财政为主要职责的各级人大的角色不可缺失。

（一）财政绩效评价的权责结构与关联主体

财政绩效评价涉及不同的责任主体，包括评价主体、评价客体、组织主体、实施主体、评议主体等，背后指向各类主体的权责结构，对应于权力关系。理论

---

[1] 高小平. 绩效管理的理论与实践 [N]. 淮安日报，2012-06-24（A04）.
[2] Ezra J. Mishan, Welfare Economics: Ten Introductory Essays [M]. New York: Random House, 1969. 13.

上,评价权、组织权、实施权和评议权构成财政绩效评价的"四权"。[①] 评价权决定评价的目的,组织权是评价权的衍生,实施权由组织权派生或授权,评议权是法定权力。评价主体拥有评议权,但评议主体未必成为评价主体,因为评价活动有赖于其他资源条件。

在财政绩效评价的权责结构及关联主体中,首先,评价权居于核心地位。就政府内部而言,拥有评价权是财政组织管理使然和管理权的派生,上级(党委、政府、部门)拥有对下级(党委、政府、部门)评价的权力,体现管理的工具属性;但财政为公权领域,对政府进行评价是法律赋予人民的基本权利,自然包括对政府财政的评价。因此,社会公众拥有对财政的评议权,这种权力亦可产生评价主体。其次,评价组织权可视为财政绩效评价的规划、统筹、协调等权力。在体制内部,评价组织权意味着评价的主导权,相当程度决定了评价的内容、路径与方式,并影响评价结果及其应用。由于缺少跨政府、跨部门的常设机构,大多数情形下,我国财政部门(包含主管部门)实际上成为财政支出绩效评价的组织者,拥有实际组织权。再次,实施权是一种执行权力,指被授权的主体实施评价的权力,体现工具性。财政绩效评价是一项专业性及时效性较强的工作,通常外包于专业机构实施,进而造成评价组织权与实施权分离。最后,评议权一般指向政府外部,特指公众评议政府财政的权力,多元评议主体参与评价是财政绩效评价的重要特征。关联主体定位决定财政绩效评价的组织运行模式及评价的公信力。这些主体如下。

一是评价主体,即"谁来评价"。评价主体拥有评价权和动员组织资源的条件与能力,包括内部主体和外部主体。目前我国财政支出绩效评价主要为内部评价,评价主体为上级政府或上级部门。外部主体分两种情况:一是政府系统之外的政权机关,如人大及其常委会;二是政权之外的主体,如独立第三方机构,包括高校学术团队、民间专业机构等。

二是组织主体与实施主体。组织主体即评价的组织者,目前我国财政支出绩效评价具有内部考评特征,组织者一般为财政部门,也可能是资金主管部门,甚至使用单位。通常情况下,组织主体由评价主体所决定,实施主体由组织者所委托,也可能由组织者自身完成评价实施。

三是评价客体,即"评价谁"。财政绩效评价针对资金管理、使用和监督的责任主体,分别构成资金管理绩效、使用绩效与监督绩效,资金只是评价的载体。由此,资金主管部门、财政部门与用款单位均为被评价的对象,但不包括政

[①] 包国宪,曹西安.地方政府绩效评价中的"三权"问题探析[J].中州学刊,2006(06):44-45.

府的服务对象，如各种财政补贴的受益者。

四是评议主体。评议主体拥有评价权，但并非评价主体，包括社会公众、专家学者、特殊人士（如"两代表一委员"）、企业及民间组织代表等。财政收支的产出效果一般具有直观性，普通公众及企业、民间组织代表有能力评价，但收支过程通常具有专业性，专家学者的评议更趋于理性。当然，很多情况下，评议主体往往是利益关联群体。

需要指出的是，关联主体具有权责对等性，在评价过程中角色并非固定不变，比如财政部门，在本身发起的评价活动中，作为评价主体，在人大或民间主导的评价中成为评价对象。当然，严格而言，多数情况下，内部评价属于财政管理的政绩考评，与绩效评价存在差异。

（二）人大作为评价主体的组织模式

我国目前财政支出绩效评价主要由财政部门组织。这种评价模式中，财政部门、主管部门、用款单位和社会评议者的角色比较清晰，组织协调也相对简单。但与此同时，评价存在客观性不足、专业性欠缺等问题。因为财政部门主导资金管理办法制定，并对资金负有监管责任，即使作为评价的组织者也存在"运动员"和"裁判员"的角色冲突；加之，依靠体制内部报送绩效信息容易失真，财政部门与平行的主管部门存在相互牵制关系等。但目前评价市场发育有限，专业机构水平参差不齐，财政信息大都由政府部门垄断，第三方机构独立评价条件并不成熟。在公信力、专业性与可行性之间取得平衡，人大作为评价主体、财政部门与主管部门协同、第三方独立实施的组织模式应运而生。在这一组织模式中，关联主体的角色清晰，优势互补，能有效提高评价的专业性、可行性与公信力。

首先，人大拥有对政府财政活动的监督权力。人大对政府收支进行绩效监督，依法行使对同级政府财政预算（执行）监督的法定职权，从根本上体现"一切权力属于人民"的宪法原则。人大的民意代表机构性质决定了其对政府监控的合法性和权威性，将人大作为评价主体具有充分的理论依据，亦切合国家政治与行政管理体制的改革方向。[1]

其次，财政部门与主管部门为评价提供必要条件，主要又是绩效信息。我国现阶段政府信息公开水平较低，加之财政信息的特殊性及专业性，财政绩效评价不能缺失财政部门及主管部门的组织协同。因为财政部门掌握有关财政资金分配

---

[1] 高洪成，刘广明．构建人大在政府绩效评价中的主体地位［J］．河北学刊，2012，32（05）：175－179．

等第一手资料，主管部门掌握资金使用的完整信息。

最后，第三方独立实施具有专业性与公信力。第三方实施"不必选择性地试图掩饰财政支出政策本身即可能存在的问题"，从根本上克服了内部评价双重角色的矛盾。[①] 同时，第三方态度超然、理念前瞻、过程透明、技术专业，具有明显的智力优势，以确保评价结果科学有效。

在人大作为评价主体的财政支出绩效评价的组织模式中，关联主体的角色定位较为清晰，分工明确。人大常委会作为评价主体，提出评价需求及目的，其内设机构财经委（预算工委）负责评价组织，监控过程，验收评价报告，财政与主管部门提供评价信息，第三方机构受托实施评价，专业人士和公众作为评议主体参与评价，表达意见。在这里，评价权、组织权、实施权和评议权形成有机整体。对于评价的客体，按其承担的责任可分为三种情况，即财政部门（资金监督）、主管部门（资金管理）和用款单位（资金使用）。与财政部门主导的评价有别，财政及主管部门既为评价工作协同者，又是被评的对象。

（三）第三方评价的价值与障碍

第三方绩效评价是世界性趋势，也是政府绩效评价的内在要求，它的优势体现在：一是公信力。体制内评价属于内部自我考评，往往存在自我欣赏、自我认同的特点。独立于政府系统的第三方立场超然，能有效保证评价结果的客观性。二是专业性。第三方以专业能力与技术手段，体现财政绩效评价专业化，提高评价结果的信度与效度。三是广泛性。第三方评价主体拥有广泛的群众基础，成为民意表达与民主监督的重要载体。这种以评价主体独立、评价标准独立和评价过程独立的外部评价模式为政府的理想职能、政府竞争的方向、政府变革等抽象议题增添了具体的民间标准，代表了社会力量对好政府的期待。[②]但第三方评价依托一定环境条件。值得关注的是，近年来，民众对于参与政府财政绩效评价有着巨大热情，同时要求政府公开财政支出数据信息。然而，在信息不对称，预算决策和支出安排及绩效评价具有专业性和复杂性等现实条件下，公众能够并可以理性表达其个人偏好能力明显不足；同时，现阶段民意调查的社会环境与技术条件不成熟，民意表达功能的实现程度有限。

第三方可分为委托第三方和独立第三方，它们之间存在质的差别，前者受评价者或组织者委托，独立性有限。事实上，在我国财政绩效评价中，独立第三方

---

① 郑方辉，陈佃慧. 论第三方评价政府绩效的独立性[J]. 广东行政学院学报，2010，22（02）：31-35.

② 陈燕. 民间评估政府绩效 社会襄助政府变革[N]. 南方都市报，2008-10-21（A2）.

评价难以操作，存在现实障碍：一是评价数据信息可得性，背后为财政信息公开程度的不足，独立第三方评价游离于体制之外，要取得财政运作过程中的数据信息十分困难；二是被评对象的可接触性，背后为行政系统对体制外监督的天然抵抗，委托第三方评价由于获得体制内部支持，容易得到被评价对象的协助和配合，但独立第三方评价因其发起、组织和结果公布不受行政权力牵制，评价过程难能得到被评对象配合；三是法律地位不明确，评价经费无保障，评价的持续性不足；四是社会调查的条件不成熟，包括专家调查与公众满意度测量存在不同程度的限制。

五、指标体系：构建统一性与差异性相结合的通用模型

指标体系是财政绩效评价技术体系的核心内容，包括指标、权重及评分标准。作为技术工具，指标体系服务于评价目的，成为量化评价的基础，以及区别于财务审计等其他监管手段的重要标志，亦在一定程度上决定财政绩效评价的科学性。从狭义上理解，指标是一种量的数据，它是一套统计数据系统、用来描述社会状况的指数。[1]

某种意义上说，财政绩效评价指标体系的功能实现在于其技术标准，指标体系的工具属性要求遵循共同的技术准则。体系构建服务于预设目标，既要兼顾指标结构层级、信度效度等科学要求，又要满足环境条件和操作上的可行性。换言之，指标应有效度和信度、有意义及容易理解、全面和综合、有时限及可操作。[2] 建立评价的通用模型涉及两个重要问题：第一，指标体系是一个开放体系，与外部环境息息相关，因为指标数据源自于政府系统众多部门、外部部门、社会组织及公众等，应该说，指标体系构建也是一个政治博弈的过程，关联主体的利益取向往往反映到指标体系中；第二，评价体系统一性和差异性之间的矛盾，不论是服务于组织管理还是满足社会需求，对一组对象的评价客观上要求指标体系的统一性，但同时，被评对象一定存在自身的特点，也正因为如此，"政府绩效评价指标体系被视为世界难题"。[3]

---

[1] Raymond A. Bauer, et al. Social Indicators [M]. Cambridge：MIT Press, 1967：18. 吴寒光. 我国小康生活水平的测量尺度与标准 [J]. 中国人口·资源与环境, 1995 (02)：61－65.

[2] [美] 西奥多·H. 波伊斯特.《公共与非营利组织绩效考评：方法与应用》[M]. 消鸣政等译. 北京：中国人民大学出版社, 2005：100.

[3] 卓越. 政府绩效评估指标设计的类型和方法 [J]. 中国行政管理, 2007 (02)：25－28.

（一）国内财政支出绩效评价指标体系优化

由前文所述，西方国家财政监督大致历经基于古典经济学理论的财务评价（经济性和效率性指标为主），基于福利经济学和凯恩斯主义的社会费用—效益分析的绩效审计（强调财政投入、过程和产出指标及其联动性）和以绩效为导向、综合评价法为手段的绩效评价三个阶段。我国的情况比较特殊，财政支出绩效评价起步于本世纪初，阶段性特点并不明显。

总体上看，借鉴西方国家的经验，以及财务审计的做法，我国财政支出绩效评价一开始即采用了指标测量的方法，并持续进行优化，旨在建立共性与个性、定量与定性、业务与财务指标相结合的评价指标体系，形成涵盖各类支出的指标模型。广东省率先探索，2004年出台的省级财政支出绩效评价指标，分为定性和定量指标，其中，定量指标再分为基本指标和个性指标，同时可根据项目类别，结合实际情况选用评价的终端指标。但随着实践的不断深入，原有的指标体系存在着层级结构不明确、针对性不强、未能涉及财政支出的外部性及社会满意度等问题，为此，2010年，借助专业机构力量，利用专家咨询调查，作为层次分析法特例，广东省财政厅对2004版的指标体系进行再优化，进一步统一指标结构和维度，更加强调产出效果及公平性，凸显满意度导向，厘清指标评分方法及标准。[①] 但修订后的指标体系仅适用于财政资金使用者，评价指向使用绩效，不涉及其关联的客体，以及资金立项决策、管理办法等内容。

2014年，广东率先在全国开展由省人大作为评价主体，整体委托独立第三方实施的财政资金绩效评价。这一评价活动最大特点是"将财政部门作为被评对象"。[②] 指标体系囊括资金使用、管理和监督绩效，覆盖了财政支出绩效管理的宏观、中观和微观层面。尤其是提出财政资金监管绩效的概念，并构建相应指标体系。在这一时期，财政部于2011年及2013年发布并修订的财政支出绩效评价共性指标，包括投入、过程、效果3项一级指标及预算安排、预算执行、经济效益、生态效益、社会公众满意度5项二级指标。学界亦提出要科学划分财政支出绩效评价层次，区分财政支出的宏观效益与微观效益等观点。[③]

十余年来，我国财政绩效评价的指标体系得以优化，指标内容不断丰富，结

[①] 郑方辉，李文彬，卢扬帆. 财政专项资金绩效评价：体系与报告［M］. 北京：新华出版社，2012：46-62.

[②] 李艳，林秀玉. 国家治理体系创新与治理能力提升的新探索——广东省人大委托第三方评财政绩效的现实思考［J］. 公共管理学报，2016，13（03）：147-151.

[③] 李玲. 我国教育经费支出效益的实证分析［J］. 河北经贸大学学报，2001（02）：8-15.

构化以及规范化程度不断提高，评分标准更加细化，数据来源更趋多元，主客观指标配比渐趋合理，满意度占比有所提高。具体而言，一是统一性与差异性、原则性和灵活性相结合。围绕财政部文件要求，指标体系多为三级结构，一级、二级指标为共性指标，三级及四级指标为个性指标。同时，以量化指标为主，定性指标辅助。二是评价内容较为全面，从支出的全过程，即投入（事前）、过程（事中）、结果（事后）分立指标，包含业务评价和财务评价指标，涵盖了经济性、效率性、效果性与公平性。三是指标评分标准贴近财政支出管理的各环节，容易取得数据，实现横纵可比。但同时，现有指标体系亦存在明显的问题，包括强化过程控制及合规性，针对存量并非增量。大多数情况下，将财政资金作为评价对象，模糊责任主体，或将责任下移，未能区分监管绩效与使用绩效的差异，导致指标体系缺乏针对性，部分指标内涵空泛，没有实质内容。[①]

（二）财政支出绩效评价指标体系通用模型

财政支出绩效评价指标体系的生命力在其适应性及兼容性。从西方经验看，构建具有广泛适应性的通用指标模型为共同做法。所谓通用指标模型，即是在单一评价结构体系的基础上，建立统一指标框架及技术标准，采用"嵌套"的思维构建多层次、综合性指标体系。[②] 绩效是责任主体的作为，指标体系是测量这一作为的技术手段，由于财政支出涉及不同性质的责任主体，通用指标模型应涵盖资金管理、监督和使用绩效，对应于宏观、中观、微观层面的评价内容。

以省级人大主导的财政专项资金绩效第三方实施评价为例，关联主体是一个纵横交错的矩阵结构，横向包括财政部门、资金主管部门、第三方实施机构，纵向延伸至地市、县（区）、镇，顶层有省级人大、政府，以及下级政府。宏观评价针对财政支出决策的科学民主性，以及作为约束性文件的资金管理办法的可行性，中观评价针对地方政府及部门，指向监管有效性；微观评价针对财政资金使用单位，指向财务合规性，体现使用绩效。按照上述理念，宏观评价指标设定为支出必要性、目标科学性、管理办法可行性、资金公共属性、总体目标实现程度，由专业人士评议；中观评价采用监督职责、监督办法、监督措施、资金支付、资金下达、违规问责等6项指标。微观评价指标针对财政支出管理全过程，采用资金投入、过程监管、目标实现与社会满意四项一级指标，以及立项论证、目标设置、保障机制、资金管理、项目管理、经济性、效率性、效果性、公平性

---

① 卢扬帆. 法治政府绩效评价内容及指标设计 [J]. 甘肃政法学院学报，2016（03）：134–146.
② 邱法宗. 关于建立普通高校转换性通用评估指标体系的构想 [J]. 中国高教研究，2009（04）：35–39.

9项二级指标（分解为15项三级指标）。同时，为体现产出效果，在"社会经济效益"与"可持续发展"三级指标之下再设置若干四级指标。在此基础上，参考专家咨询调查结果，确定专项资金总体绩效指数构成。

上述指标体系的特点：首先，宏观绩效与中观、微观绩效之间彼此独立，有效区分不同责任主体的作为，增强绩效改进的针对性；其次，由于财政支出追求公共性和福利性目标，部分指标为难以观测及量化的宏观评价指标，可通过专家评审的方式取得结果；再次，指标评分标准指向增量兼顾存量，评价指向为因财政投入"进步了多少"；最后，以满意度替代"经济"或"短期"效益不明显的财政支出效果，通过受益群体的主观评价实现绩效测量。实证结果表明：这一体系内容更加全面，层次更加鲜明，评分方式更加多样，可实现对财政支出的全方位、全过程评价。

（三）财政收入绩效评价指标体系通用模型

财政收入绩效评价与支出绩效评价内容存在一定的对应关系。指标体系设计主要针对资金流的路径节点及涉及的责任主体。借鉴支出绩效评价的指标框架，考虑到收入责任主体特点及可操作性，我们以为，可建立由前期准备、过程监管、目标实现与社会满意四项一级指标组成的三级结构的评价体系。其中，二级指标包含（税费）项目论证、目标设置、项目监管、资金监管、征收任务完成、征收及时性、征收公平性、征收可持续性、其他社会经济目标实现和纳税（费）人、专家满意度等。当然，财政的收入与支出的功能目标不同，且收入中征税与收费主体亦存在差别，因此，通用的指标模型构建应保持弹性。涉及的主要问题：一是收入主体差异。征税和收费性质迥异。一般而言，税收政策通过全国人大表决税法或国务院暂行条例、试点等方式确立，而收费则是政府行为，具有地方性。二是指标体系框架统一性与差异性。针对财政收入，不同征税和收费项目涉及的主体、对象以及责任迥然不同，指标设计应兼顾差异性与统一性的平衡，技术层面可将指标结构多层次化。三是评价层面及其相互关系。财政收入绩效评价亦可分为宏观、中观和微观三个层次。宏观层面指向征税和收费决策，蕴含价值判断；中观层面可视为对税费征收过程的控制，强调监管的有效性；微观层面关注税费征收的合法合规性。亚当·斯密曾提出"平等、确定、便利与最少征收"四大征收原则，可视为财政收入绩效评价指标设计的重要指针。同时，我们以为，不论构建何种通用模型，指标体系不能缺失公众的税负痛感。

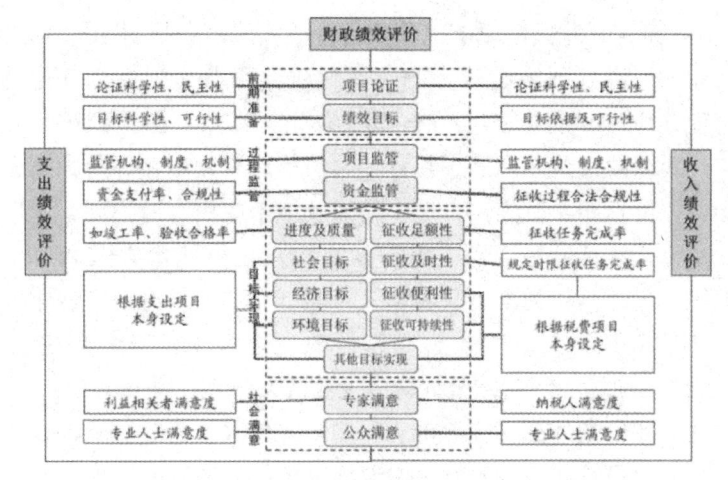

图 2-2 财政支出与收入绩效评价的指标结构

六、十年探索：我国财政绩效评价的实践审视

理论方法服务于实践。财政绩效评价不论是体现预算民主价值还是作为提升财政绩效的工具，都必须应用于实践，接受实践检验。应该说，我国推动财政支出绩效评价是深化改革及化解现实矛盾的需要。新世纪以来，财政收支规模迅速扩大，结构性矛盾日趋凸显，民生等领域支出比重长期偏低，财政管理重投入轻产出、重过程轻结果，赤字缺口不断扩大，公众及社会参与财政监督的诉求日益强烈，原有的管理理念及追求财政规模外延性增长的惯性难以为继。推行财政支出绩效评价，一是能强化支出的绩效导向，优化财政支出结构；二是以评促改，规范支出管理过程，提升财政科学化水平；三是回应社会参与和监督诉求，增强公共财政公信力。反观十余年的历程，基于政府自身管理的逻辑、外部监督政府的逻辑和领导推动、法制进步等催化因素，[①] 应该说，我国财政绩效评价的内在动力在于解决现实财政困境的需要、提升财政治理能力的竞争导向以及作为官员升迁依据的"政绩锦标赛"压力。

（一）我国财政支出绩效评价的实践进程的五大趋势

十余年来，中国财政绩效化进程已形成以事后评价来改善资金使用效果、从人为分钱到制度分钱、以绩效预算促民主理财三种模式，并在地方层面取得了较

---

① 周云飞.中国政府绩效评价发展的动因[J].云南社会科学,2010(02):10-14.

大成功。① 概括而言，我国财政支出绩效评价的实践进程折射出五大趋势。

一是从地方探索到顶层设计。2004年财政部印发《中央经济建设部门项目绩效考评管理办法（试行）》，要求各地采取先行试点、由易到难、分步实施的原则，逐步开展绩效评价。广东、江苏、厦门等地率先出台评价方案，但各地做法存在差异，评价思路、范围、方法、路径及结果应用有所不同，如广东采取分类项目建立指标，江苏针对类别支出（如教育）进行评价尝试。2011年，中央批准财政部等6个部门作为全国政府绩效管理试点部门，将地方探索上升至全国性的制度层面。随后，财政部出台和修订的《财政支出绩效评价管理暂行办法》、修订后的《预算法》对绩效评价以及预算支出做出法律规定。

二是从内部评价到外部实施评价。早期的评价服务于财政管理，主要由财政部门主导，一般由预算部门负责制定本部门绩效评价的规章制度及组织实施。广东率先改革，自2009年开始，省级财政资金绩效评价主要有三种方式：第一，凡500万元及以上支出项目均需按要求开展绩效自评，财政部门组织抽查或复核；第二，每个预算年度选择部分重点项目，在单位自评基础上由财政部门进行综合评价；第三，对影响较大或跨年较长的项目，由省财政厅直接组织中期绩效评价。2010年以后，财政部门开始委托第三方机构实施评价。截至2016年，纳入第三方实施评价范围的省级财政资金累计超过1000亿元，覆盖科技、环保、教育、民生、产业发展等领域，涉及万余个用款单位（子项目）。其他省市亦有类似的做法。

三是从财政部门组织评价到人大作为评价主体。我国财政支出绩效评价缘起于财政部门。财政部将财政支出绩效评价界定为"财政部门和预算部门（单位）进行的评价"。2004年，广东省财政厅在全国率先成立绩效评价处，之后辽宁、广西、福建等省区也增设了内部专职机构。2014年，广东省人大尝试委托第三方对重要财政专项资金实施绩效监督，旨在加强人大预算监督职能、提升评价的民主性和公信力，在评价主体、理念、体系等方面率先突破，被视为开"全国先河"。应该说，人大主导的财政支出绩效评价参与主体更加广泛，立场更加超然，手段更加丰富，内容更加全面，结果更加公正。

四是从一般性评价到针对性、规范化评价。无论中央还是地方层面，早期评价存在非确定性，具体表现：第一，针对支出领域、资金类别无明确标准，评价范围受随机因素影响明显；第二，评价发起时点或针对时段弹性较大，有对上一年度或相隔若干年度资金进行评价，也有对尚在实施中甚至下拨不久的资金评

---

① 牛美丽. 中国地方绩效预算改革十年回顾：成就与挑战 [J]. 武汉大学学报（哲学社会科学版），2012，65（06）：85-91.

价；第三，评价方式，包括第三方机构选聘、技术方案与实施流程等差异较大。由此，纳入评价的大多为一般性支出项目，导向性和针对性不强。随着评价工作深入，评价范围越发针对政府重大投资或重点项目、重大民生保障类或当前社会关注度高的财政支出，体现监督财政、回应社会诉求的评价功能。

五是评价结果从内部通报到向社会公开。财政部、广东省及其他试点省市要求财政支出绩效评价结果应按政府信息公开条例在一定范围内公开，并作为下年度安排部门预算的重要依据。实际操作中，早期评价结果以政府或有关部门内部通报为主，公开范围和应用程度十分有限。近几年来，这一状况逐步得到改进，如广东省财政厅网站在2011年设立了绩效管理信息公开专题，将所有被评资金信息与专业评价报告全文向社会公布，并已成为评价的刚性要求，其他省市亦有效仿。特别是广东省人大常委会出台的预算资金支出绩效第三方评价实施办法中，明确规定第三方评价报告应采取新闻发布会等方式向全社会公开，评价结果印送省政府研究处理，财政部门应在次年的预算草案中就评价报告应用情况作专项说明，省人大常委会将对应用效果进行跟踪监督。2014年起，广东省人大组织代表委员对被评战略性新兴产业、农村危房改造等专项资金绩效结果应用情况实施了专题调研，对政府改进资金绩效形成强大的倒逼压力。

（二）我国财政支出绩效评价的现实困境

一是绩效评价审计化特征明显。目前的做法大都关注资金使用合规性，与财务或财政审计差异不大。这样一定程度上模糊了绩效评价与审计的差异性，导致财政监督的功能性重复，带来体制性摩擦与内耗。纵观各地的做法：一是委托实施评价的第三方多为会计师或审计师事务所，执业惯性使其将重点放在资金合规性审查；二是指标体系主要针对基层使用单位，尽管涉及论证决策、管理制度等内容，但权重偏低，评分依据弹性较大；三是涉及绩效目标检验，但假设了目标及资金管理办法本身的正当性与正确性。事实上，审计有完善的法律法规依据和资源保障，绩效评价目前并非如此，有审计化的特点，但不具备审计的能力。

二是绩效评价顶层规划不足。尽管人大牵头委托第三方评价为一项新的尝试，但多数地区仍由财政部门主导评价，公信力和认同性不足。政府体制中，财政部门与其他资金主管部门呈平行关系，不同程度上相互牵制。在这种情况下，出于部门利益等考虑，财政部门往往缺乏足够的底气去发布一个负面的评价结果，何况财政部门对资金分配和监管也负有责任。即使评价报告以第三方名义发布，但第三方是受托方，自主性有限。另外，财政资金安排及要求往往自上而下，地方政府自主性有限，如对补助性财政资金绩效评价，七成以上的中央转移支付要求地方按比例进行配套，涉及指标既无法忽略，又无法执行。

三是绩效评价法治化建设滞后。目前法律制度不健全表现为缺乏专门立法、程序保障、监督机制和事后救济制度不完善；究其原因，一是缺乏中央政府的有力推动，二是受到评估技术的限制，三是官僚主义的抵抗，四是传统文化和观念的影响。[①] 财政支出绩效评价缺乏全国统一的法律及行政法规保障，尤其是第三方评价实施，依据是财政部门文件，无法完全消除评价委托—代理关系中的道德风险及可能滋生的腐败。此外，从执行层面讲，由委托部门批准的评价方案约束力不强，政府主要官员自由裁量权过大，一定程度导致绩效评价沦为了干部人事调整的工具，或者财政分配上的形式依据。[②]

四是技术标准缺失，信息化程度不高。财政绩效评价有赖于建立规范的技术标准，但目前这一标准远未完善。目前我国财政支出涉及竞争领域较多，容易混淆市场贡献与财政贡献。同时，对类别广泛、属性差距悬殊的财政支出绩效进行评价，要求在相对统一的指标框架下建立个性指标库，但目前这一工作刚刚起步，个性指标库既不完善，也不规范。另一方面，财政预算信息不透明和不完整，包括预算公开过于笼统，绩效评价的能力和条件受到制约，信息不对称或失真，加大了信息收集、甄别和处理的难度，直接影响评价结果的客观性、科学性和公信力。

五是外部主体发育不完善。评价主体外部化或说第三方评价为财政绩效评价的必然要求。但现阶段我国有能力承担整体委托评价的第三方机构数量不多，由于缺乏制度规范，第三方评价工作容易受政府部门牵制和干扰，进而影响其独立性。作为实施主体的第三方机构专业性和绩效评价的综合性之间亦存在矛盾。第三方机构往往是某一领域的专业机构，与当前财政支出涉及范围广、综合性强、技术难度大的要求存在距离，也是现实中一个需要解决的难题。除第三方外，人大代表与政协委员、专家学者、新闻媒体及社会公众等多元主体行使评议权亦存在障碍。民意调查的整体环境与技术条件不成熟，政府所具有的等级性、权威性和垄断性使普通公众"望而生畏"，加之途径设计单一、参与空间有限、信息不对称和认知感性化，亦在一定程度影响民意充分表达。[③]

（本章作者郑方辉、廖逸儿、卢扬帆，
原文载于《中国社会科学》2017年第4期，有删节。）

[①] 胡税根，金玲玲. 我国政府绩效管理和评估法制化问题研究 [J]. 公共管理学报，2007（01）：104-109，127.

[②] 陶清德. 法制化：当前我国政府绩效评价制度化的关键步骤 [J]. 甘肃理论学刊，2014（01）：116-122.

[③] 卢扬帆，卞潇，颜海娜. 财政支出绩效第三方评价：现状、矛盾及方向 [J]. 华南理工大学学报（社会科学版），2015，17（01）：87-93.

第三章 省级财政支出绩效评价

一、评价说明

(一) 评价背景与意义

2018年9月《中共中央、国务院关于全面实施预算绩效管理的意见》提出力争用3-5年时间基本建成全方位、全过程、全覆盖的预算绩效管理体系。这一重大的战略部署顺应了社会经济转型、高质量发展与国家治理现代化的时代趋势，也是加快建立现代财政制度，以及构造全面规范透明、标准科学、约束有力的预算制度的内在要求。全面实施绩效管理，一是全方位，即各级政府收入和支出预算、部门和单位预算、政策和项目预算都纳入绩效管理；二是全过程，即形成预算目标管理—运行监控—绩效评估—结果应用的完整链条；三是全覆盖，即建立一般公共预算和其他三本预算的绩效管理体系；四是健全绩效管理制度，即完善管理流程、加强信息化与绩效标准/指标体系建设；五是硬化绩效管理约束，即落实各级部门与个人主体责任、落实评价结果与预算安排/政策调整挂钩；六是强化保障措施，即加强组织领导、监督问责和工作考核。

作为政府绩效管理不可或缺的组成部分，全面预算绩效管理融合双重特性，既体现价值导向，又呈现工具特质，战略的实施离不开规划路径及有效手段，不可缺失财政绩效评价，包括支出绩效评价和收入绩效评价。从我国的实践进程来看，源自本世纪初的财政支出绩效评价开启了预算绩效管理的前奏，新国家预算法强化了财政绩效评价的法律基础。2019年全面落地的减税降费的财税政策意味着财政收入规模的高增长出现拐点而难以为继。收支缺口及衍生的矛盾倒逼财政体制、理财理念及政府管理创新。由此，不论从理论逻辑还是现实需求的角度，开展财政支出绩效评价具有必然性和迫切性。因为由来已久的"重分配、轻管理，重投入、轻产出"的思维定势，以及财政收支结构固化，低效、无效支出普遍存在，公共服务水平和效率参差不齐等现象无不指向预算体制及收支绩效。

省级财政在我国层级财政中具有特殊地位。为此，我们尝试以全国31个省（自治区、直辖市）为对象构建评价指标体系，开展实证研究，提供省级财政支出绩效综合指数，作为观察全面实施预算绩效管理成效的重要标尺；通过结构量表分析指出各地财政支出决策、执行和监督中存在的问题，提出改进建议。同时，2018年3月，中共中央办公厅印发《关于人大预算审查监督重点向支出预算和政策拓展的指导意见》，要求地方各级人大及其常委会要加强对支出绩效和政策目标落实情况的监督，探索健全程序，创新方式方法，推动建立健全预算绩效管理机制。对省级财政整体支出进行绩效评价，有助于强化预算监督，提预算支策提供的科学性与民主性。而现实条件下，以人大作为财政支出绩效评价主体，委托第三方实施的评价活动更具权威性性与可行性。

（二）评价对象

作为监督政府预算的重要工具和手段，财政支出绩效评价对象是财政资金决策、监管和使用的责任主体（但一般不包括终端受益的个体）。省级财政支出绩效评价对象为省级政府，包括资金的主管部门和监管部门。全国内地31个省域基本情况如表3-1。

表3-1 全国31个省域基本情况（2017年度）

区域	省域	年末常住人口（万人）	面积（万平方千米）	GDP（亿元）	人均GDP（元/人）	下辖县（区、市）
北部沿海	北京	2171	1.68	28014.94	128994	16市辖区
	天津	1557	1.13	18549.19	118944	15市辖区
	河北	7520	18.77	34016.32	45387	11地级市47市辖区20县级市95县6自治县
	山东	10006	15.38	72634.15	72807	17地级市55市辖区26县级市56县
东部沿海	上海	2418	0.63	30632.99	126634	16市辖区
	江苏	8029	10.26	85869.76	107150	13地级市55市辖区21县级市20县
	浙江	5657	10.2	51768.26	92057	11地级市37市辖区19县级市32县1自治县
南部沿海	福建	3911	12.13	32182.09	82677	9地级市29市辖区12县级市44县
	广东	11169	18	89705.23	80932	21地级市64市辖区20县级市34县3自治县
	海南	926	3.4	4462.54	48430	4地级市8市辖区5县级市4县6自治县
黄河中游	山西	3702	15.63	15528.42	42060	11地市23市辖区11县级市85县
	内蒙古	2529	118.3	16096.21	63764	9地级市23市辖区11县级市17县
	河南	9559	16.7	44552.83	46674	17地级市52市辖区21县级市85县
	陕西	3835	20.56	21898.81	57266	10地级市30市辖区4县级市73县

续表

区域	省域	年末常住人口（万人）	面积（万平方千米）	GDP（亿元）	人均GDP（元/人）	下辖县（区、市）
长江中游	安徽	6255	13.97	27018	43401	16地级市44市辖区6县级市55县
	江西	4622	16.7	20006.31	43424	11地级市25市辖区11县级市64县
	湖北	5902	18.59	35478.09	60199	12地级市39市辖区24县级市37县2自治县
	湖南	6860	21.18	33902.96	49558	13地级市35市辖区17县级市63县7自治县
东北	辽宁	4369	14.59	23409.24	53527	14地级市59市辖区16县级市17县8自治县
	吉林	2717	18.74	14944.53	54838	8地级市21市辖区20县级市16县3自治县
	黑龙江	3789	45.48	15902.68	41916	12地级市65市辖区19县级市43县1自治县
西南	广西	4885	23.6	18523.26	38102	14地级市40市辖区7县级市52县12自治县
	重庆	3075	8.23	19424.73	63442	26市辖区8县4自治县
	四川	8302	48.14	36980.22	44651	18地级市53市辖区17县级市109县4自治县
	贵州	3580	17.6	13540.83	37956	6地级市15市辖区8县级市53县11自治县
	云南	4801	38.33	16376.34	34221	8地级市16市辖区15县级市69县29自治县
大西北	西藏	337	122.8	1310.92	39267	6地级市8市辖区66县
	甘肃	2626	45.44	7459.9	28497	12地级市17市辖区4县级市58县7自治县
	青海	598	72.23	2624.83	44047	2地级市6市辖区3县级市27县7自治县
	宁夏	682	6.64	3443.56	50765	5地级市9市辖区2县级市11县
	新疆	2445	166	10881.96	44941	4地级市13市辖区24县级市62县6自治县

（三）指标体系

对省级财政支出进行综合绩效评价是一项系统工程，受制于多方面因素。在理论上，财政支出作为一项财政政策，包含决策、执行和监督，对应于相关责任主体；作为公共资金流，则涵盖投入、过程、产出和影响等闭合的循环。另外，我国幅员辽阔，31个省份社会经济发展水平存在显著的差异，各地公共财政支出结构各具特点，财政支出所带来的公共服务产出和绩效表现也各不相同。兼顾全面性、系统性、可操作性和可比较性原则，根据省级财政支出及管理特点，遵循内涵界定与结构分析、具体指标选择、权重系数确定、评分标准设计、信度和效度检验等路径及步骤，我们以"支出决策""过程监管""目标实现""社会满意"为维度，构建包括4项一级指标、12项二级指标、25项三级指标和50项个四级指标组成评价指标体系（表3-2所示）。一级指标中，"支出决策"反映一个地区财政支出综合决策机制是否健全、支出规模是否合适、支出结构是否合理；"过程监管"反映当地政府在财政支出管理过程中的组织体系与制度机制建设情况,以及预算执行进度是否达标、实施程序是否合规、监督考评是否有效等;"目标实现"主要从财政支出对市场经济的调节、对城乡区域发展的调控、公共服务的供给质量和社会保障水平等角度进行测量;"社会满意"则反映当地居民对政府财政支出所带来绩效的具体感受情况,以及居民总体生活满意度(幸福感)。其中,前三项一级指标属于客观评价,"社会满意"属于主观评价,并通过公众满意度调查获得数据(权重10%)。

在指标评分方面,依据指标属性及各地发展程度,分为五种情况:一是社会满意领域层,采用无量纲化调查量表,自答卷直接取得分值;二是与存量关联性较强的少数指标(如典型财政专项资金监督检查考评覆盖范围),以五个等级来评分;三是与社会经济发展程度关联密切指标(如人均GDP增速),不同发展阶段(地区)赋予不同值;四是具有双重特质的少数指标,如城镇化率,根据国际(国内)通行的经验值设定最佳(满分)值并按比例评分;五是其他客观类指标,依据各省横向比较设计分等级评价标准(阈值)。同时,每项指标的评分均由增量和存量共同组成,但二者所占比重存有差别,对部分比重类或处于高位的指标,侧重考虑存量;而对总体水平较低的指标,侧重考虑增量;其他指标则取两者均衡值。

表3-2　2017年度全国省级政府财政支出绩效评价指标体系

一级指标	二级指标	三级指标	四级指标
支出决策(23)	决策机制	决策机构健全性	X_1. 省级预算主管部门及管理制度(2.4)
		组织体系完备性	
	支出规模	财政支出规模	X_2. 省级一般公共预算支出(2.4)
			X_3. 一般公共预算支出与GDP占全国比重的协调性(2.4)
		财政收支平衡	X_4. 一般公共预算支出当年结余/赤字率(2.4)
			X_5. 一般公共预算支出弹性系数(2.4)
		固定资产投资	X_6. 国有和集体经济中全社会固定资产投资总额(2)
	支出结构	重要领域支出占比	X_7. 一般公共服务支出占地方一般公共预算支出比重(2.3)
			X_8. 教科文卫支出占地方一般公共预算支出比重(2.3)
		省本级与下级支出占比	X_9. 对市县转移支出占地方一般公共预算支出比重(2.3)
		一般支出与专项支出占比	X_{10}. 对市县转移支出中一般性转移支付比重(2.3)

续表

一级指标	二级指标	三级指标	四级指标
过程监管 (21)	预算管理	预算执行情况	X_{11}. 财政支出完成预算比例 (2.3)
		预算信息公开	X_{12}. 一般公共预算支出执行中调整比例 (2.3)
		执行成本控制	X_{13}. 年度预决算信息网上公开情况 (2.2)
			x_{14}. "三公"经费支出占地方财政总支出比重 (2.4)
	实施程序	资金落实/支出进度	x_{15}. 典型财政资金按计划进度落实/支出率 (2.4)
		支出流程合规性	X_{16}. 典型财政资金监督检查考评合规性评价 (2.4)
	监督考评	监督检查频次	X_{17}. 典型财政资金监督检查考评频率 (2.4)
		考评覆盖范围	X_{18}. 典型财政资金监督检查考评覆盖范围 (2.4)
		违规事件发生率	X_{19}. 财政资金管理使用违法违纪案发率 (2.2)
目标实现 (46)	经济市场调节	经济增长及物价稳定	X_{20}. 人均 GDP 增速 (2.3)
			X_{21}. 居民消费价格指数 (2.3)
		产业结构与布局优化	X_{22}. 第三产业增加值占 GDP 比重 (2.1)
			X_{23}. 工业增加值占 GDP 比重 (2.1)
			X_{24}. 金融业增加值占 GDP 比重 (2.1)
	城乡区域调控	城乡居民生活水平差异	X_{25}. 城乡居民人均可支配收入比例 (2.1)
			X_{26}. 城镇与农村居民消费水平比例 (2.1)
			X_{27}. 人均 GDP 最高与最低地市差距 (2.1)
		区域经济一体化程度	X_{28}. 城镇化率 (2.2)
			X_{29}. 区域（城市群）一体化发展规划及执行情况 (2.1)
	公共服务质量	基本公共服务均等化	X_{30}. 城镇登记失业率 (2.2)
			X_{31}. 通过国家督导验收的义务教育均衡县数 (2.2)
			X_{32}. 每千人拥有卫生技术人员数最高与最低地市差距 (2.2)
		教科文卫设施拥有量	X_{33}. 义务教育在校生均专任教师数 (2.1)
			X_{34}. 每万人拥有医疗卫生机构床位数（按常住人口）(2.1)
			X_{35}. 每万元 R&D 投入获得三种专利授权量 (2.1)
	社会保障水平	综合社会保障待遇	X_{36}. 财政社会保障和就业支出 (2)
			X_{37}. 农村集中供养五保人数 (2)
		特殊群体保障覆盖率	X_{38}. 特殊教育在校生均专任教师数 (1.9)
			X_{39}. 参加失业保险人数 (1.9)
		新时期精准扶贫成效	X_{40}. 贫困县脱贫摘帽比例 (1.9)
			X_{41}. 城乡居民最低生活保障人数 (1.9)
社会满意 (10)	政府（财政）绩效满意度		X_{42}. 经济收入 (1.1)、X_{43}. 工作机会 (1.1)、X_{44}. 市场监管 (1.1)、X_{45}. 社会保障 (1.1)、X_{46}. 环境保护 (1.1)、X_{47}. 政务公开 (1.1)、X_{48}. 政府廉洁 (1.1)、X_{49}. 政府服务效能 (1.1)、X_{50}. 政府总体表现 (1.1)
	居民生活满意度（幸福感）		

（四）基础数据来源

客观领域层 50 个指标的基础数据来源于统计年鉴或统计公报，包括：一是 2017 年《中国统计年鉴》、各省（市、区）统计年鉴、《中国财政统计年鉴》、各省（市、区）财政统计年鉴、各省（市、区）预算执行情况和次年预算草案报告等；二是各市县有关部门编制、披露的其他统计数据或统计信息，作为对前者缺失值或无明细值项目的备查；三是部分衍生指标由评价方向政府相应职能部门申请获取，或根据统计年鉴中公布的数据换算取得，个别"支出决策"类指标通过各级省域财政厅网站或其他渠道核准或补充。

主观领域层指标评分源于抽样调查。每省抽取 3~5 个地市和不少于 10 个县级行政单位。一般采用定点拦截访问，同时按照性别、年龄以及户籍进行样本配额。后期为修正样本结构，采用电话访问和网络调查作为补充。调查对象设定为 18 岁以上 70 岁以下具有合法权益和正常判别能力的居民，包括户籍人口和非户籍常住人口（31 省份 325 县份 48750 人）。合格问卷采用 SPSS 软件录入统计，分省将样本年龄、性别、收入、职业等构成与当地常住人口自然结构进行对照，验证样本代表性良好。

二、评价结果及特点

（一）总体结果及特点

依据指标体系及基础数源，计算 2017 年度全国 31 个省级财政支出绩效指数如表 3-3 所示。由表可知，全国均值为 0.778。年度指数最高为上海市（0.840），比最低的西藏自治区（0.713）高 0.127，差值占均值的 16.36%。指数超过 0.8 的有上海市（0.840）、江苏省（0.822）、广东省（0.814）等 6 个省份；指数超过 0.75 的省域有 25 个，包括：湖北省（0.799）、吉林省（0.798），较低的有黑龙江省（0.751）。同时，各领域层指数排名呈现区域特征：一是总体绩效指数位列前 10 的省份中，除了大西北外，其他七大区域均有入围，其中，东部沿海（上海市、江苏省）和长江中游（安徽省、江西省、湖北省）分别占据 2 席和 3 席；二是一些省域领域层排名与总体指数排名反差较大。如天津市"过程监督"排第 10，但"支出决策"排第 23；广西"支出决策"排第 10，"过程监督"排第 12，但"目标实现"排第 23；三是"社会满意"反差比较大，江苏省为 0.805；西藏自治区为 0.665。

表 3-3　2017 年度全国 31 个省级财政支出绩效指数结构及排名

省域	综合绩效	排名	支出决策	排名	过程监督	排名	目标实现	排名	社会满意	排名
北　京	0.793	12	0.780	13	0.828	14	0.797	8	0.769	15
天　津	0.770	18	0.746	23	0.837	10	0.765	22	0.754	19
河　北	0.795	11	0.801	5	0.842	7	0.781	11	0.783	11
山　西	0.746	28	0.730	29	0.743	29	0.765	21	0.718	29
内蒙古	0.754	23	0.739	27	0.736	30	0.771	20	0.746	23
辽　宁	0.747	27	0.659	31	0.782	24	0.775	17	0.752	21
吉　林	0.798	8	0.772	16	0.840	8	0.800	7	0.791	6
黑龙江	0.751	25	0.749	21	0.712	31	0.775	15	0.725	28
上　海	0.840	1	0.877	1	0.877	1	0.824	2	0.802	2
江　苏	0.822	2	0.798	8	0.872	2	0.824	1	0.805	1
浙　江	0.786	14	0.778	15	0.802	21	0.790	10	0.770	14
安　徽	0.798	9	0.799	6	0.865	3	0.779	12	0.787	10
福　建	0.792	13	0.786	12	0.853	5	0.775	16	0.790	7
江　西	0.797	10	0.820	3	0.838	9	0.775	14	0.788	9
山　东	0.804	6	0.779	14	0.842	6	0.806	5	0.794	5
河　南	0.807	5	0.821	2	0.833	11	0.797	9	0.794	4
湖　北	0.799	7	0.798	7	0.826	15	0.803	6	0.768	17
湖　南	0.775	17	0.790	11	0.784	23	0.776	13	0.746	24
广　东	0.814	3	0.813	4	0.858	4	0.809	4	0.790	8
广　西	0.780	15	0.791	10	0.832	12	0.761	23	0.775	13
海　南	0.765	19	0.762	20	0.818	18	0.757	25	0.743	25
重　庆	0.760	22	0.749	22	0.751	28	0.774	18	0.747	22
四　川	0.813	4	0.795	9	0.828	13	0.822	3	0.796	3
贵　州	0.779	16	0.767	18	0.825	16	0.774	19	0.768	16
云　南	0.763	20	0.741	24	0.820	17	0.749	27	0.777	12
西　藏	0.713	31	0.740	25	0.772	25	0.698	31	0.665	31
陕　西	0.741	30	0.763	19	0.754	26	0.730	30	0.730	27
甘　肃	0.761	21	0.767	17	0.788	22	0.756	26	0.742	26
青　海	0.747	26	0.724	30	0.807	20	0.736	29	0.753	20
宁　夏	0.754	24	0.732	28	0.808	19	0.742	28	0.765	18
新　疆	0.746	29	0.739	26	0.752	27	0.760	24	0.711	30
均　值	0.7777	-	0.7713		0.8106		0.7756		0.7627	

（二）按区域分类结果

依据国家统计局对全国区域划分，表3-4为按区域分类的绩效指数统计结果。呈现的特点：一是东部沿海和长江中游地区整体优势明显，指数总体高于其他区域，如东部沿海地区超出大西北地区9.66%。二是区域内比较。东部沿海各省域指数极差为0.054、长江中游为0.024、北部沿海为0.034、南部沿海为0.049、西南为0.053、东北为0.052、黄河中游为0.066、大西北为0.048。三是领域层反差不一。反差较小的有长江中游、北部沿海、南部沿海、大西北等4个区域，差距较大的是东北、西南、东部沿海、黄河中游等4个区域。

表3-4 八大区域财政支出绩效指数

区域	绩效指数	区域排名
北部沿海	0.790	3
东部沿海	0.816	1
南部沿海	0.790	4
黄河中游	0.762	7
长江中游	0.792	2
东北	0.765	6
西南	0.779	5
大西北	0.744	8

（三）按领域层分类评价结果

一是支出决策领域层。全国均值为0.771，指数最高的为上海市（0.877），较低的为辽宁省（0.659），前者比后者高33.13%。如图3-1。大部分省份该领域层指数曲线与总体绩效指数曲线变化趋势基本一致，即整体绩效指数较高的省份，"支出决策"指数也高。

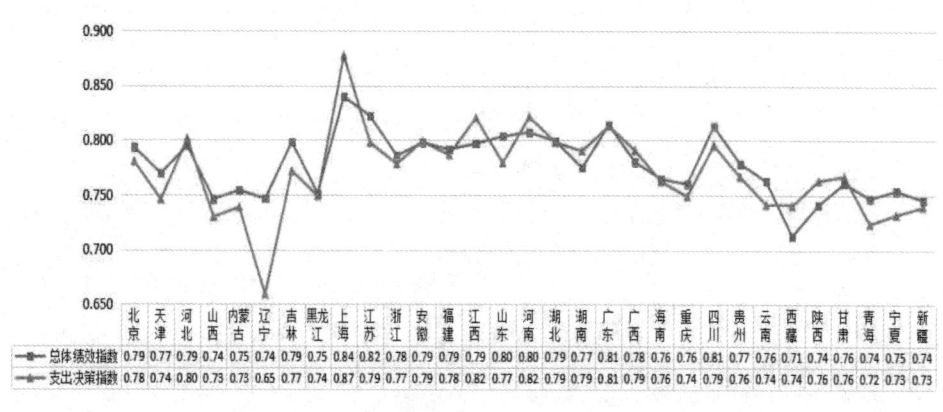

图 3-1 31个省级财政支出决策领域层绩效指数比较

二是过程监督领域层。全国均值为 0.811，指数最高为上海市（0.877），最低为黑龙江（0.712）。如图 3-2，各省份之间指数差距较为明显，且总体绩效指数曲线与该领域层指数曲线变化趋势不尽一致。

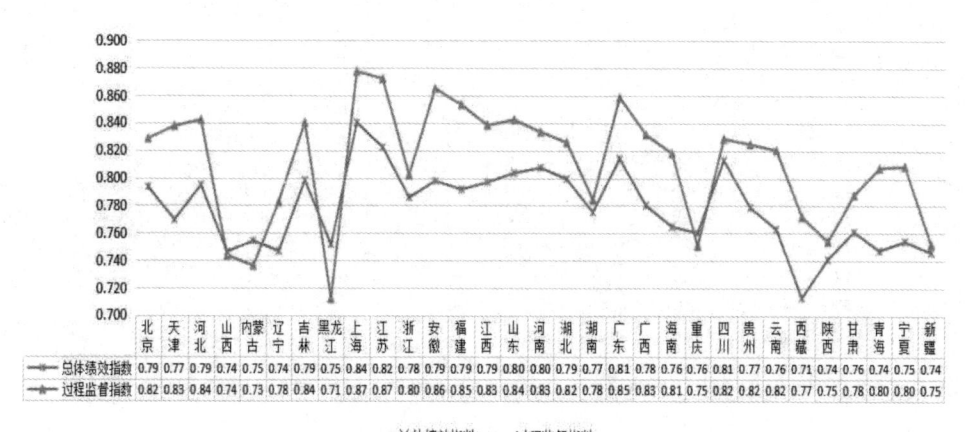

图 3-2：31个省级财政支出过程监督领域层绩效指数比较

三是目标实现领域层。全国均值为 0.776，其中，江苏省最高（0.824），西藏自治区较低（0.698）。该领域层指数与总体绩效指数比较如图 3-3 所示。图中两条曲线变化趋势较为一致，即绩效指数较高的省域，其"目标实现"绩效指数也高，反之亦然。

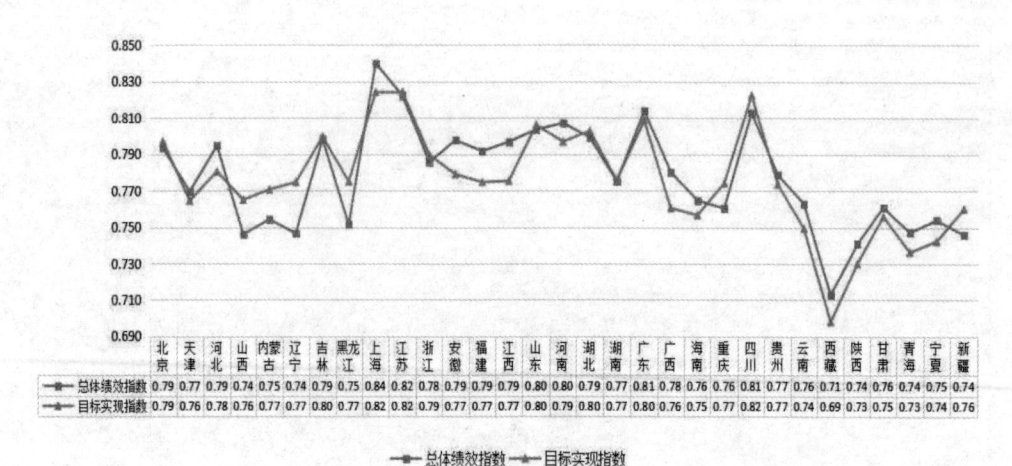

图 3-3　31 个省级财政支出目标实现领域层绩效指数比较

四是社会满意领域层。由问卷调查直接取得数据。年度均值为 0.763。其中，最高为江苏省（0.805），最低为西藏自治区（0.665）。如图 3-4，该领域层绩效指数与总体绩效指数曲线变化基本保持一致。

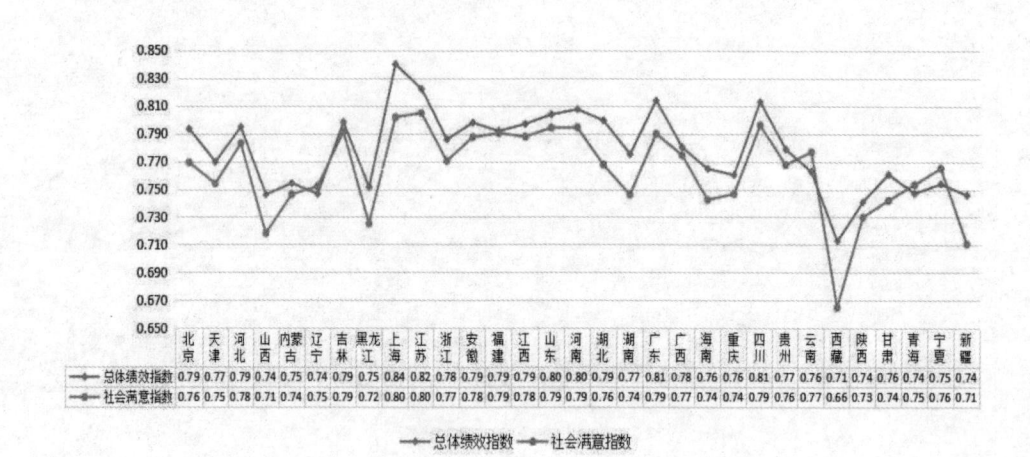

图 3-4　31 个省级财政支出社会满意领域层绩效指数比较

（四）具体指标得分率

31 个省级财政 50 项指标的评分如表 3-5。依据指标得分率可分为 3 个区间：一是高绩效指标（得分率位于 85% 以上）。共 11 项，包括：省级预算主管部门及管理（层级与规模，X_1）、一般公共预算支出当年结余率（X_4）、典型财政（专项）资金监督检查考评合规性评价（X_{16}）等。二是中绩效指标（得分率在70%~84%之间）。共33项，包括：一般公共预算支出（X_2）、典型财政（专项）资金监督检查考评频率（X_{17}）、财政社会保障和就业支出（X_{36}）等。三是低绩效指标（得分率低于70%）。共有6项，包括：对市县转移支出占地方一般公共预算支出比重（X_9）、财政支出完成预算比例（X_{11}）等。同时，50项指标中，极差值最大为 X_5（一般公共预算支出弹性系数，1.80），最小为 X_{42}（经济收入，0.18）。

表3-5　31个省份50项具体指标得分

省域	X_1	X_2	X_3	X_4	X_5	X_6	X_7	X_8	X_9	X_{10}	X_{11}	X_{12}	X_{13}	X_{14}	X_{15}	X_{16}	X_{17}	X_{18}	X_{19}	X_{20}	X_{21}	X_{22}	X_{23}	X_{24}	X_{25}
北京	1.94	1.94	1.74	2.39	1.77	1.45	2.30	1.85	1.07	1.52	1.40	2.11	1.69	1.80	2.04	2.04	2.04	1.50	1.30	1.90	1.44	1.73	1.26
天津	1.85	1.69	1.58	2.34	1.43	1.38	2.03	1.84	1.52	1.50	0.82	1.86	1.87	2.11	2.28	2.28	2.28	2.16	1.93	1.35	1.44	1.84	1.71	1.88	1.62
河北	2.02	2.26	1.75	2.32	2.10	1.49	2.02	1.95	1.07	1.45	1.27	1.78	1.76	2.04	2.28	2.28	2.40	2.40	1.47	1.51	1.45	1.62	1.90	1.74	1.43
山西	1.94	1.88	1.58	2.42	2.26	0.90	1.99	1.38	1.18	1.27	1.40	1.94	1.95	1.80	1.92	1.68	1.56	1.96	2.51	1.16	2.21	1.16	1.47
内蒙古	1.94	0.96	2.05	1.94	1.60	1.55	1.84	1.70	1.39	2.03	1.44	1.29	2.15	2.12	1.80	1.56	1.68	1.56	1.86	1.06	1.30	2.10	1.05	2.10	1.40
辽宁	1.94	1.70	1.83	2.30	0.60	1.37	1.51	1.27	1.21	1.43	1.47	1.94	2.04	2.04	1.80	1.76	1.66	2.21	1.73	1.61	1.41
吉林	1.94	1.31	1.99	1.97	2.06	1.87	1.89	1.31	1.64	2.26	1.21	1.65	2.07	1.54	2.52	2.28	2.28	1.69	1.57	1.55	1.80	1.96	1.85	1.46
黑龙江	1.94	2.03	2.10	2.11	1.94	1.38	1.34	1.15	1.40	1.85	0.81	1.88	1.77	1.67	1.80	1.56	1.68	1.56	1.99	1.48	1.77	1.84	1.26	1.22	1.53
上海	1.85	2.19	1.93	2.35	2.23	2.00	1.90	1.91	1.53	2.30	1.18	1.86	2.11	1.61	2.52	2.28	2.28	2.18	1.45	2.30	1.70	1.62	1.98	1.56
江苏	1.80	2.05	1.50	2.34	2.24	1.77	2.02	1.97	1.24	1.43	1.75	1.99	1.58	1.92	2.04	2.28	2.05	1.80	1.85	1.58	1.91	1.49	1.48
浙江	1.76	2.08	1.53	2.40	2.22	1.62	2.27	1.92	0.69	1.40	1.41	2.00	1.88	1.71	2.28	1.80	1.92	2.04	1.53	1.34	1.80	1.64	1.61	1.46
安徽	1.94	2.40	1.83	2.16	1.72	1.59	1.87	1.15	1.28	1.99	1.96	2.12	2.28	2.28	2.40	1.83	1.55	1.97	1.54	1.54	1.53
福建	1.94	2.00	1.52	2.35	2.06	1.71	1.81	1.83	1.45	1.41	1.27	2.00	1.94	1.30	2.28	2.28	2.40	2.04	1.81	1.92	1.71	1.80	1.38	1.59
江西	2.02	2.24	1.98	2.17	2.23	1.62	1.97	1.94	1.41	1.08	1.83	1.87	1.52	2.28	2.40	2.28	2.40	1.94	1.48	1.44	1.42	1.89	1.13	1.51
山东	1.94	1.98	1.54	2.37	1.92	1.95	1.97	1.79	1.04	1.26	1.38	1.96	1.71	2.28	2.28	1.55	1.52	1.85	1.58	1.81	1.25	1.49
河南	2.20	2.31	1.68	2.23	1.90	1.80	2.07	1.89	1.26	1.56	1.37	1.83	1.65	1.53	2.28	2.28	2.00	1.58	1.92	1.50	1.94	1.24	1.49
湖北	2.20	1.87	1.63	2.25	2.08	1.78	2.02	1.88	1.43	1.53	1.88	1.87	2.04	2.28	2.04	1.50	1.72	1.67	1.59	1.45
湖南	2.02	2.12	1.70	2.16	1.77	1.78	2.04	1.63	1.42	1.53	1.29	2.07	1.73	2.04	1.92	2.04	1.80	1.92	1.77	1.57	1.32
广东	1.85	2.59	1.57	2.36	2.40	1.77	2.05	1.93	1.02	1.56	1.97	1.99	1.40	2.28	2.28	2.04	1.78	1.95	1.72	1.81	1.45	1.34
广西	2.02	2.10	2.16	2.01	2.22	1.59	2.07	1.72	1.36	1.59	1.64	2.11	1.86	2.16	2.16	2.01	1.21	1.55	1.85	1.92	1.76	1.79
海南	1.54	1.29	1.88	2.73	1.44	1.27	1.64	2.30	2.17	1.48	1.91	1.93	1.86	2.04	2.04	1.92	1.71	1.85	1.79	1.85	1.85	1.41	1.60
重庆	1.94	1.76	1.77	2.29	2.23	1.66	1.54	1.62	1.24	1.17	1.51	2.07	1.23	1.92	1.92	1.92	2.04	1.88	1.46	2.07	1.56	1.61	1.57	1.52
四川	2.02	2.26	1.71	2.22	1.78	1.86	2.11	1.52	1.24	1.57	1.46	1.53	1.87	1.78	2.40	2.04	1.88	1.87	1.92	1.51	1.71	1.52
贵州	2.02	1.87	1.82	2.17	1.74	1.76	1.88	1.03	1.50	1.31	1.97	1.90	1.92	1.92	2.16	1.28	1.87	1.36	1.68	1.20	1.53
云南	2.02	1.35	1.49	1.95	1.87	1.77	2.21	1.64	1.22	1.51	1.79	1.90	2.07	2.06	1.80	1.80	1.68	2.04	2.08	1.85	1.57	1.47	1.38	1.55
西藏	1.85	1.40	1.20	1.58	1.47	1.30	1.28	1.30	2.30	1.64	1.08	1.80	1.56	1.80	2.03	1.84	1.50	1.42	1.50	1.69	2.31
陕西	1.94	1.60	1.67	2.26	2.08	1.75	1.86	1.48	1.30	1.61	1.57	1.38	1.94	2.03	1.80	1.68	1.68	1.80	1.95	1.94	1.40	1.34	1.93	1.14	1.51

续表

省域	X_1	X_2	X_3	X_4	X_5	X_6	X_7	X_8	X_9	X_{10}	X_{11}	X_{12}	X_{13}	X_{14}	X_{15}	X_{16}	X_{17}	X_{18}	X_{19}	X_{20}	X_{21}	X_{22}	X_{23}	X_{24}	X_{25}
甘肃	1.94	1.41	2.23	1.99	2.08	1.09	1.86	1.57	1.44	2.04	1.75	1.61	2.11	1.10	1.80	2.28	1.92	2.16	1.81	1.37	1.61	1.84	1.41	1.61	1.32
青海	1.85	0.84	2.08	1.45	2.23	1.49	1.77	1.93	1.39	1.62	1.34	1.86	1.88	2.17	1.80	2.16	1.92	2.04	1.78	1.31	1.70	1.85	1.16	2.08	1.30
宁夏	1.85	1.75	2.08	2.11	1.77	1.37	1.59	1.58	1.40	1.35	1.26	1.92	1.87	1.93	1.92	2.16	2.04	2.04	1.85	1.55	1.50	1.59	1.57	1.61	1.47
新疆	1.85	2.25	2.14	2.17	1.64	1.85	1.81	1.16	0.85	1.29	1.38	1.87	2.18	1.70	1.80	1.80	1.68	1.80	1.58	2.07	1.04	1.53	1.75	1.11	1.44

省域	X_{26}	X_{27}	X_{28}	X_{29}	X_{30}	X_{31}	X_{32}	X_{33}	X_{34}	X_{35}	X_{36}	X_{37}	X_{38}	X_{39}	X_{40}	X_{41}	X_{42}	X_{43}	X_{44}	X_{45}	X_{46}	X_{47}	X_{48}	X_{49}	X_{50}
北京	1.34	2.10	1.65	2.00	1.89	2.20	1.54	2.10	1.06	1.67	1.59	1.59	1.86	1.70	1.90	1.35	0.69	0.85	0.91	0.96	0.74	0.92	0.94	0.85	0.83
天津	1.52	1.26	1.71	2.00	1.56	2.20	1.10	1.64	0.97	2.31	1.57	1.59	1.45	1.30	1.90	1.28	0.70	0.90	0.95	0.88	0.68	0.85	1.05	0.86	0.68
河北	1.89	1.47	2.16	2.00	1.45	1.98	1.32	1.57	1.62	1.45	1.78	1.71	1.55	1.38	1.43	1.50	0.74	0.93	0.92	0.91	0.72	0.87	1.05	0.84	0.86
山西	1.71	1.37	1.87	1.68	1.49	1.87	1.54	1.56	1.00	1.57	1.63	1.58	1.53	1.31	1.71	1.61	0.84	0.79	0.77	0.91	0.65	0.85	0.85	0.79	0.74
内蒙古	1.58	1.89	1.81	1.68	1.38	1.98	1.91	1.82	1.68	1.63	1.57	1.69	1.43	1.18	1.43	1.71	0.67	0.86	0.75	0.86	0.75	0.89	0.77	0.93	0.98
辽宁	1.27	1.68	1.55	1.89	1.45	1.76	1.54	1.96	1.16	1.63	1.64	1.66	1.28	1.38	1.90	1.50	0.85	0.83	0.83	0.98	0.60	0.86	0.94	0.89	0.76
吉林	1.54	1.37	2.15	1.89	1.56	2.20	1.76	1.98	1.47	1.73	1.52	1.74	1.50	1.29	1.43	1.47	0.70	0.84	0.94	0.82	0.85	0.83	1.10	0.89	0.93
黑龙江	1.55	1.58	1.36	1.89	1.34	2.09	1.32	1.73	2.08	1.95	1.55	1.46	1.18	1.81	1.64	0.74	0.81	0.96	0.96	0.60	0.77	0.96	0.90		
上海	1.40	2.10	1.61	2.00	1.33	2.20	2.20	1.98	1.19	1.38	1.73	1.59	1.90	1.42	1.90	1.36	0.82	0.87	1.02	0.96	0.56	0.86	1.10	0.92	0.89
江苏	1.73	1.79	2.04	2.00	1.78	2.20	1.54	1.42	1.43	1.71	1.88	1.88	1.45	1.59	1.90	1.46	0.79	0.88	0.95	0.98	0.71	0.94	1.05	0.85	0.90
浙江	1.47	1.68	2.02	2.10	1.70	2.20	1.65	1.17	1.85	1.60	1.81	1.69	1.61	1.66	1.69	1.50	0.70	0.90	0.85	1.01	0.89	0.94	0.89	0.85	
安徽	1.45	1.58	2.07	2.10	1.56	1.65	1.54	1.43	1.46	1.74	1.73	1.80	0.94	1.52	1.43	1.79	0.75	0.90	0.93	0.89	0.67	0.93	1.05	0.78	0.98
福建	1.74	1.26	2.01	1.89	1.45	2.20	1.76	1.31	0.87	1.66	1.43	1.31	1.65	1.68	1.90	1.33	0.81	0.86	1.00	0.90	0.71	0.83	1.07	0.83	0.88
江西	1.42	1.47	2.08	2.10	1.60	1.87	1.61	1.89	1.49	1.54	2.00	1.31	1.12	1.81	1.75	0.69	0.82	0.98	0.88	0.74	0.81	1.07	0.88	0.98	
山东	2.08	1.89	2.21	1.89	1.69	1.87	1.10	1.53	1.66	1.64	1.94	1.43	1.71	1.63	1.90	1.60	0.82	0.86	0.90	0.68	0.85	0.87	0.81	0.76	
河南	1.30	1.47	2.15	1.89	1.62	1.98	2.20	1.74	1.59	1.36	1.86	1.66	1.24	1.46	1.71	1.74	0.73	0.85	0.97	0.95	0.76	0.82	1.05	0.87	0.94
湖北	1.62	1.79	1.91	2.00	2.08	2.20	1.98	1.22	1.37	1.43	1.80	1.82	1.39	1.43	1.43	1.64	0.75	0.87	0.84	0.92	0.74	0.90	0.91	0.84	0.92
湖南	1.33	1.79	2.26	2.00	1.22	2.09	1.10	1.67	1.66	1.41	1.88	1.61	1.35	1.50	1.71	1.24	0.73	0.90	0.75	0.90	0.74	0.85	0.80	0.84	0.92
广东	1.72	1.89	1.83	2.10	1.89	2.20	1.10	1.49	0.97	1.49	2.11	1.69	1.39	1.68	1.90	1.69	0.76	0.87	0.95	1.05	0.69	0.86	1.05	0.74	0.93
广西	2.10	1.37	1.76	1.89	1.32	1.76	1.65	1.87	1.33	1.88	1.74	1.44	0.94	1.49	1.43	1.65	0.78	0.83	0.90	0.87	0.67	0.91	0.96	0.79	1.03
海南	1.31	1.68	1.89	1.37	1.79	2.20	1.38	0.83	1.45	1.45	1.59	0.76	1.45	1.52	1.81	1.70	0.80	0.95	0.65	0.79	0.86	1.02	0.80	0.78	
重庆	1.50	1.89	2.18	2.00	1.37	2.20	1.32	1.60	0.84	1.46	1.57	0.88	1.24	1.47	1.81	1.52	0.78	0.87	0.86	0.89	0.62	0.78	0.88	0.85	0.92
四川	1.90	1.68	2.11	2.00	1.22	1.98	1.10	1.71	1.94	1.55	1.47	1.57	1.32	1.90	1.81	1.88	0.83	0.89	0.86	1.04	0.71	0.82	1.02	0.87	0.93
贵州	1.36	1.26	2.16	1.68	1.67	1.76	1.98	1.65	2.17	1.34	1.87	1.20	1.62	1.07	1.48	1.43	1.73	0.76	0.78	0.87	0.90	0.90	0.88	0.90	0.94
云南	1.42	1.47	2.04	1.68	1.41	1.98	1.64	1.69	1.38	1.55	1.69	1.05	1.23	1.43	1.65	1.07	0.80	0.81	0.99	0.76	0.99	0.83	0.87	1.09	
西藏	1.27	1.26	1.82	1.37	1.98	1.65	1.76	0.84	1.58	1.26	0.80	1.48	0.63	0.96	1.43	1.29	0.85	0.76	0.78	0.58	0.83	0.96	0.77	0.74	0.38
陕西	1.30	2.00	2.04	2.10	1.67	1.87	1.10	1.35	1.65	1.32	1.57	1.40	1.07	1.21	1.43	1.25	0.76	0.84	0.78	0.69	0.88	0.80	0.77	0.98	
甘肃	1.38	1.58	2.07	1.37	2.42	1.65	1.87	1.65	1.68	1.62	1.46	1.31	1.90	1.43	1.80	0.67	0.81	0.87	0.77	0.75	0.87	0.84	0.94	0.91	0.86
青海	2.06	1.05	2.02	1.68	1.67	1.65	2.20	1.64	1.99	1.51	1.33	1.13	0.76	1.05	1.43	1.31	0.75	0.86	0.89	0.70	0.74	0.94	0.94	0.91	0.81
宁夏	1.97	1.47	2.13	2.00	1.45	2.20	2.20	1.60	0.79	1.22	1.19	1.21	1.07	0.57	1.35	0.76	0.87	0.99	0.66	0.66	0.93	0.99	0.94	0.86	
新疆	1.05	2.00	1.71	1.89	1.98	1.65	1.76	1.53	1.56	1.81	1.28	1.88	0.98	1.36	1.71	1.90	0.71	0.80	0.74	0.84	0.57	0.91	0.83	0.84	0.91

注：社会满意领域层指标 $X_{42}-X_{50}$ 为十分制得分，其余为百分制得分。

三、评价发现与启示

一是各省份指数差异较大。31 个省级财政总体绩效指数波动幅度较大，各地指数与平均值的差值处于 0~0.07 区间内（指数均值为 0.778）。

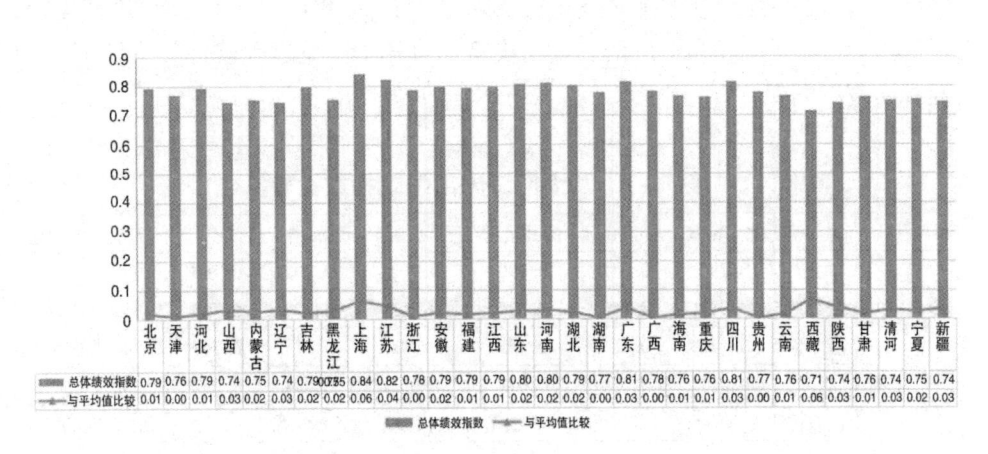

图 3-5　31 个省级财政支出总体绩效指数与平均值比较

二是东部沿海地区领先全国，经济发展水平与财政支出绩效表现存在关联性。东部沿海地区绩效指数（0.816）与其他区域拉开较大差距，大西北地区指数明显偏低。生产总值越高，经济相对发达的地区，其指数排名也相对靠前。2017 年，国内生产总值排前的广东省（第 1 名）、江苏省（第 2 名），其指数也列前位（广东省第 3 名、江苏省第 2 名）。

表 3-6　八大经济区域生产总值与财政支出绩效指数排名

所属区域	生产总值（亿元）	生产总值排名	总体绩效指数	绩效指数排名	排名差异
北部沿海	38303.65	3	0.790	3	0
东部沿海	56090.34	1	0.816	1	0
南部沿海	42116.62	2	0.790	4	2
黄河中游	24519.07	5	0.762	7	2
长江中游	29101.34	4	0.792	2	-2
东北	18085.48	7	0.765	6	-1
西南	20969.08	6	0.779	5	-1
大西北	5144.23	8	0.744	8	0

三是不同区域、省份指数结构表现不同。首先，就八大区域内部结构而言，东部沿海、黄河中游、东北、西南4个区域反差较大，北部沿海、南部沿海、长江中游、大西北地区的指数较为趋同，内部分化程度较小。其次，四个领域层指数表现不一。指数较高的领域层为"过程监督"（0.811）；指数较低领域层有"支出决策"（0.771）、"目标实现"（0.776）、"社会满意"（0.763）。最后，个别省份领域层排名与总体排名反差较大。例如，天津市"过程监督"排第10，但"支出决策"排第23；广西"支出决策"排第10，"过程监督"排第12，但"目标实现"排第23。

表3-7　八大区域内部绩效指数比较

	比较值	北部沿海	东部沿海	南部沿海	黄河中游	长江中游	东北	西南	大西北
总体绩效	均值	0.790	0.816	0.790	0.762	0.792	0.765	0.779	0.744
	最大值	0.804	0.840	0.814	0.807	0.799	0.798	0.813	0.761
	最小值	0.770	0.786	0.765	0.741	0.775	0.747	0.760	0.713
	极差	0.034	0.054	0.049	0.066	0.024	0.052	0.053	0.048
支出决策	均值	0.777	0.818	0.787	0.763	0.802	0.727	0.769	0.741
	最大值	0.801	0.877	0.813	0.821	0.820	0.772	0.795	0.767
	最小值	0.746	0.778	0.762	0.730	0.790	0.659	0.741	0.724
	极差	0.056	0.099	0.051	0.091	0.030	0.113	0.054	0.043
过程监督	均值	0.838	0.851	0.843	0.767	0.828	0.778	0.811	0.785
	最大值	0.842	0.877	0.858	0.833	0.865	0.840	0.832	0.808
	最小值	0.828	0.802	0.818	0.736	0.784	0.712	0.751	0.752
	极差	0.014	0.075	0.040	0.097	0.081	0.128	0.081	0.057
目标实现	均值	0.787	0.813	0.780	0.766	0.783	0.783	0.776	0.739
	最大值	0.806	0.824	0.809	0.797	0.803	0.800	0.822	0.760
	最小值	0.765	0.790	0.775	0.730	0.775	0.775	0.749	0.698
	极差	0.042	0.034	0.034	0.067	0.028	0.025	0.073	0.062
社会满意	均值	0.775	0.792	0.774	0.747	0.772	0.756	0.772	0.727
	最大值	0.794	0.805	0.790	0.794	0.788	0.791	0.796	0.765
	最小值	0.754	0.770	0.743	0.718	0.746	0.725	0.747	0.665
	极差	0.040	0.034	0.048	0.076	0.042	0.066	0.049	0.100

四是客观指数高于主观指数。年度主观指数为0.763，客观指数为0.786。

其中,"支出决策"(0.771)、"目标实现"(0.776)、"过程监督"(0.811)均高于主观指数(0.763)。如图3-6。

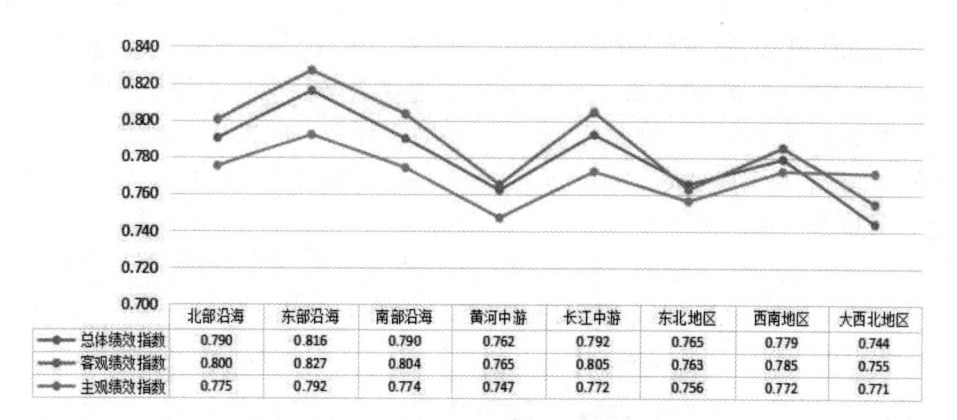

	北部沿海	东部沿海	南部沿海	黄河中游	长江中游	东北地区	西南地区	大西北地区
总体绩效指数	0.790	0.816	0.790	0.762	0.792	0.765	0.779	0.744
客观绩效指数	0.800	0.827	0.804	0.765	0.805	0.763	0.785	0.755
主观绩效指数	0.775	0.792	0.774	0.747	0.772	0.756	0.772	0.771

图3-6 八大区域主客观领域层绩效指数比较

四、代表性省级财政绩效评价结果

(一)上海市

土地面积0.63万平方公里。2017年末常住人口2418万人,地区生产总值30632.99亿元(全国排第11,下同),增长速度6.9%(第23),人均生产总值126634元(第2)。本年度财政支出总体绩效指数为0.840,全国排第1。其中,"支出决策"全国排第1,"过程监督"排第1,"目标实现"排第2,"社会满意"排第2。

表3-8 上海市财政支出绩效指数排名与比较

领域层	绩效指数	全国排名	与全国均值比较	相当于最高省域(%)
支出决策	0.877	1	113.77	100.00
过程监督	0.877	1	108.25	100.00
目标实现	0.824	2	106.25	100.00
社会满意	0.802	2	105.11	99.64
综合绩效	0.840	1	108.01	100.00

（二）江苏省

土地面积 10.26 万平方公里。2017 年末常住人口 8029 万人，地区生产总值 85869.76 亿元（全国排第 2，下同），增长速度 7.2%（第 20），人均生产总值 107150 元（第 4）。本年度财政支出总体绩效指数为 0.822，全国排第 2。其中，"支出决策"全国排第 8，"过程监督"排第 2，"目标实现"排第 1，"社会满意"排第 1。

表 3-9　江苏省财政支出指数排名与比较

领域层	绩效指数与排名		绩效指数比较（%）	
	绩效指数	全国排名	与全国均值比较	相当于最高省域（%）
支出决策	0.798	8	103.43	90.91
过程监督	0.872	2	107.59	99.40
目标实现	0.824	1	106.26	100.00
社会满意	0.805	1	105.49	100.00
综合绩效	0.822	2	105.72	97.88

（三）广东省

土地面积 18 万平方公里。2017 年末常住人口 11169 万人，地区生产总值 89705.23 亿元（全国排第 1，下同），增长速度 7.5%（第 16），人均生产总值 80932 元（第 7）。本年度财政支出总体绩效指数为 0.814，全国排名第 3。其中，"支出决策"全国排第 4，"过程监督"排第 4，"目标实现"排第 4，"社会满意"排第 8。

表 3-10　广东省财政支出绩效指数排名与比较

领域层	绩效指数与排名		绩效指数比较（%）	
	绩效指数	全国排名	与全国均值比较	相当于最高省域（%）
支出决策	0.813	4	105.43	92.67
过程监督	0.858	4	105.90	97.83
目标实现	0.809	4	104.27	98.13
社会满意	0.790	8	103.55	98.16
综合绩效	0.814	3	104.66	96.89

（四）四川省

土地面积48.14万平方公里。2017年末常住人口8302万人，地区生产总值36980.22亿元（全国排第6，下同），增长速度8.1%（第7），人均生产总值44651元（第21）。本年度财政支出总体绩效指数为0.813，全国排第4。其中，"支出决策"全国排第9，"过程监督"排名第13，"目标实现"排第3，"社会满意"排第3。

表3-11 四川省财政支出绩效指数排名与比较

领域层	绩效指数与排名		绩效指数比较（%）	
	绩效指数	全国排名	与全国均值比较	相当于最高省域（%）
支出决策	0.795	9	103.11	90.63
过程监督	0.828	13	102.21	94.42
目标实现	0.822	3	106.05	99.80
社会满意	0.796	3	104.37	98.93
综合绩效	0.813	4	104.53	96.77

（五）辽宁省

土地面积14.59万平方公里。2017年末常住人口4369万人，地区生产总值23409.24亿元（全国排第14，下同），增长速度4.2%（第28），人均生产总值53527元（第14）。本年度财政支出总体绩效指数为0.747，全国排第27。其中，"支出决策"全国排名第31，"过程监督"排第24，"目标实现"排第17，"社会满意"排第21。

表3-12 辽宁省财政支出绩效指数排名与比较

领域层	绩效指数与排名		绩效指数比较（%）	
	绩效指数	全国排名	与全国均值比较	相当于最高省域（%）
支出决策	0.659	31	85.46	75.11
过程监督	0.782	24	96.52	89.16
目标实现	0.775	17	99.87	93.99
社会满意	0.752	21	98.60	93.47
综合绩效	0.747	27	95.99	88.87

（六）陕西省

土地面积20.56万平方公里。2017年末常住人口3835万人，地区生产总值21898.81亿元（全国排第15，下同），增长速度8.0%（第10），人均生产总值57266元（第12）。本年度陕西省财政支出总体绩效指数为0.741，全国排第30。其中，"支出决策"全国排第19，"过程监督"排名第26，"目标实现"排第30，"社会满意"排第27。

表3-13　陕西省财政支出绩效指数排名与比较

领域层	绩效指数	全国排名	与全国均值比较	相当于最高省域（%）
支出决策	0.763	19	98.95	86.97
过程监督	0.754	26	92.98	85.90
目标实现	0.730	30	94.13	88.59
社会满意	0.730	27	95.71	90.73
综合绩效	0.741	30	95.27	88.20

（七）西藏自治区

土地面积122.8万平方公里。2017年末常住人口337万人，地区生产总值1310.92亿元（全国排第31，下同），增长速度10.0%（第2），人均生产总值39267元（第27）。本年度财政支出总体绩效指数为0.713，全国排第31。其中，"支出决策"全国排第25，"过程监督"排名第25，"目标实现"排名第31，"社会满意"排第31。

表3-14　西藏自治区财政支出绩效指数排名与比较

领域层	绩效指数	全国排名	与全国均值比较	相当于最高省域（%）
支出决策	0.740	25	95.99	84.37
过程监督	0.772	25	95.24	87.98
目标实现	0.698	31	90.01	84.71
社会满意	0.665	31	87.19	82.65
综合绩效	0.713	31	91.66	84.86

（本章执笔：华南理工大学公共管理学院研究生　徐文燕、刘国歌）

第四章 财政支出绩效评价报告

财政支出绩效评价是一项实证性很强的工作。受广东省人大常委会办公厅委托，2018年，华南理工大学政府绩效评价中心主持完成广东省基层医疗卫生服务能力建设资金和广东省扶贫开发资金两项专项资金支出绩效第三方评价。本项评价是省人大加强对重要财政资金支出绩效监督的常态性工作（始于2014年），也是践行及落实中央全面实施预算绩效管理的有力举措。本章节选两项专项资金支出绩效评价报告（简报）。

报告一：广东省基层医疗卫生服务能力建设资金支出绩效评价简报[①]

一、评价说明

（一）评价范围与对象

基层医疗卫生服务能力建设是公共财政的法定职责。为落实党的十九大提出的"实施健康中国战略"，针对广东省医疗资源分配不均，医疗需求与供给结构性失衡以及粤东西北基层医疗卫生服务能力薄弱等突出问题，广东省委、省政府决定在2017—2019年由各级财政统筹安排500亿元，实施基层医疗卫生服务能力建设三年提升工程，省卫生和计划生育委员会（2018年10月改为卫生健康委员会）与省财政厅联合制定了《关于财政支持加强基层医疗卫生服务能力建设的实施方案》，明确省级财政投入309亿元（后调整为325亿元），支持实施县级和县级以下医疗卫生机构共18个软件、硬件建设项目。

本次评价的范围是广东省财政2017年下达的基层医疗卫生服务能力建设资金，共101.41亿元，涉及实施县级以下医疗卫生机构升级达标建设工程和提高基层卫生人才待遇和素质水平两大类项目（表4-1）。评价对象为涉及资金的管理、使用和监督的责任主体，主要包括资金主管部门、监督部门和资金使用单

[①] 本报告由卢扬帆、胡学东、廖逸儿等完成。

位，对应于宏观（决策）绩效、中观（监管）绩效和微观（使用）绩效。其中，资金主管部门为各级卫生和计划生育工作部门；资金使用单位为获得2017年度"基层医疗卫生服务能力建设资金"的所有单位，包括以基层医疗卫生机构为主的各级各类医疗卫生机构、省市直属资金使用单位以及补贴类资金的主管部门；资金监督部门为各级财政部门。

表4-1 2017年省级基层医疗卫生服务能力建设资金分配表

序	项目经费名称	2017年金额（万元）	资金下达文件	资金分配/使用单位	数量
\multicolumn{6}{c}{一、实施县级以下医疗卫生机构升级达标建设工程}					
1	中心卫生院升级建设项目（在人口大于40万的县设立第二或第三人民医院）	235494	65号、130号、203号	中心镇卫生院	47
2	县级中医院升级建设项目（在人口小于40万的县实施）	30000	113号	县级中医院	18
3	县级公立医院（含综合医院、妇幼保健院、中医院）升级建设项目	260000	113号、128号	县级公立医院	234
4	乡镇卫生院（社区卫生服务中心）标准化建设	49000	65号、113号	地市（省直管县）	40
				镇卫生院（社区卫生服务中心）	59
5	村卫生站标准化建设	50000	113号	行政村	4000
6	县镇医联体建设补助资金	7500	65号	地市	15
7	卫生计生管理信息系统建设	26151	86号	省卫计委本部及16家医院	17
8	粤东西北地区乡镇卫生院（村卫生站）远程医疗平台建设	1500	86号	省卫计委本部	1
\multicolumn{6}{c}{二、提高基层卫生人才待遇和素质水平}					
1	边远地区乡镇卫生院医务人员岗位津贴	29268.27	63号	县（市、区）	73
2	村卫生站医生补贴专项资金	30351	63号	县（市、区）	99
3	基层医疗卫生机构全科医生特设岗位补助项目	16680	65号	县（市、区）	103
4	基层医疗卫生机构事业费补助经费	123532.56	63号	地市（省直管县，江门3县级市）	17

续表

序	项目经费名称	2017年金额（万元）	资金下达文件	资金分配/使用单位	数量
5	全科医生培训	10103.80	113号	省属和地市医院	44
6	订单定向培养医学大学生项目	2799.11	113号	省属医院、地市医学院校	6
7	产科、儿科转岗培训	1720	113号	地市	15
8	基本公共卫生服务项目经费	140018.49	64号、86号、113号等	省属卫生/疾控/宣传/研究等单位、地市（省直管县）、各县（市、区）	230
	合计	1014118.83	—		5015

注：1. 本表所列为各地由省级财政安排下达金额，各地自行安排及其他来源资金需根据评价掌握情况作延伸处理；2. 具体项目（单位）数合计为不含村及个人数累加结果。

（二）评价思路与指标体系

本项评价重点关注财政资金立项决策和管理办法设定目标的科学性与可行性、资金主管部门对资金监管的有效性以及基层单位执行规定落实使用资金的合规性，包含但不限于以下内容：一是全省基层医疗卫生服务能力建设政策设计和资金筹集分配的科学性、民主性与合法性；二是政策实施和资金支出设定绩效目标的科学性与合理性；三是各级各类政策落实（配套）与资金投入使用情况；四是政策实施与资金支出的组织管理水平；五是政策实施与资金支出绩效目标的实现程度；六是政策实施与资金支出所取得的经济效益、社会效益和生态环境效益；七是政策实施与资金支出的社会满意度。特别是针对部分以福利待遇或直接补贴方式用于扶持对象的资金支出，补贴或扶持对象本身作为政府（资金主管部门）的服务而非管理客体，对获得扶持资金的具体使用和项目完成并不负有实体责任，反而是资金主管部门应当提高服务和加强保障，促使本辖区相关保障任务尽快完成。

指标体系是评价技术的核心。为了区别资金监督与资金使用及管理产生绩效过程的差异性，本次评价把监督绩效维度从整体绩效中提取出来进行单独评价与论述。在此基础上，所有评价指标的权重为参考专家咨询调查结果确定，其中，自评工作质量、宏观层面资金管理绩效和微观层面资金使用绩效三者权重确定分别为10%、30%和60%。考虑到不同评价方式覆盖面的不同，微观层面资金使用绩效评分由自评审核（针对所有审核项目，占30%）与现场核查（针对所有抽查项目，占70%）两部分合成，详见表4-2。

表4-2 广东省基层医疗卫生服务能力建设资金支出绩效评价指标体系（权重:%）

评价维度	评价方式	一级指标	二级指标		三级指标	
资金使用绩效	第三方评价(60)	前期工作(20)	前期研究	7	论证与申报	7
			目标设置	6	目标完整性	3
					目标科学性	3
			保障机制	7	组织机构	3
					制度措施	4
		实施过程(30)	资金管理	17	资金到位	5
					资金支付	4
					财务合规性	8
			项目管理	13	实施程序	8
					项目监管	5
		目标实现(50)	经济性	5	预算（成本）控制	5
			效率性	10	完成进度及质量	10
			效果性	30	社会经济效益	25
					可持续发展	5
			公平性	5	社会满意度	5
自评工作质量	第三方评价(10)	材料完整性（30）、报送及时性（30）、材料有效性（40）				
资金管理绩效	专家评价(30)	资金设立的必要性（10）、规划论证的充分性（10）、绩效目标的科学性（10）、资金管理办法可行性（15）、实施过程的规范性（10）、总体目标实现程度（15）、资金投入公共属性（10）、政策资金可持续性（10）、专家满意度（10）				
资金监督绩效		明确监督职责（20）、制定监督办法（20）、采取监督措施（20）及时下达资金（10）、审批资金支付（10）、违规资金追回（20）				

注：由于此次评价中资金监督绩效单独列出，故资金使用绩效、资金管理绩效和自评工作质量3个维度的权重之和为100%，资金监督绩效权重为100%。

基于评价方案指标，采用统一技术体系，评价重点关注财政资金立项决策和管理办法设定目标的科学性与可行性、财政资金监管的有效性以及基层单位资金使用的合规性。评价历经单位自评、书面审核、现场核查、社会满意度调查、专家通讯评审及主管部门书面答辩等环节。其中，书面审核了104家资金主管与监督部门自评报告和664家资金使用单位自评报告，现场核查了15个县（市、区），并召开了30余次座谈会；问卷访问了基层医疗卫生工作者、行政部门人员及社会公众代表1120人；同时，组织相关领域知名专家15位进行了通讯评审；之后，再向省级主管部门进行补充咨询，最终形成评价报告。

二、评价结果

（一）资金整体绩效

资金整体绩效由自评工作组织质量、资金管理绩效、资金使用绩效三个部分按比例合成，依据各维度评价结果计算得出2017年度基层医疗卫生服务能力提升资金整体绩效评分为84.3分，等级为良。其中，自评工作质量为84.37分，资金管理绩效为85.38分，资金使用绩效为83.74分。整体绩效表现出如下特征：一是整体评分较高，各维度评分均在80分以上，表明该资金在无论在管理和监督等方面都相对较为规范，一定程度上达到预期效果。二是主要维度结果比较均衡，不存在明显的短板，其中，资金管理绩效评分略高于资金使用绩效评分，表明资金主管部门在资金分配论证、管理制度设计以及实施过程监督等方面采取了有力措施，总体绩效目标实现较好。概括来说，自评工作质量扣分理由主要是各级主管部门和用款单位递交自评材料不及时，内容不完全，资金使用绩效评价扣分理由主要是部分升级建设项目实施进度滞后，未完成预定目标。

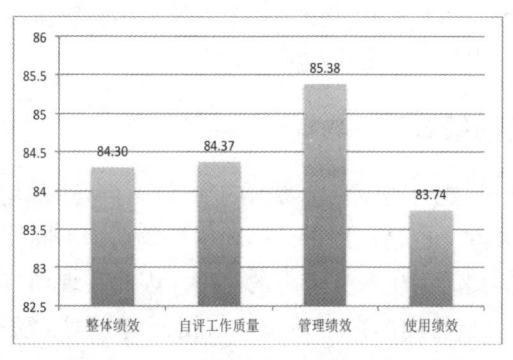

图4-1 专项资金绩效各维度评价结果

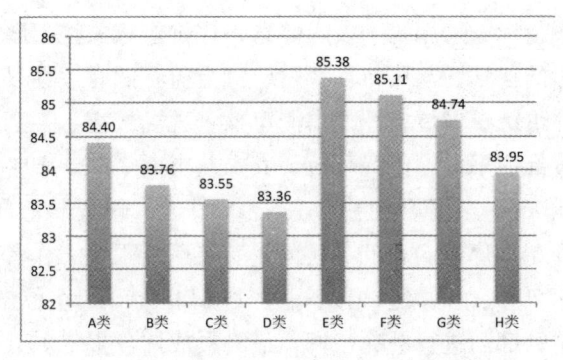

图4-2 各类别项目资金使用绩效评分

（二）资金管理绩效

针对各级资金主管部门报送的自评材料，由第三方机构利用既定的指标体系（与资金使用绩效评价指标基本一致）进行内容的实质性评审。结果显示：省级主管部门书面评分为86.95分，等级为良；市级主管部门书面评分（均值）为84.70分，等级为良；县级主管部门书面评分（均值）为84.17分，等级为良。县级层面绩效均值与各单位得分均在80以上，其中，恩平市书面评分最高，为86.7分，连平县书面评分较低，为80.35分。县级主管部门书面评分极差略高，为6.35分，但同一地级市内的主管部门得分差距较小。

同时，为从宏观或整体上衡量资金管理绩效，采用论证决策充分性等6项指标，由评价方邀请15位省内外知名专家进行通讯评审。结果显示：基层医疗卫生服务能力提升项目资金管理绩效评分（均值）为85.55分，等级为良。其中，专家对资金公共属性（88.6%）、管理办法可行性（88%）评分较高，总体目标实现程度（81.95%）较低。归纳专家反馈意见：基层医疗卫生服务建设资金促进了基层医疗卫生服务能力提升，顺应国家政策，符合广东实情，有利于改善广东医疗资源不均衡等问题，但目前由于资金支付、项目审批等客观原因造成的项目进度较慢，项目出现较大的资金缺口。

（三）资金使用绩效

基层医疗卫生服务能力建设资金覆盖的项目内容和性质复杂，县级主管单位既为资金的主要管理者，也是使用者，不同项目类别、不同使用主体的资金在一区域范围内共同发挥提升卫生服务能力的作用，因此在现场核查与绩效结果展示时皆以县（区）为资金使用的衡量单位。依据评价方案，资金使用绩效由针对用款单位的自评审核与现场核查两部分结果合成。结果显示15个涉及现场核查的使用单位资金使用绩效表现良好，不论是书面评分还是现场核查均达 80 分以上，等级为良。书面评分均值为 84.48 分，现场核查均值为 84.49 分。

从项目的八大类别来看，E 类人员补助津贴类项目资金使用绩效评分最高，为 85.38 分；其次是 F 类机构事业费补助项目，为 85.11 分，这两个项目实施方式较为简单，主要是各类补助的发放；C 类管理信息系统建设项目和 D 类远程医疗平台建设项目资金使用绩效评分偏低，分别为 83.55 分和 83.36 分，而这两个项目尚在建设当中，远程医疗平台亦正处于招投标阶段，未能完整体现绩效成果。整体来看，各类别资金使用绩效评分均在 80 分以上，等级为良，各类别间评分差距不大，极差仅 2.02 分，但也可在一定程度说明各类项目普遍完成情况及效益发挥的区别。

从各县市结果来看，均值及各单位绩效评分均达 80 分以上，资金使用绩效表现良好。各县使用单位绩效评分相差不大，以县为单位衡量资金使用绩效在一定程度上中和了各资金实际使用单位之间的分差。此外，各区域间使用绩效评分差异较小，但评分高低趋势亦与经济发达程度存在一定的相似度，经济发展程度较高的地区由于拥有地方财力和管理水平相对较高，故其使用绩效表现更佳。

（四）资金监督绩效

针对资金监督部门的工作表现，依据评价方掌握的资料，评价结果显示：全省基层医疗卫生服务能力提升项目资金监督绩效得分为 85.33 分，等级为良。从具体指标得分率来看，各项指标得分率均在 80% 以上，且在 85% 上下波动，较高的是明确监督职责（86.25%）与制定监督办法（85.95%），较低的是及时下达资金（84.2%）与审批资金支付（84.6%）；各指标间得分率差距较小，极差仅 2.05%。总体上，财政部门在专项资金监督上履行了必要职责，采取了较为有效的措施。制定了支持基层医疗项目的实施方案，明确了资金分配原则和具体方案，按照规定拨付财政资金，但资金支付率不高，支出进度延后。

（五）满意度调查结果

满意度调查共发放问卷 1120 份，回收问卷 1116 份，回收率为 99.6%。根据问卷回答完整性因素剔除无效问卷，最终确定用于广东省基层医疗卫生服务能力建设资金坐支出绩效满意度的统计问卷共有 1104 份，有效率为 98.9%。

从结果来看，总体满意度均值为 84.56 分（百分制），表明受访者对 2017 年度广东省基层医疗服务能力建设项目的总体较为满意，群众对基层医疗卫生服务能力建设的获得感比较明显。从具体指标来看，满意程度最高的是"医疗环境改善情况满意度"，为85.23分，但"财政投入力度满意度"以及"医护待遇提升满意度"得分均在80分以下。

调查问卷中还设置了若干关联性问题，收集各类人群对基层医疗能力提升效果的感知和意见。结果表明：首先，近30%的受访者认为基层医务人员的待遇还有待提高，20%的受访者当前基层的医务人员专业水平不高，20%的受访者认为医疗设施落后，20%的受访者认为医疗投入资金不足；其次，60%的受访者应该提升乡镇卫生院和村卫生站水平，10%左右受访者觉得应该加强县级中医院、县级人民医院、中心镇卫生院建设；再次，63.4%的受访者认为基层医疗卫生服务能力提升项目能够满足当地医疗需求，而有33.5%的受访者认为尚不能满足，需要继续投入；最后，52.3%受访者认为应通过提高在岗医疗人员工资和补贴及加强医疗人才培训，33.3%的受访者认为要通过引进高素质人才和完善医保体系来提升基层医疗卫生水平。同时，对于"基层首诊，双向转诊，急慢分治，上下联动"的分级诊疗模式，约四成受访者表示比较满意。针对如何提升基层医疗卫生服务能力，受访者认为：一是要加强人才建设，要引进和留住人才（33.9%）；二是要提高医务人员工资待遇（16.38%），加强三甲医院专家基层坐诊制度（7.34%）；三是要加强医务人员技能培训（12.99%）；四是要加大资金投入力度（5.08%），加强医疗设备的投入（9.6%）。

三、主要成绩

评价发现，主管部门工作措施较为得力，主要作为：一是优化资金投入规模与方向，及时修订资金管理办法。如在县镇医联体建设上，省财政从2017年起每年安排奖补资金0.75亿元，按每市500万元的标准支持粤东西北地区15个地级市各选取一个县（市、区）进行试点工作。在提高基层卫生人才待遇和素质水平上，对于2017—2019年各级财政共安排10.78亿元用于提高乡镇卫生院医务人员岗位津贴，2017年起省财政将粤东西北地区村卫生站医生的补助标准从每村1万元提高到每村2万元。二是分类制定项目申报指南与实施方案。三是加强组织领导与督查督办，强化项目实施跟踪监管。在具体成效方面：

一是医疗硬件环境改善成效初显，公众基层就医意愿明显增强。截至2017年底，省级专项资金支持的47家中心卫生院的升级建设均全部开工建设，70家县级人民医院升级建设项目已有25家开工，6家县级中医院正式开工，基本实现年初预定的年度目标；在乡镇卫生院标准化建设项目中，总建设任务491家已全部开工，其中466家已完工（完工率为94.9%）；等等。

二是基层医疗服务人员待遇得到改善，人才队伍稳定性与积极性得到提升。为保障基层医疗机构医务人员工资收入水平，省财政厅于2016年12月、2017年3月分两批将省级补助资金28581.21万元全部拨付各地，共补助48915人。在村卫生站医生补贴专项中，全省相关地市均完成提标后的村卫生站医生补贴发放工作，共补助乡村医生15106人。2017年现行山区和农村边远地区乡镇卫生院医务人员岗位津贴的补助标准从每人每月500元提高到每人每月800元。

三是基层医疗服务人员技术水平获得提高，医疗机构人才得到充实。通过实施全科医生规范化培训、转岗培训、在岗培训，订单定向培养医学生，产科医生培养，儿科医生培养等4个人才培训培养类项目，2017年全省已招收全科医生5231名，订单定向招收881名医学生，转岗培训产科医师1000名和儿科医师360名，共计招生和培训7472人，基层医务人才队伍得到充实。

四是医联体建设取得初步成效，提升了分级诊疗与双向转诊效果。目前15个试点地级市全部开展了县域医联体建设工作，共组建23个县域医联体。

五是基层医疗信息化建设逐步推进，为远程医疗服务开展奠定基础。全省基层医疗卫生机构管理信息系统项目总投资为41819万元，初设方案已得批复，现完成了招标工作。另外，2017年8月省发改委正式批复省级全民健康信息综合管理平台立项，目前已完成省级平台建设并初步实现与国家平台对接，初步实现国家、省、市三级平台互联互通。

六是促进了基本公共卫生服务均等化，增强全民健康管理与疾病预防水平。2017年，全省实施基本公共卫生服务项目内容已包括14类55项。同时，全省建立居民电子健康档案人数9173.70万人，电子建档率为84.56%，全省各地级市的居民电子健康档案率均高于75%的目标要求。2017年度全省基本公共卫生服务项目的绩效现场评估的得分比2016年提高了7.10%，服务人群覆盖全省的户籍和常住人口。

四、存在问题及原因

1. 资金使用与管理方面

一是部分资金使用范围未切实考虑基层医疗卫生服务工作实际情况。在升级与标准化建设项目中，专项资金补助主要限于用于基础设施建设和设备装备，但是医疗机构建设项目还有很多的后续支出，如二次装修、设备维护等后续支出无法列支。在培训培养类项目中，产科儿科（助产士）培训项目资金的安排需遵守"经费用于学员在培训期间的教学实践活动和配备必要的教学设备"的规定，但在项目开展过程中,有些培训项目需要特定的场地与空间,部分医院因为场地狭小,培训期间的教学与实践活动无法有效开展。此外,由于专项资金的使用范围不包括租赁费或住宿费,再加上住宿条件有限,培训过程中无法给培训人员提供宿舍需在外租赁房屋,从而导致相关费用支出需要医院额外支付,增加基层医院及卫生院的财政负担。

二是部分资金补助方式不够科学合理,从而不能充分发挥资金补助的最佳效益。在基层医疗卫生机构全科医生特设岗位补助项目中,相关文件规定"全科医生除享受单位发放的绩效工资和各项津补贴外,省级财政对全科医生特设岗位每岗每年补助6万元(不计入单位及个人绩效工资总量)。"但由于乡镇卫生院(社区卫生服务中心)相关岗位日常事务工作实际是由全科医生和普通医疗人员共同开展,仅6万元的补助拨付给1-2人,导致医护人员内部待遇差距过大问题,严重挫伤其他非全科医生工作积极性。在村卫生站医生补贴项目中,《广东省人民政府办公厅关于印发广东省进一步加强乡村医生队伍建设实施方案的通知》(粤办函〔2015〕442号)指出一村两站或多站中有多名符合补助条件的乡村医生,在经县(市、区)级卫生计生、财政部门审核后可相应增加补助对象,增加补助对象所需的补贴资金由县(市、区)级财政补足,省级财政不再承担,这一方面加重了基层单位的财政压力,另一方面缺乏具体的可操作性保障措施以保证增加补助对应资金的发放。

三是资金补助额度及精准性仍需进一步加强。由于基层医疗卫生服务项目建设复杂,决定项目资金预算金额的因素众多,在资金申请过程中由于缺乏对项目建设完整信息的充足掌握,导致预算决策的不精准性问题依然存在,部分项目的资金补助额度与项目实际开支不匹配。基本公共卫生服务项目补助资金是按照当地常住人口为口径进行计算,但通常中心镇卫生院实际服务人数往往大于辖区内常住人口数,导致专项资金拨款数额难以满足中心镇卫生院工作开展需要。如潮州市饶平县浮山镇中心卫生院全院职工均主职或兼职从事国家基本公共卫生服务工作,2017年在基本公共卫生服务项目支出347.44万元,省、市、县财政补助浮山镇中心卫生院公卫专项资金共154.06万元,资金不足部分加重了基层卫生院的经济负担。在村卫生站标准化建设中,《2017年广东省村卫生站公建规范化建设项目申请指南》规定村卫生站建设"面积不低于80平方米,至少设置有诊断室、治疗室、家庭医生签约服务室和药房,并配备必要的38种基本设备","每个村卫生站建设估算成本为20万元(含土建、装修及基本设备配备)"。但实地调研发现,由于农村土地实行承包到户,部分村级组织没有闲置的集体用地,村卫生站选择建设用地则需要额外给农户调剂和补偿资金,从而使一些村卫生站建设成本大于估算的 20 万元。

四是部分地区医疗机构建设项目资金缺口较大,地方配套资金无法按时就位。依据省卫计委提供的数据,全省各级财政用于支持中心卫生院升级建设、县级中医院升级建设、县级公立医院升级建设及村卫生站标准化建设等建设项目共 258 亿元,其中,省财政补助 197.84 亿元、市县财政补助 60.16 亿元,按照 39 个县来算,平均每个县超过 7 亿的投资规模。而从项目实际建设总投资需求来看,部分县的资金需求远远不止 7 亿元,甚至有的县光一个人民医院升级建设项目就达到 9.9 亿元,整体来看,建设项目投资资金巨大,到位资金明显不足,资金需求缺口较大(表 4 - 3)。此外,由于各类医疗机构升级与标准化建设项目地方政府需承担 20% - 40% 不等的项目建设资金,对比各县财政收入与项目总投资来看,经济欠发达地区市、县财政根本无法保障项目资金需求,从而导致配套资金也无法及时到位。

表 4 - 3　部分县区医疗机构升级建设项目资金缺口统计表

县市	具体项目	总投资额（万元）	总投资额（万元）	省财政补助总额（万元）	资金缺口（万元）
龙川县	龙川县人民医院升级建设项目	99,172.30	7,560.00	91,612.30	6.33
台山市	台山市妇幼保健院升级建设项目	48,133.64	11,728.00	36,405.64	26.69
信宜市	信宜市妇幼保健院升级建设项目	48,000.00	9,245.00	38,755.00	10.11
惠东县	惠东中医院升级建设项目	38,000.00	3,000.00	35,000.00	37.90
怀集县	怀集中医院升级建设项目	33,053.24	3,000.00	30,053.24	40.30
大埔县	大埔县中医院升级建设项目	36,200.00	10,000.00	26,200.00	9.70
廉江市	廉江市中医院升级建设项目	22,643.94	3,000.00	19,643.94	11.70
南雄市	南雄市第二人民医院升级建设项目	25,049.36	18,000.00	7,049.36	6.12
陆丰市	碣石人民医院升级建设项目	23,000.00	18,000.00	5,000.00	6.07
连州市	连州市人民医院升级建设项目	19,365.00	7,560.00	11,805.00	6.29
普宁市	占陇镇中心卫生院升级建设项目	18,000.00	18,000.00	0	21.23
化州市	化州市人民医院升级建设项目	16,193.67	7,020.00	9,173.67	11.87

2. 项目推进实施方面

一是部分建设类项目进展缓慢,存在落地难、耗时长等困境。根据各地的项目进展来看,2017 年加强基层医疗卫生服务能力建设各项目整体进展顺利,但部分建设项目进展缓慢,开工率偏低,如县级公立医院升级建设项目总开工率仅为 36.2%,甚至部分市县该项目大部都未开工。此外,一些异地迁建和新建项目由于涉及征地拆迁、规划调整、线路迁移等难点,规划建设用地难以落实到位,建设项目无法按计划如期开工，影响工作进度。同时，实地调研中基层反映，一些新建项目涉及多项行政审批环节，审批流程繁杂，串联审批较为常见，一些审批环节是另外环节的前置条件，从而导致部分建设类项目前期审批耗时较长，拖慢了工作进度，最终导致下拨资金无法高效使用，甚至资金闲置沉淀。如截至2018年8月，全省内县妇幼保健院升级建设项目涉及异地迁建、新建的项目共计38个，其中只有14个取得了土地权证或不动产权证，21个取得了国土部门的用地预审意见或县政府拨付土地的相关批复。县级公立医院升级建设项目中，县级妇幼保健院升级项目便因为开工前手续进展滞后，59个建设类项目中，开工19间，开工率仅达32%。

二是医联体建设的配套制度体系还有待完善。首先，医联体管理机制基础薄弱。大多数县区医联体的组建涉及多元多层级医疗机构，隶属关系、资产归属、人员编制、财政投入、补偿渠道等都不相同，县镇医联体内部牵头单位普遍没有对各级机构资源的统一管理和配置权限。其次，医疗协作的激励机制不健全。医联体内各医疗机构缺乏协作的积极性，县级医疗机构资源通常也只能勉强满足自身需求，难以建立上下级医疗机构的有序互动关系；缺乏面向基层医疗卫生机构倾斜的有效激励制度。再者，医疗保险报销制度尚未配套。由于医保的杠杆作用未发挥作用，尚未制定具体的实施细则和操作方案，基层难以实施；部分医联体内的各级医疗机构间开展医疗技术上的合作时需要在医保方面单独结算，目前按病种和医院级别进行费用总控和结算的医保支付制度也制约了基层医疗机构发展，导致优质医疗资源和患者不断向上级医院汇聚。此外，医联体建设中药品统一管理存在隐忧。一方面基层医疗机构存在缺药、与上级医院的药品不一致等问题影响医联体内的业务统一性，另一方面，少数乡镇卫生院药品更新不及时、用药不够合理、滥用抗生素、激素类药物等情况依然存在。最后，医联体内医疗卫生信息系统难以互联互通，尚不能有力支持医联体发展，致使医联体之间远程会诊、专科诊断等工作暂时无法全面铺开。

三是信息化建设与远程医疗仍需统一规划。大部分地区各级医疗卫生机构现在仍然使用多个信息平台，信息互联互通不足，难以有效满足基层医疗机构能力建设的实际需要。目前，部分地区县级医院已经完成全民健康互联互通信息平台建设，但是乡镇卫生院之间尚未互联互通。部分地区基层卫生院、社区服务中心的基层公共卫生服务信息系统跟省级信息系统已全部连接，但是与县级医疗信息系统又无法实现信息共享。医疗卫生业务系统各属不同软件公司开发，接口不统一，整合有一定难度；各医疗卫生机构现时使用的硬件网络较为陈旧，亟需更新硬件设备和扩容网络带宽；信息化建设专业技术人才不足，技术力量较为薄弱，网络信息安全工作有待加强。同时，远程医疗建设平台统一推进不足，由于基层卫计人员不甚了解其技术参数和合理价格范围，对于部分基层医疗机构远程医疗平台建设项目无法确定设备型号，致使迟迟未能进行远程医疗设备采购，且远程医疗平台建设需要相关软件公司跨平台调试对接，但相关费用市场报价差距较大，致使接口测试工作进度缓慢。

四是基层公共卫生服务项目管理规范化不足。基本公共卫生服务项目实施中，各卫生院、卫生站之间差距较大，个别卫生院对项目实施缺乏系统、深入研究，实行粗放型管理，导致工作落实不到位。居民健康档案的建立与日常基本医疗结合较少，电子录入更新不及时，部分资料整理归档不够规范。诸如部分卫生院不按规范记录相关信息；孕产妇手册的填写内容仍有部分欠规范与完整，检测率相关指标太低；慢性病管理工作开展不如人意，部分卫生院存在慢性病管理随访表不规范、不及时，质量有待提高。基层仍存在重医疗轻公共卫生现象，部分地方重视程度、工作力度不足，地方专业公共卫生机构对基层的指导有待加强。个别地区绩效评估工作不完善，部分卫生站缺少对乡村医生的考核，未能很好落实评估结果与项目资金气拨付挂钩，没有充分体现奖惩机制。基层公共卫生服务项目的信息化建设也有待完善。群众对基层公共卫生服务项目认识也不足，对防病治病意识薄弱，家庭医生签约服务群众知晓率比较低。

3. 政策落实与执行以及其他方面

一是政策调整与已实施项目衔接机制有待完善。根据实际情况，广东省基层医疗卫生服务能力建设资金进行了适当的政策调整，主要是为了更加合理有效地促进重大战略和目标落实。但需要注意的是，在政策调整过程中若未与已实施项目进行有效衔接，则会造成政策之间的脱节，从而无法保障已实施项目顺利完成，导致资金的浪费，甚至造成基层矛盾。如《广东省卫生计生委 广东省财政厅关于印发〈2017年广东省村卫生站公建规范化建设项目申报指南〉的通知》中提出，省财政补助每间村卫生站建设省级财政补助16万元，其中12.5万元为动工补助资金，余3.5万待验收后补齐。但因省政府常务会议取消该专项项目，改为以均衡性转移支付形式扶持，本应该在2018年拨付的验收资金并未安排，导致该类建设项目普遍无法如期验收完工。

二是医疗培训项目基层实施条件不够充分。医生培训项目对于提升基层医疗人员服务能力具有重要价值，但面临基层实施条件不够充分，与实际情况不协调等难题。就全科医生培训项目而言，大多数基层医疗人员对于国家的政策以及全科医生培训的认知不足，接受培训相对被动；就产科、儿科转岗培训项目而言，参加儿科转岗培训的条件要求较高，需要参训人员必须是已取得临床类别医师资格，并在县（市、区）级医院（含中医院、妇幼保健院）执业，且执业期间未发生重大医疗事故的医师，为此，参加转岗培训医师积极性不高，部分地区反映儿科医师转岗难度大，大部分医师不愿意参加转岗培训，甚至存在选派医师有退出的想法。就基层家庭医生签约项目而言，家庭医生签约服务群众知晓率比较低，距离"全民健康知识知晓率达到85%"仍有一定的差距，并且由于基层服务对象为基层群众，基本素质与理念还未达到城市水平，对于家庭医生政策理念不够理解，认为是"免费性保姆式"服务，这就容易引发医务人员与群众发生矛盾与冲突。

三是基层对于财政支出绩效管理理念落实不够深入。从结果来看，基层医疗卫生服务建设资金总体绩效良好，从评价过程来看，省级层面重视医疗卫生服务建设资金绩效管理，但基层部门对于财政绩效管理理念还不够深入，具体表现为：一些地方和部门存在重投入轻管理、重预算申请而轻效率与效益、重支出轻绩效的意识；绩效激励约束作用不强，绩效评价结果与预算安排和政策调整的挂钩机制尚未建立；绩效评价过程中对于基本绩效考核指标的理解不够准确，导致填报数据的失真以及填报数据不及时，甚至有些资金数据未填写；部门之间协同开展绩效管理机制还未建立。在全面实施预算绩效管理背景下，深入探索提升基层管理部门落实财政支出绩效管理体系极具必要性。

四是基层医疗机构面临"引才难、育才难、用才难、留才难"等多重压力。尽管人才专项资金有用于人才建设与人才培养，但相对于粤东西北欠发达地区的基本现状来看，基层医疗卫生机构仍然面临着人才方面多重压力，无法满足现代化基层医疗卫生需求。具体表现为：（1）引才难：调研过程中，不少基层医疗单位直言招聘难，人才吸引力较弱，高层次人才和稀缺专科人才难招聘，外科、妇产科、麻醉、影像、精神病科、儿科等专科以上更为缺乏。（2）育才难：一方面，大部分基层医院培训基地管理机构混乱且不健全，未设置专门全科培训管理部门。另一方面，因为缺少激励机制来提高转岗学员的积极性，大部分医师并不愿意转岗至工作任务繁重、工作压力大的产科、儿科医师岗位。2017年，省里为经济欠发达地区订单定向免费培养医学生1000名，未报到人数达12%。（3）用才难：基层医疗卫生服务人员数量匮乏、人员素质偏低、人员结构不合理及人员不稳定，导致一些常见疾病在基层无人能医，无医可用。在县级人民医院、妇幼保健院和中医院，医院高级职称人才偏少，高学历人才比例不高，极度缺乏学科带头人；而在基层乡镇卫生院，人员短缺，技术薄弱问题更为明显。（4）留才难：基层医疗机构基本建设比较薄弱，工作环境和条件相对较差，对卫生工作人员的补偿在政策上还没有明显变化和突破。调查显示，中级及以上职称医务人员不愿长期留在基层医疗卫生机构，一些人将基层医疗卫生机构作为跳板，晋升职称后、到上级医院培训后或者遇到其他"机遇"后马上离开。

(三) 原因分析

一是部分政策目标理想化与财政资金管理的规范性要求偏离基层工作实际。政策制定与资金安排旨在激励更多人才流向基层，但由于过高地估计了基层的基本环境、人员结构和工作实际，导致部分基层"钱不敢花、活不敢干"，且还增加基层财政压力。

二是部分行政审批环节较繁琐与低效，在一定程度上影响了基建项目进度和资金使用效率。行政审批作为政府规制是必要环节，升级标准化建设项目在开工前有规划选址、环境评价、项目立项、方案设计、建设用地规划许可、供地审批、建设工程设计方案审核、设计审查、人防审批、消防审核、工程规划许可、施工图设计审查、招标投标、施工许可等多个行政审批环节，大部分环节都是串联为主，前置条件重复且较多，多方审查，尤其是征地拆迁好涉及建设用地相关指标调整、土地产权获取环节，普遍耗时较长，下拨资金无法高效使用，甚至资金闲置沉淀，进而拉低了整体的资金使用率。

三是缺乏高效科学的论证机制，导致部分项目资金缺口较大。主要原因：建设项目的预算资金可行性论证机制不健全，项目申报预算与专家论证过程中，缺乏精准化预算资金可行性论证体系；部分升级标准化建设类项目需要地方政府自筹配套20%－40%资金，配套资金无法落实；社会资金投入机制未建立，权责利益分配体系不完善。

四是各级部门沟通配合不畅，主动协作意识不强。基层医疗卫生服务能力建设涉及机构编制、发展改革、财政、人力资源社会保障、卫生计生、中医药以及规划、国土资源、住房城乡建设、环境保护、林业等多个部门。如医联体建设需要多元多层级医疗机构、相关部门的共同参与密切协作，这些机构的隶属关系、资产归属、人员编制、财政投入、补偿渠道等都不相同，但有关文件中对于部门之间分工、权责关系等却未涉及，项目实施过程中出现部门之间、市区（县）之间"踢皮球"的现象。

五是重大政策顶层调整与基层执行过程中的缓冲机制不完善。基层医疗卫生服务能力建设项目事关基层公众的切身利益，政策变动在基层容易造成工作难以顺利开展，已实施项目无法完成，未实施项目无法有效推进。"上面千根线、下面一根针"，由于上级政策调整未与基层工作实施进行有效衔接，未构建合理高效的缓冲机制，导致基层难以有效保证乡村卫生站建设项目高效完成。

六是地方政府对于基层医疗服务能力建设重视不足。城乡卫生事业采取不同的政策是造成城乡卫生资源分布差距的根源,针对欠发达地区的基层卫生事业的投入明显不足。现行对医疗卫生服务机构的经费财政补贴,分级承担,大城市一般享有优先红利,现实中越到基层,财政越困难,压力也很大。相较于全额拨款的义务教育,教师的工资是全财政负担,财政对教育的拨款明显高于卫生,特别是实施绩效工资后,部分乡镇卫生院职工工资比教师平均每月少近千元,成为影响乡镇卫生院技术人员队伍稳定性不容忽视的原因。

七是基层公共服务水平落后、发展潜力不足与福利待遇差导致人才困境。基层医疗"引才难、育才难、用才难、留才难"的主要原因:首先,基层公共服务水平落后,教育、医疗、交通等基础设施与发达地区相比有明显差距,这是基层医疗卫生服务能力人才不足的根本原因,从而导致人才无法留住,更别说人才引进。其次,发展潜力不足,基层医生职业发展前景不被看好,基层医务人员的社会地位难以提升,目前制度对基层医务人员的政策支持力度不足,尚未建立起确实可行的优惠政策导向机制,编制不足成为常态,人员职称晋升又与编制息息相关;此外,缺少激励机制来提高转岗学员的积极性,现行人事分配制度难以体现多劳多得、优绩优酬的理念,不利于医疗人才的激励。最后,福利待遇较差,目前基层医务人员的工资为3000元左右,与县城及大城市相比,基本没有优势可言。

八是基层医疗卫生服务宣传教育工作尚不到位。个别地区市、县领导对于基层医疗认识不够到位,重视程度不够,缺少宣传。如在全科医生培训项目中全科医生培训招生上,粤东、西、北地区由于地理位置偏远,大多数基层卫生人员对国家的政策导向不清楚,普遍对全科医生培训的认知不足,接受培训相对被动,甚至有部分地区学员对于培训后的就业机会表示怀疑。

五、对策建议

第一,细化资金使用方案,灵活调整资金补助形式和优化资金补助结构。一是灵活调整资金补助形式,并实行奖优罚劣机制。针对村卫生站医生补贴专项资金项目,省市财政补贴资金可下拨至卫生院账户,由其对乡村医生进行发放,同时加强监督,实行奖优罚劣机制。针对全科医生特设岗位补助采取更为灵活多样补助形式,强化镇卫生院对资金的统筹管理。对于边远地区乡镇卫生院医务人员岗位津贴项目,建议省财政资金划拨应以当年的在编人数为准,这样数额更准确。对于培训项目,建议根据当年实际到培人数进行财政拨款,避免资金调拨过剩。二是优化资金补助结构和适当放宽部分资金使用范围。针对基本公共卫生服务项目，财政补助金额建议按照实际服务人口数来发放，放宽对公共卫生服务经费作为经费的有关限制性规定。三是完善资金管理办法与细化项目实施方案，强化资金退回机制。

第二，适当调整项目规模，进一步拓展地方筹措建设资金渠道。一是适当调整项目规模，优化资金预算成本。建议对全省涉及基层医疗卫生服务能力建设项目的改造升级类项目进行再评估，对于建设规模超大、建设资金缺口较大且难以落实的，建议重新调整建设规模和建设内容。二是地方政府要根据自身财政实力设计方案，保质保量提供配套资金；支持医院采取PPP建设模式推进项目建设；鼓励地方政府通过政策性银行贷款方式支持医院建设。

第三，畅通基层医疗卫生人才流动通道，完善基层医疗卫生服务人员的收入补偿、福利激励、晋升倾斜等机制，扎实推进并落实人才是第一资源政策。一是强化县域医疗人员编制统筹管理，完备人才引入机制及准入政策。明确基层卫生服务机构的性质，科学核定和落实人员编制，统筹协调区县内人员编制，合理安排区县内各医疗卫生机构间人员编制，推动实行"定编定岗不定人"，真正做到县招县管镇用。二是完善基层医疗卫生服务人员经济补偿机制，切实提高基层医疗卫生人才的待遇水平。三是完善基层医疗人员激励机制，建立上下帮扶体系，拓宽社保对象。四是加大基层医务人员晋升政策倾斜力度。晋升依据则以服务基层年限、服务效果与群众满意度为主。

第四，继续巩固符合基层实际的县镇医联体，发挥医疗保险导向功能，规范分级诊疗及其利益分配体系，助力双向转诊的实现。一是县镇医联体建设以行政区划为单元，以各地区综合三级医院为龙头，建立互联互通的智慧医学平台，网罗区域内各级医疗卫生机构资源，搭建城乡一体化分级诊疗平台，实现区域内协同医疗为目标，建立紧密型医疗联合体，或者组建医疗集团。二是发挥医疗保险的政策导向功能，促进病人合理分流。三是规范分级诊疗及其利益分配体系，完善各项配套措施，积极推动社区首诊和双向转诊工作的开展。在县域内建立医保"总额预付、结余留用、合理超支分担"的激励约束机制。在区域总额管理的大前提下，建立适度的激励约束机制，通过合理设置与调整，使上级医院与基层医疗卫生服务机构之间存在的某种利益"竞争"关系，转变成携手"互补"关系。

第五，加强信息化系统建设，夯实基层医疗卫生服务能力建设信息基础。加快完善全省基层单位信息系统建设，尽快实现上下左右互联互通，推进基层医疗卫生机构与县级医院、保健院的信息互联互通。在全民健康信息综合管理平台建设基础上及时下发统一规范标准化实施方案，避免重复建设、分散建设和多系统并立等问题。加强粤东西北地区乡镇卫生院（村卫生站）远程医疗平台建设的重视与投入。针对基本公共卫生服务项目，大力推动电子健康档案向居民开放，激活电子健康档案的日常使用，加强服务网络建设，促进服务管理转型，以完善服务网络为基础，规范项目管理，提升基层医疗服务水平。

第六，扩大宣传范围，加强部门协调，加大项目全过程监督强度。一是争取各级政府政策支持。二是开展多层级宣传普及，提高群众对国家基本公共卫生服务项目知晓率和接受程度。三是加强各级部门协调力度，明确各自权责。四是完善项目动态监控体系，加大项目全过程监督强度，完善问责机制。

报告二：广东省扶贫开发资金支出绩效评价简报[①]

一、评价说明

2016 年以来，广东省委、省政府落实中央要求，全面启动新时期精准扶贫工作。省级《实施意见》提出：全省农村 70.8 万户 176.5 万人为相对贫困人口，到 2018 年要稳定实现"两不愁、三保障、一相当"并全部完成脱贫；全省 2277 个村为相对贫困村，到 2018 年要全部脱贫出列。据此测算：2016—2018 年全省各级财政将投入总规模约 391 亿元的资金，重点指向扶贫开发、低保兜底和专项保障，明晰及夯实资金使用方向。其中，扶贫开发资金是专门针对有劳动能力贫困人口，按照 2016 年全省 127.55 万人、每人 2 万元安排，共需 255 亿元，由省、对口帮扶市、贫困人口属地市按 6∶3∶1 的比例共同分担，用于直接促进帮扶对象增收，包括扶持就业、发展特色产业、增强创收能力、资金收益扶持、扶贫贷款贴息及教育、基本医疗保障等。

本次评价范围是省财政在 2016—2017 年下达的扶贫开发资金，共 74.8574 亿元，覆盖全省 14 个欠发达地市和 35 个省直管县，按规定由各县（市、区）政府统筹使用，各级扶贫部门作为牵头单位负责推动工作落实。但考虑到扶贫开发资金由省、市、县三级分担，各市县可能将不同来源的扶贫资金混合使用，且所有扶贫资金都服务于全省三年脱贫攻坚的总目标，其效益难以简单分离。为使评价更有针对性，将资金主管部门分成省级和市县级两个层面。少量扶贫开发资金

[①] 本报告由郑方辉、胡晓月、王彦冰等完成。

由县级主管部门或镇村统筹用于基础设施或产业项目建设，故其实际承担了部分资金使用单位的职责。这样，被评对象即包括了省级和市县级的资金主管部门、资金监督部门及其延伸所及的本级政府有关扶贫开发工作领导小组、镇村级有关部门/领导和工作人员、相关项目单位。本项评价的重点指向三个层面：一是宏观层面针对省级财政资金立项决策与管理办法设定目标的科学性及可行性；二是中观层面针对各级资金落实、管理与监督的有效性；三是微观层面针对资金使用合规性与各地扶贫开发任务完成情况。

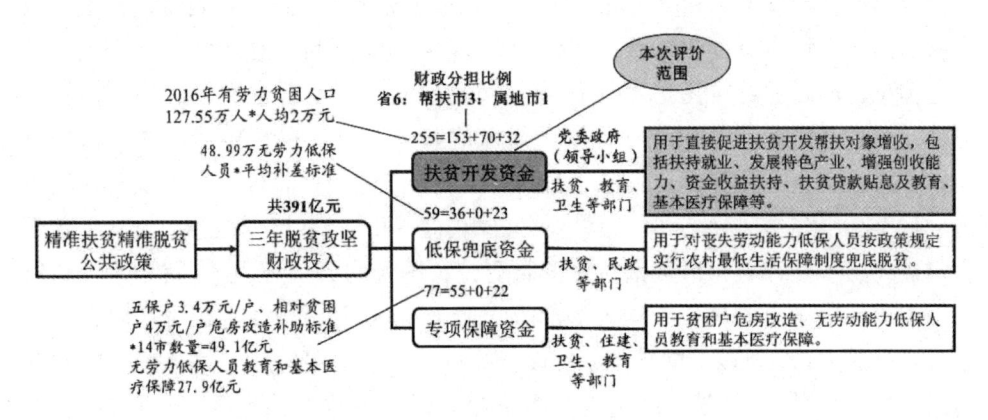

图4-3　广东省财政扶贫资金投入及测算依据

评价采用层次分析法、专家咨询和实证检验所确定的技术体系，其中，自评工作质量通过材料完整性等3项指标来评价，市县级资金管理绩效通过前期工作、实施过程、目标实现和社会满意4项一级指标和对应的13项三级指标来评价，省级资金管理绩效通过资金设立必要性等9项指标来评价，资金监督绩效通过明确监督职责等6项指标来评价，资金整体绩效评分由自评工作质量、省级资金管理绩效和市县级资金管理绩效三者各按10%、30%和60%权重合成；并经过单位自评、书面审核、现场核查、社会满意度调查与专家通讯评审等环节，形成最终评价结果。

二、政策概况

（一）工作部署与政策体系

广东省委、省政府对新时期精准扶贫精准脱贫工作体现出"站位较高、推进较实、制度先行"的特点。在2016年6月省委、省政府《实施意见》出台后，仅用半年时间，26个省直部门有关配套实施方案全部制定完成，形成广东脱贫攻坚"1+N"政策体系。全省21个地市与大部分县区也陆续出台相应的落实意见或实施细则，有效调动了对口帮扶地区、贫困人口所属地区以及乡镇、企业捐助等社会资源，发挥集中力量办大事的社会主义制度优势。

（二）对象认定与年度任务

根据"广东省扶贫信息网"发布内容，全省相对贫困人口及相对贫困村应遵循规范的认定标准、核查方法、程序。针对相对贫困人口，一是认定标准，以农村居民年人均可支配收入低于4000元（2014年不变价）作为相对贫困人口的认定标准，同时要综合考虑"三保障"和家庭支出等实际情况。二是入户核查方法，通过上门入户，向农户详细了解家庭收入支出，进行比对核查，筛选过滤，去虚存实，去伪存真，确保数据真实准确。三是确认程序，严格执行村民申请、村民小组和村民代表评议、村委会公示、乡镇政府审核等程序，由县级政府审定最终名单。针对相对贫困村，按照全村农民人均可支配收入8000元（2014年不变价）以下、农民年人均可支配收入低于4000元、行政村相对贫困人口占该村户籍总人口5%以上的标准，并以行政村居住破旧泥砖房（茅草房）的农户占该村户籍总数10%以上的优先，属革命老区、少数民族地区、石灰岩地区、省属水库移民区的村在同等条件下优先为原则，由村民委员会申请，经乡镇、县、地级以上市政府逐级审查后，报省扶贫开发主管部门批准并向社会公布。在此基础上确定全省相对贫困人口及相对贫困村总数。省扶贫办据此实施动态管理，其中以广东省扶贫开发领导小组名义分别在2016年8月和2017年4月向全市各有关地市确认当年脱贫计划任务数。

表4-4 各有关地市2016—2017年脱贫计划任务数（单位：万人、个）

任务数 地市	贫困人口数 2016年8月	2016年任务数 2016年8月	2017年任务数 2017年4月	省定贫困村数（个） 2016年6月
汕头	10.5	3.2	3.5	37
韶关	9.35	2.8	3.3	278
河源	12.13	3.2	4.2	255
梅州	18.21	4.8	5.2	349
惠州	4.17	2	1.9	46
汕尾	14.07	4.1	5.1	142
阳江	8.00	2.4	2.8	88
湛江	24.10	6.5	9.9	218
茂名	17.93	4.8	5.8	180

续表

任务数 地市	贫困人口数 2016年8月	2016年任务数 2016年8月	2017年任务数 2017年4月	省定贫困村数（个） 2016年6月
肇庆	9.70	3.1	3.2	111
清远	13.3	4	4.6	261
潮州	5.13	1.3	1.9	45
揭阳	11.41	3.9	3.7	162
云浮	12.00	3.9	4.2	105

（三）资金投入及使用情况

在投入方面，全省"扶贫开发"方向财政资金需求的总数是以127.55万（2016年6月）有劳动能力的相对贫困人口按2万元/人标准测算，共需255亿元，再按6:3:1分担比例计算，应由省级负担153亿元，对口帮扶市负担70亿元，贫困人口属地市负担32亿元。但是，相对贫困人口为动态数，各级财政在后续年度安排及拨付资金所依据的又是当年数，如2017年省级财政资金下达所依据为2016年底全省有劳动能力相对贫困人口共118.47万人。尽管如此，所需资金的测算方法不变。那么，评价方按照比例分担原则可大致算出不同年度省级财政、对口帮扶市财政和属地市财政各需投入的资金额。其中省级财政2016—2017年分别需投入扶贫开发资金51.22亿元和47.31亿元，对口帮扶市财政合计两年分别需投入25.71亿元和23.90亿元；贫困人口属地市合计两年分别需投入8.5亿元和7.9亿元。

首先，根据省财政厅资金下达文件，省级扶贫开发资金在2016年共下达37.1311亿元，2017年共下达37.7263亿元，即使加上省扶贫主管的其他相关扶贫资金（约1.2亿元），从直接数看亦未达到测算需要的金额（占比分别为73%和80%）；为排除在2018年大幅增额下达的情况，再对2018年情况进行观察，其需求测算数为47.3亿元，实际下达数为29.835亿元，亦未达到测算需要（占比为63%）。是否省财政并未按照三年脱贫攻坚期初的承诺如实兑现？其中部分原因或在于对扶贫开发资金口径的理解不一。若将中央和省级财政间接投入的其他资金（含部门/行业投入）进行扩大口径的计算。可见，2016年省级以上财政实际投入扶贫开发相关资金的总额为42.8亿元，2017年为59.1亿元；虽然2016当年未达到测算数（占比84%，可能因为拨付进度较慢，属地县次年才收到部分资金并录入系统），但两年总额已超过测算需求。本次评价范围的2016—2017两年度省级以上财政相关资金实际投入额已完成政策设定目标（完成率为103%）。

其次，按相对贫困人口测算的全省对口帮扶市财政2016年、2017年需投入资金合计分别为25.7亿元和23.9亿元，广东扶贫云系统数据2016年、2017年帮扶市财政（含市、县、镇各级）实际投入资金合计分别为3.4亿元和33.2亿元；可见，单看2016年投入远未达到需要，单看2017年投入超过需要，但两年合计并未完成投入目标。本次评价范围的2016—2017两年度对口帮扶地市财政资金实际投入额未完成或未按进度完成政策设定目标（完成率为75%）。其中的原因主要有两个：一是涉及跨市县、跨行政层级之间财政转移支付，结算进度较慢，部分资金当年未能到位并录入系统。这可以从审计部门提供数据获得佐证，截至2017年4月全省对口帮扶市落实到位财政资金合计19.97亿元，仍未达到2016年度测算要求。二是对口帮扶市行业/部门投入财政资金未在系统中录入，故现有统计口径可能小于实际投入资金额。

最后，按相对贫困人口测算的属地市2016年、2017年财政需投入资金全省合计分别为8.5亿元和7.9亿元。广东扶贫云系统数据2016年、2017年属地市财政（含市、县、镇各级）实际直接投入资金合计分别为4.4亿元和12.8亿元。类似地，单看2016年投入未达到需要，单看2017年投入超过需要，两年合计已完成投入目标。本次评价范围的2016—2017两年度贫困人口属地市财政资金实际投入额已完成政策设定目标（完成率为105%）。如果加入属地市各部门/行业投入资金，2016—2017年这部分资金实际投入为11.9亿元，即属地市财政直接与间接投入资金远远超过政策要求，超额比例达到77.3%。

表4-5 2016—2017年全省扶贫开发资金投入总额分布结构

	投入总额（亿元）	按来源部门（亿元）				按来源层级（亿元）			
		财政投入	行业投入	单位自筹	社会投入	中央	省级	对口帮扶	所属当地	各级自筹
2016年	34.00	15.20	7.76	8.18	2.85	1.0	11.3	3.9	9.6	8.2
2017年	159.08	108.08	28.51	18.90	3.59	2.6	80.0	34.1	23.5	18.9
两年合计	193.08	123.28	36.27	27.08	6.45	3.6	91.3	37.9	33.1	27.1

在资金使用方面，据省扶贫办统计，2016—2017年省级财政累计下达扶贫开发资金（不含教育、基本医疗）的74.85亿元中，截至2018年3月摸查，资金实际落实使用69.9亿元，使用率为93%。单据省财政厅测算，各级财政到2017年底筹集到位扶贫开发资金158亿元，实际支出仅41亿元，支出率为26%。以评价方现场核查部分市县为例，揭阳市截至2017年底共到位各种来源扶贫资金11亿元，其中，省级财政下达6.54亿元，东莞市对口帮扶3.36亿元，

本市级财政安排3520万元，本市各县（市、区）安排8347.69亿元；截至2018年4月累计已落实使用9.12亿元，使用率82.32%，其中省级资金已使用5.2亿元（使用率79.5%），对口帮扶资金和本市县安排资金已使用3.15亿元（使用率69.3%）。以此作大致推断，全省各级财政2016—2017年投入的扶贫开发资金到2017年底落实使用率应在80%左右，到2018年中落实使用率接近90%。

另外，利用材料完整性、报送及时性和材料有效性3项指标，对各级主管部门自评材料的质量进行评价。其中，省级主管部门3项指标得分率依次为材料完整性（90%）、报送及时性（95%）和材料有效性（78%），综合评分87.7分，等级为良；市县级主管部门3项指标得分率依次为材料完整性85%、报送及时性80%、材料有效性85%，据此计算市县级自评工作质量综合评分83.3分，等级为良。两者算术平均值为85.5分。

三、大数据分析与发现

利用广东省扶贫云系统数据，2016年共涉及贫困户8423户，2017年共涉及8425户，分别就贫困户及其家庭基本情况、生产生活条件、收入支出情况、帮扶工作动态、帮扶项目进展等方面进行统计，透视全省扶贫开发工作微观绩效。

首先，关于贫困户的基本属性。针对有记录的样本发现：一是含有"一般贫困户"标记的比例2016年为59%，2017年为47%，有所降低；二是含有"无劳动能力"标记的贫困户比例基本稳定，在31%上下；三是含有"残疾户""孤儿户""低保户""五保户"标记的比例，2017年均比2016年略有提高；四是对于"无劳动能力"又"非低保/五保户"，数据显示2016年共有320户，但2017年为0户，可从侧面印证全省"最低生活保障兜底"政策已得到妥善落实；五是贫困户的主要致贫原因，两年数据比较接近，其中排前3位的原因依次是因病（32%）、缺劳力（25%）和因残（21%），缺技术、缺资金、因学、因灾也占一定比例，贫困户自身发展动力不足仅占3%。

其次，从"三保障"政策落实情况来看：一是样本贫困户参加基本医疗保险的比例在2016年已有98%，2017年进一步提升到99%，参加大病医保比例从2016年的37%大幅提升至2017年的62%，实现了大部分人就医"有报销"；二是参加城乡居民养老保险比例从2016年的53%提升至2017年的56%，但参加城镇职工与养老保险比例到2017年仅有0.4%，这主要是受贫困户从业状态的影响，多数人缺少长期稳定工作；三是享受低保、五保比例分别为48%和11%，这与贫困户是否满足国家相关政策条件有关，这一比例相对还是较高的。

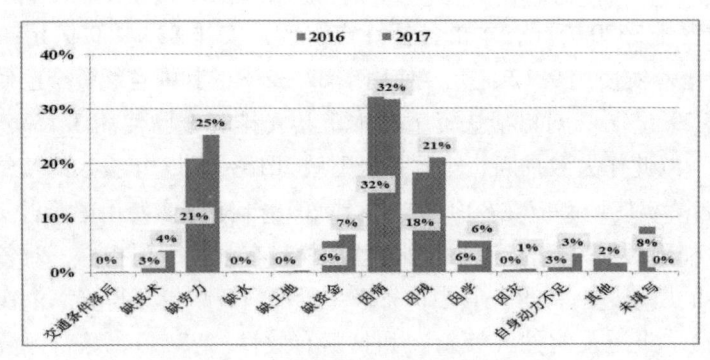

图 4-4　全省贫困户样本主要致贫原因

再次，从贫困户生产生活条件改善来看：一是户均耕地面积和林果面积2017年均比 2017 年有所增加，增幅分别为 72% 和 25%；二是户均与村主干道的距离从 2017 年的 1.6 公里下降至 2018 年的 0.68 公里，饮水困难户占比从 7% 下降到 2%，主要住房是危房户比例略有下降，表明贫困村基础设施建设取得一定成效；三是贫困户住房面积、通生活用电、饮水安全、有卫生厕所、通广播电视等比例在两年间增幅介于 5%~21% 之间，参加农民专业合作社比例从 2% 增长到 8%。总体上，贫困户生产生活条件都有了一定程度改善。

进一步观察贫困户家庭收支，在收入方面：一是从绝对数看，工资性收入、生产经营性收入和转移性收入构成其主要来源，2017 年平均值比 2016 年均有大幅提升；二是 2017 年的（直接）转移性收入、政策性转移收入（含计生、低保、五保、养老保险、医疗报销和生态补偿等补贴资金）及其他转移收入合计已达到户均 3.5 万元水平，而贫困户工资性、生产经营性和财产性收入合计不到 2 万元，促使贫困户生活改善（实现脱贫）的"输血性"力量仍远大于"内生性"力量。在支出方面：一是贫困户家庭的生产经营性支出、转移性支出、社会保障支出和其他支出两年间都有明显增长，其中转移性支出增幅远高于其生产经营性支出；二是贫困户赡养支出 2017 年比 2016 年有所下降，但降幅不大，这或得益于低保、五保、养老和医疗等社会性赡养政策的落实，效果较为明显。

综合而言，全省样本贫困户的家庭可支配收入和家庭人均可支配收入在过去两年都有明显提升，增幅分别达到 62% 和 52%，但由于把省定和其他贫困村、把各地贫困人口合并计算的缘故，这一数字实际应"被高估"。

四、第三方评价结果

依据既定方案和技术体系，通过规范计算，评定 2016—2017 年广东省扶贫开发资金整体绩效为 86.1 分（百分制），等级为良。其中，自评工作质量为 85.5 分，省级资金管理绩效为 86.6 分，市县级资金管理绩效为 86.0 分，资金监督绩效为 83.8 分。

针对资金监督部门的工作表现，采用 6 项指标，由知名专家进行通讯评审，得分率介于 79.6%~89.2%，其中较高是明确监督职责（89.2%）与采取监督措施（87.1%），较低是及时下达资金（80.4%）与违规情况问责（79.6%）。针对省级资金管理绩效，采用 9 项指标评价，亦由 13 位评审专家进行通讯评审，除资金设立必要性与资金投入公共属性 2 项得分高于 90 分外，其余 7 项得分率亦达到或接近 80 分；其中资金管理办法可行性 82.4 分、政策资金可持续性 79.9 分相对较低；9 项指标得分率存在一定差距，极差达 14.5 个百分点。市县级资金管理绩效良好，现场核查评分均值高于自评审核分，评级均为良以上。

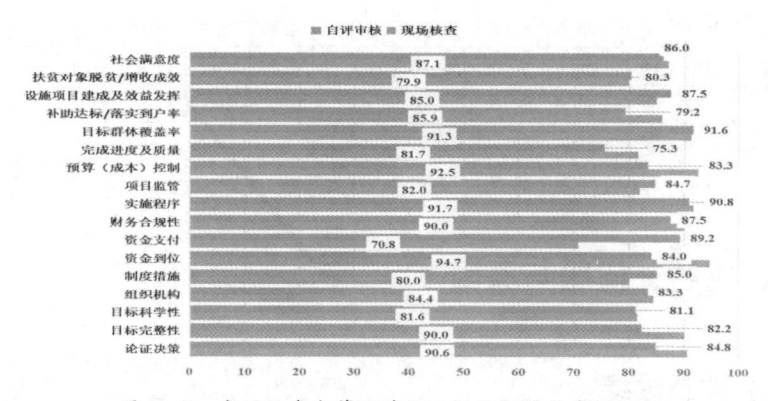

图 4-5 市县级资金管理绩效三级指标得分率（%）

从满意度调查结果来看：一是总体上受访者对近年全省扶贫开发工作的满意度评分（百分制）均值为 87.1 分，等级为良，趋于乐观但评分有待提高；二是从扶贫开发工作推进与资金支出各环节来看，评分较高的有对扶贫干部服务的满意度（89.7 分）、对扶贫政策宣传的满意度（89.5 分）和对政府扶持力度满意度（89.4 分），较低的是对上级监督考核的满意度（78.4 分）、对管理制度规则的满意度（83.0 分）和对工作推进方法的满意度（83.4 分）等；三是不同类别被调查者中，扶贫对象满意度评分低于扶贫干部，尤其是在对扶贫资格认定、扶贫补贴标准的满意度、工作推进方法等方面，表明扶贫开发工作如何让对象认同的方面仍值得改善。主要问题，扶贫干部的回答上级监管考核压力过大（44.9%）、管理制度规则难以操作（30.9%）、部门信息业务对接不通畅（28.7%）和资金投入及扶持力度不足（26.0%）。针对当地贫困人口实现脱贫的主要因素,扶贫对象的回答有劳动力人口实现就业再就业(73.2%)、发展种养殖增收(55.8%)和子女受教育后就业(35.5%)。针对当地贫困人口实现脱贫增收的2个最有效途径,扶贫对象与扶贫干部一致认为,发展农业生产、实现就业再就业和加大教育扶持力度最有效。

表4-6 各有关地市不同维度评价结果对照表

区域	地市	自评	资金管理绩效 自评审核	资金管理绩效 现场核查	资金管理绩效 合成	公众满意度	区域	地市	自评	资金管理绩效 自评审核	资金管理绩效 现场核查	资金管理绩效 合成	公众满意度
粤北	韶关	97.5	88.5	90.8	90.1	88.05	粤东	汕头	98.0	85.0	84.9	84.9	84.4
粤北	河源	96.0	80.0	82.0	81.4	85.4	粤东	汕尾	93.0	85.0	83.4	83.9	86.1
粤北	梅州	100	83.0	88.0	86.5	85.1	粤东	潮州	97.0	86.0	89.6	88.5	93.5
粤北	清远	94.5	86.0	85.6	85.7	89.7	粤东	揭阳	98.5	86.0	86.3	86.2	92.7
粤北	云浮	100	88.0	86.6	87.0	90.0	珠三角	惠州	88.5	89.0	87.4	87.9	84.5
粤西	阳江	96.5	84.0	84.9	84.6	84.6	珠三角	肇庆	100	81.0	84.2	83.2	80.1
粤西	湛江	97.0	84.0	86.4	85.7	89.9		-	-	-	-	-	-
粤西	茂名	97.5	87.0	84.0	84.9	83.6	全省均值		97.0	85.4	86.3	86.0	87.1

五、成绩、问题与原因

(一) 主要成绩

一是扶贫对象与政策资源配置较为精准,各层级各环节扶贫开发工作总体质量较高。全省扶贫信息系统在2016年底就已录入相对贫困人口66.4万户、173.1万人,基本完成贫困村、贫困人口的精准识别,并依托广东扶贫云大数据系统进行动态管理。

二是建立了条件准入和公开评议机制,对更为贫困的人群和地区给予更大力度的优先扶持,过去两年全省各级各类扶贫开发资源投入和帮扶力度(如驻村干部为工作队长比例、驻村干部为第一书记比例等)都在一定程度向省定贫困村倾斜,大数据分析显示省定贫困村的各项指标基础不如其他贫困村,但两年扶贫开发的成效明显。

三是坚持产业主导,启动实施了数量庞大的各类扶贫开发项目,用发展解决贫困问题,2017年以来全省共实施产业帮扶项目55.9万个,带动贫困户21.9万户78.3万人,全省累计转移就业、就近就业和公益性岗位安置28.8万人,年人均就业增收 1.79 万元；

四是落实"先富帮后富"，建立了扎实的地区对口帮扶关系，投入大量资源取得有益脱贫成果，如珠三角 6 市两年累计派出驻市驻县工作队 52 个，驻村工作队 1719 个，全面扎实推进对口帮扶各项工作。

五是新时期三年脱贫攻坚前两年任务已顺利完成，全省贫困人口稳定增收及发展能力有了明显改观，各地市实际脱贫人数普遍超过省下达任务数，全省两年合计完成脱贫超过 119 万人，三年总目标完成率达 70%，实现相对贫困人口年人均可支配收入从 4000 元增长到 6883 元，按现行标准农村（包括全部人口）贫困发生率从 4.54% 将下降至 1.52% 以下，各地省定贫困村贫困发生率普遍已降至 5%~6% 区间，其他贫困村贫困发生率基本在 2%~3% 之间。

六是针对贫困人口建立了较为完整的教育、医疗、住房保障机制，包括建档立卡贫困户子女受教育学杂费减免从以往的义务教育和中职阶段扩展至高中阶段，基本医疗保险政策范围内住院费用报销比例平均达到 76%、救助比例达到 80% 以上，全省实施农村危房改造 79607 户，竣工 71284 户。

表 4-7　全省扶贫开发工作总体成效指标统计结果

维度	指标	结果	维度	指标	结果
总体进展	截至 2017 年底全省预脱贫人口	116 万	三保障落实	农村最低生活保障标准	4800 元/人·年
	现行标准下农村贫困发生率	<1.52%		农村集中特困人员平均供养标准	9800 元/人·年
	三年脱贫攻坚任务完成率	65.7%		农村分散特困人员平均供养标准	7800 元/人·年
生产生活条件（省定贫困村）	村道硬底化完成率	98.6%		贫困户子女教育生活补助发放率	100%
	饮水安全覆盖率	98.4%		贫困人口基本医疗保险政策范围内住院费用报销比例	76%
	生活用电覆盖率	99.8%		贫困户危房改造完成率	>80%
	通广播电视村覆盖率	95.6%	扶贫开发	累计到村帮扶项目	3.6 万个
	村卫生站（室）覆盖率	98.5%		累计到户帮扶项目	913.6 万个
	20 户以上自然村村庄规划编制覆盖率	97%		产业扶贫项目	55.9 万个
				产业扶贫带动贫困户	21.9 万户
	20 户以上自然村整治覆盖率	92%		产业扶贫带动贫困人口	78.3 万人
				累计就业岗位安置	28.8 万人

(二) 存在问题及原因

首先，针对扶贫开发资金管理和使用：一是全省资金来源结构和拨付程序较复杂，依固定人数预拨但贫困人口动态变化，给县级统筹使用造成一定困难。各县筹集的扶贫开发财政资金由省、对口帮扶市和贫困人口属地市三部分组成，如果考虑对口帮扶地和所属地自行设定的市、县、镇分担机制，则来源更加多样；省、市级财政安排扶贫开发资金都依据的是有劳动能力贫困人口在特定时间节点（如上年底或当年初）的统计值，虽然各级财政都要求把这部分资金列入预算保障，但涉及跨层级、跨地区之间的转移支付，其程序和进度很难统一。二是社会资金投入扶贫力度不足，贫困人口属地政府实际负担了将近1/5的政策责任。从层级来看，省级（以上）资金占比约50%，成为扶贫开发的主力军；对口帮扶地区资金占20%，但未完成政策目标；贫困人口属地（含市县镇各级）资金占比超过17%，超过政策预期。尽管这一比例不算很高，但相对于其本身薄弱的财力和经济水平，仍然带来不小压力；且由于该项工作的"优先地位"和"刚性问责"，在普遍"吃饭财政"的形势下也对其他领域财政支出造成"挤占"。三是产业扶贫项目在实施程序和收益保障等方面要求过于刚性，一定程度导致项目遴选和推进困难，资金沉淀闲置。四是省定村以外的分散贫困人口更多但前期帮扶力度较弱，对内生动力不足的贫困人口、深度贫困人口尚未形成有效的帮扶措施。从全省相对贫困人口的分布情况看，省定贫困村内所占比例只有大约36%，另有超过60%分布在其他贫困村，而2277条省定贫困村亦仅占全省贫困村总数的不到15%。

其次，针对贫困户"三保障、一相当"落实：一是相关主管部门之间存在对政策理解和执行要求不一致、信息不共享的障碍，比如扶贫与民政部门对低保政策适用条件的理解不同，与教育部门关于贫困户子女学籍信息及与卫生、住建、公安、工商等关于贫困户的其他信息不能实时交换，一定程度影响政策落实效率及对象精准管理。二是全省贫困户主要住房是危房的比例仍超20%，但危房改造补贴标准偏低、验收标准偏离农村实际，影响该项工作推进。广东最新的农村危房改造最高补助标准为每户不超过4万元，而农村新建一套60平米住房的造价至少在60000元以上，资金缺口较大。现行文件在危房改造的竣工验收上，对建筑面积提出要求控制在60平方米以内，这与广大农户改建住房习惯存在相左，故农户不愿参与改造。三是个别地区对贫困户医保报销、大病救助等政策宣传落实不到位，部分贫困村基础设施与基本公共服务水平仍比较落后。由于对政策理解不足、需先垫付资金再报销等，少数贫困户未能参加城乡居民医疗保险；医保报销程序较繁琐，支付过程较长；群众对大病救助政策缺乏了解，申请率不高。因为医保报销和大病救助分属卫计和民政两个部门管理，导致部分地区医保、救助专户资金结余较多。四是贫困户子女教育生活补助发放前期付出大量行政成本，现已改由户籍地发放，但仍存在技术性问题。2016—2017两年各学期的贫困户子女教育生活费补助是按学籍发放，但全省建档立卡贫困户是按户籍管理，受制于全省学籍系统信息不完全准确和无法向市县开放权限，要实现向本县（市、区）户籍在省内外县（市、区）就读的贫困学生精准发放补助，甄别核对难度极大。

最后，针对技术和执行层面：一是扶贫对象进入依靠严格核查、精准填报和规范数字化管理的方式与其收支难以精确计量形成矛盾。广东选择了依靠大规模统计和管理信息系统的技术工具，主要表现为以数字为计量核心、以建档立卡为实施手段，全省扶贫对象进入都通过严格核查、精准填报的规范数字来提供依据，上级主管部门则利用汇总的数字来对各地扶贫开发工作及其效果进行动态管理。这就与农村实际情况产生矛盾，农户往往对自己家庭收支管理较为随意，很难准确计算和报告。二是个别地区未完成计划脱贫任务数，或存在资金使用不规范、项目推进滞后等问题。按照第三方评价掌握的数据，个别地市未完成2017年计划脱贫任务数。全省各类扶贫开发项目仍有一定比例未按计划实施或进度滞后，在资金使用规范性层面，各地审计、纪检监察查处的违法违纪现象不时公布，对于利用扶贫资金贪腐的打击力度不可松懈。三是全省脱贫和巩固任务依然艰巨，各地帮扶工作队员面临中期调整，扶贫部门人手不足与工作量大形成矛盾。全省扶贫开发实施总体工作量大，基本以县级以下有关部门作为承担主体。但各地各级扶贫部门都与农办合署办公，职位人数不多，工作压力较大，并且目前已临近"三年攻坚、两年巩固"的转换节点。四是各级各类监督检查、考核评估压力较重，一定程度干扰了基层正常工作落实。

造成这些问题的原因是多方面的：一是扶贫开发政策与财政资金管理的部分要求偏离农村实际，过于理想化；二是少数地方主管部门存在一定利益本位和懒政思维，业务与信息互通的积极性不足；三是责任考核压力较大与地方完成任务心切，导致实际工作中"应急应付"的现象；四是基层工作者专业水平不高与缺少培训，部分工作完成质量尚有欠缺。

六、对策建议

一是优化扶贫开发资金筹集与拨付机制，强化各级预算保障与提前预拨，加快财政转移支付，发动更多社会资金投入，促进被帮扶地区财政收入稳定增长。

在政策允许的情况下，应做好本项工作在相对较长一段时间内的资金规划，比如可尝试以政策为导向的 3~5 年中期财政预算编制。应在总结各地经验的基础上，基于贫困人口动态变化趋势和集中支付特点，适当扩大资金安排的测算基数，避免给贫困地区基层增加额外的负担。

二是梳理政策实施程序，适当调整和修正扶贫开发项目审批、资产收益率保底、危房改造面积上限、生态区用地制约等不符合实际或难以操作的要求，确保管理规则科学性。针对多数基层扶贫开发项目小、散、急的特点，要创新资金管理使用方式，在保证规范的情况下适当放宽对统一招投标、财审、资产交易等要求，开辟"绿色通道"，建立限时办结和办结告知制度；要尊重市场规律，认真合理选择产业扶贫项目，在贫困户收益保障与项目运营之间取得平衡，避免以扶贫开发任务对参与企业和地方财政的未来形成绑架。

三是平衡政策重心与资源配置，更加兼顾非省定村扶贫开发与分散贫困人口帮扶，确保按时全面脱贫。根据贫困村不同发展基础和发展现状实施差异化的扶贫开发策略，对目前发展较好的村庄，应集中力量创造条件，优先帮助其实现整村脱贫。完善贫困户科学退出与动态管理机制，对已建档立卡但不再符合标准的农户，要及时予以清退，对因病、因灾等符合扶贫标准的农户，要及时纳入。

四是强化部门之间工作协同，省级有关政策出台前加强跨部门协商，消除相互矛盾，政策执行中遇到问题共同解决，尽快开放数据实时共享，打通信息壁垒。一个系统新出台的政策要相互兼顾另一个系统的目标群体，多些联合发文，共同推进，相关部门在政策落实的各阶段加强业务联系，建立定期沟通机制，进一步做好精准扶贫大数据支撑平台的推广应用，加快完成扶贫大数据平台的横向数据连接、传输和整合，提升扶贫大数据的实时性、精准性。

五是充分落实贫困户"三保障、一相当"政策，针对弱项指标着力改善，提升贫困村基本公共服务水平，并统筹解决其管理维护成本问题。通过调整危房改造补贴工程中遭遇的规则阻碍，加大贫困村危房改造力度，全面核查贫困人口医保报销、大病救助、子女就学等政策执行情况，巩固脱贫成果。

六是做好"三年攻坚两年巩固"的政策换挡衔接，力求帮扶工作队伍稳定，省级有关部门要尽快明确后续资金投入及管理方案，确保剩余任务完成及效果持续巩固。

七是统筹各类监督检查与考核评价，更关注工作实绩，减轻基层应对负担。建议由各级人大牵头逐步规范专项资金监管业务，包括定期与不定期检查、审计、考核与绩效评价等，根据专项资金拨付和项目实施的具体特点，进一步研究和选择合适的绩效评价周期。

中篇　教育经费绩效评价

第五章 教育经费绩效评价缘由及特征

"教育经费"指"财政预算中实际用于教育的费用"。[①] 它是我国各级政府财政预算经费规模最大、涉及面最广、社会关注度最高的支出内容。推动新时代教育发展战略目标实现,既在于确保教育经费投入持续增长,更在于以绩效评价驱动教育经费绩效提升。

一、我国教育经费绩效评价背景

(一)评价背景

我国教育经费绩效评价有着深刻的政策背景。1993年,《中国教育改革和发展纲要》提出"各级教育部门和学校必须努力提高教育经费的使用效益……各级财政和审计部门要加强财务监督和审计,共同把教育经费管好用好"。之后,财政部根据"建立预算支出绩效评价体系"要求,提出我国推行支出绩效考评是"建设高效、透明政府,深化部门预算改革的必然要求"[②]。2010年,《国家中长期教育改革和发展规划纲要(2010—2020年)》提出"建立科学化、精细化预算管理机制,科学编制预算,提高预算执行效率……设立高等教育拨款咨询委员会,增强经费分配的科学性",实际上对财政支出管理提出新要求。2011年,国家财政部发布《关于推进预算绩效管理的指导意见》,各省份在此基础上结合自身实际情况出台地方预算绩效管理的实施意见,在推进绩效管理的指导思想、主要原则和主要内容等方面作具体规定。2012年,财政部、教育部印发《行政事业单位内部控制规范(试行)》,提出"单位应当建立健全预算编制、审批、执行、决算与评价等预算内部管理制度",对教育经费开展绩效评价成为经费管理的重要要求。2017年,教育部印发《教育部直属高校基本建设管理办法(2017年修订)》,要求"在监督评价方面,由教育部利用直属高校基建管理信息系统

[①] "教育经费"不仅包括国家财政性教育经费,也包括其他多种渠道筹措的教育经费,而考虑到我国财政支出为教育支出的主要部分,本研究中特指"财政预算中实际用于教育的费用"。
[②] 财政部预算司编著.绩效预算和支出绩效考评研究[M].北京:中国财政经济出版社.2007:76.

对基建项目实施监管,对项目建成后的使用效果进行绩效评价"。

党的十九大报告中提出,"建立全面规范透明、标准透明、约束有力的预算制度、全面实施绩效管理"。之后,中共中央、国务院发布《关于全面实施预算绩效管理的意见》,提出"全面实施预算绩效管理是推进国家治理体系和治理能力现代化的内在要求"。国务院办公厅印发《关于进一步调整优化结构提高教育经费使用效益的意见》,提出"全面实施预算绩效管理,健全激励和约束机制,鼓励地方结合实际先行先试,创新管理方式,加强经费监管"。这些权威性、规范性文件,为教育经费绩效评价实践提供了依据。同时,从历史演进来看,国内对绩效管理的提法经历了"绩效评价""绩效管理""全面绩效管理"三个阶段,内涵也在不断升华和进化。[①] "全面绩效管理"是全覆盖公共部门、公共资金的管理方式,包括"全适用""全过程""全行业"。[②] 由于教育经费在一般公共预算支出中占比重最大,可以说,教育经费绩效评价构成"全面实施预算绩效管理"的重要组成部分。

(二) 教育经费支出现状与特点

1. 我国教育经费的保障水平

国际上,教育经费筹措方案大体分为三类:一是公共教育经费主要由中央政府负责的教育行政管理集权制,如法国中央财政提供公共教育经费的2/3,地方财政负担1/3;二是教育行政管理分权制,地方政府掌握教育发展的事权,中央予以地方教育事业必要的政策指导和财政援助,如美国、德国、加拿大、印度等,其地方财政负担公共教育经费支出90%以上;三是教育行政管理实行集权与分权结合制,如由中央政府、地方政府和学校法人等举办者分别承担各自办学经费的日本,但国家对公立学校和私立学校办学经费给予资助。就现阶段来说,我国实行分级办学、分级管理的教育行政管理体制,公共教育经费由中央和地方财政共同负担,以地方为主。[③] 但近年来,我国的教育投资体制已发生较大转变,投资渠道逐步多样化,在政府教育投入不断增长的同时,民间资金也呈现较快增长。从经费来源看,我国教育经费可分为财政性教育经费和非财政性教育经费。前者包括财政预算内教育拨款,各级政府征收用于教育的税费,企业办学教育经费,校办产业、勤工俭学、社会服务收入中用于教育的经费,以及其他国家财政性教育经费拨款,属于政府对教育的公共投入;后者包括社会团体和公民个

[①] (社论) 全面绩效管理"痛点" [J]. 新理财 (政府理财), 2017 (12): 4.
[②] 马国贤. 论"全面绩效管理"下的预算项目管理 [J]. 财政监督, 2018 (01): 23–28.
[③] 袁志明. 财政性教育投入的国际比较与绩效评价 [J]. 经济社会体制比较, 2008 (4): 94–98.

人办学经费，社会捐集资办学经费，学费、杂费，及其他，属于社会和个人对教育的投入。① 从教育经费支出总量看，2012 年至 2017 年，全国教育经费总支出接近 208446.74 亿元，其中，财政性教育经费达 167967.48 亿元。

另一方面，20 世纪 60 年代以来，各国公共教育经费占 GDP 比例经历了由高到低、趋于平稳的变化过程。② 上世纪 80 年代，有学者通过回归分析，讨论 1961—1979 年间 38 个人口千万以上国家公共教育支出与经济发展水平的一般关系，得出人均 GDP 达 1000 美元时公共教育支出占 GDP 总量为 4.24% 的结论。③ 1993 年，《中国教育改革和发展纲要》首提"改革和完善教育投资体制，增加教育经费"，"逐步提高国家财政性教育经费支出占国民生产总值的比例，本世纪末达到百分之四，达到发展中国家八十年代的平均水平"。但这一目标长时间未得到落实。之后，《国家中长期教育改革和发展规划纲要（2010—2020）》再次强调"提高财政性教育经费占国内生产总值比例，2012 年达到 4%"，并以目标责任制的方式反映于各级教育部门与单位的绩效考核中。2013 年，十二届全国人大一次会议的政府工作报告中宣示，财政性教育经费支出在 2012 年占国内生产总值比例达到 4%，至今已连续 7 年。

表 5-1　2012—2017 年全国教育经费投入概况

年份	全国教育经费总投入（亿元）	同比增长（%）	国家财政性教育经费（亿元）	同比增长（%）	全国公共财政教育支出占公共财政支出的比例（%）	国家财政性教育经费占国内生产总值比例（%）
2012	27695.97	16.03	22236.23	19.64	16.13	4.28
2013	30364.72	9.64	24488.22	10.13	15.27	4.30
2014	32806.46	8.04	26420.58	7.89	14.87	4.15
2015	36129.19	10.13	29221.45	10.60	14.70	4.26
2016	38888.39	7.64	31396.25	7.44	14.75	4.22
2017	42562.01	9.45	34207.75	8.95	14.71	4.14

2. 我国教育经费的支出结构特征

一是支出总量与生均支出存在明显差异。尽管在总量上，广东、江苏、山东、河南等省份占绝对优势，但从 2016 年生均教育经费看，这些省份的生均教

---

① 陈晓宇. 我国教育经费结构：回顾与展望 [J]. 教育与经济, 2012 (1)：21-28.
② 参见 2005 年教育部财务司委托课题《2005—2020 年国家财政性教育投入占 GDP 比例的研究》。
③ 陈良焜. 教育经费在国民生产总值中所占比例的国际比较 [A]. 厉以宁：教育经济学研究 [C]. 上海：上海人民出版社, 1988. 3-22.

育经费支出往往不占优势。以广东为例，2016年生均教育经费仅为10989.47元，在全国省市排名相对靠后（第20名）。该情况在江苏、山东、河南等省份同样明显。这或与这些省份人口密度大有关。相比之下，北京、上海、浙江等尽管公共财政教育经费体量不算大，但生均教育经费位于前列，这又与地区整体发展程度有关。另一方面，部分转移支付的省份，如西藏、青海、新疆等，尽管经济发展程度不高，而公共财政教育经费投入总量亦不大，但生均教育经费得到保障。

表5-2　全国2012—2016年公共财政教育经费情况（单位：亿元）

省市	五年间公共财政教育经费均值	排名	2016年生均教育经费（元）	排名	省市	五年间公共财政教育经费均值	排名	2016年生均教育经费（元）	排名
广东	1819.85	1	10989.47	20	贵州	658.51	17	10564.73	23
江苏	1540.58	2	13012.9	15	福建	652.78	18	10834.79	22
山东	1535.80	3	9008.83	26	辽宁	648.00	19	12671.77	16
河南	1129.37	4	6304.57	31	新疆	569.52	20	14009.77	11
四川	1117.49	5	10841.68	21	山西	540.79	21	12170.17	17
浙江	1062.69	6	15593.84	9	黑龙江	538.88	22	18276.13	5
河北	896.82	7	8021.41	30	内蒙古	475.92	23	22167.93	4
湖南	855.62	8	8319.73	29	重庆	471.34	24	13086.48	13
安徽	791.52	9	10559.01	24	天津	449.46	25	15242.61	10
北京	759.85	10	44313.65	1	吉林	448.62	26	16079.17	7
湖北	734.67	11	10372.08	25	甘肃	437.62	27	13191.71	12
云南	725.24	12	11811.18	18	海南	178.90	28	15739.2	8
江西	717.67	13	8860.15	27	青海	155.69	29	17374.95	6
陕西	709.78	14	13048.83	14	西藏	139.82	30	27663.96	3
广西	700.22	15	8647.89	28	宁夏	124.62	31	11505.02	19
上海	698.87	16	28208.45	2					

二是城乡差距。考虑到我国高中以及中等专业学校、高等学校几乎分布在城市，仅义务教育阶段学校是城乡共有，由此，比较城乡教育经费差异主要针对义务教育情况[①]。如图5-1所示，无论是义务教育生均公共财政预算教育事业费还是公用经费，五年来城市均比农村支出更多，但2016年后有了明显改善。类似地，生均公共财政预算公用经费城乡差距在2012—2014年间逐渐缩小，但2015年有短期扩大，2016年又有所改善。从整体上看，尽管城乡义务教育公共财政

---

① 唐文娟. 农村义务教育财政投入的经济学分析[J]. 辽宁师范大学学报, 2007 (5): 28.

预算教育事业费与公用经费逐年增加,但基于乡村教育基础薄弱的现实,加之城市教育投入长期超过乡村,城乡教育发展难以在短期内实现均衡。

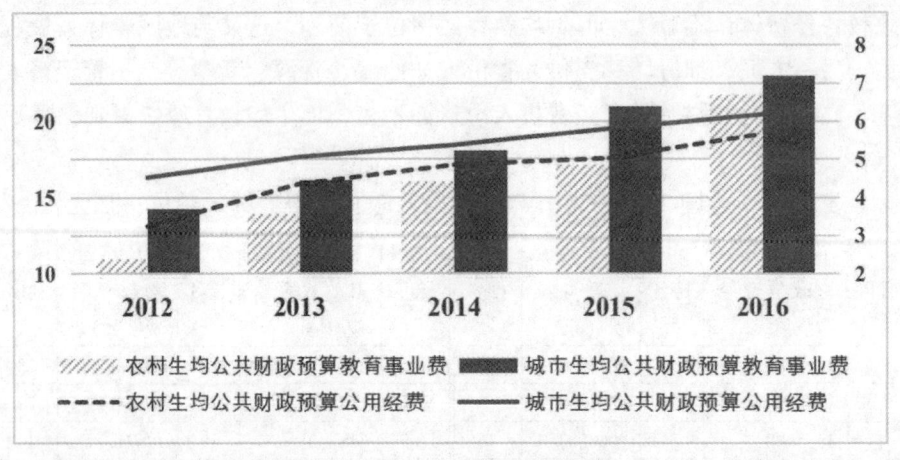

图 5-1 2012—2016 年城乡义务教育生均公共财政预算教育事业费与公用经费(单位:千元)

3. 我国教育经费绩效特点

财政性教育经费投入不足且投入结构失衡是我国教育经费绩效的主要特点。4% 目标的实现"虽然可以确保教育投入的比例处于财政能力许可的范围之内,但从逻辑上却未必能实现财政对于教育发展的充足保障"。"占国民生产总值 4% 的比例到底够不够用,主要应看这样的投入是否充分满足了教育发展及人们受教育的需求"。[①] 相关数据显示,美国作为全球教育领域最大的投资国,是教育经费支出最高的国家。自 1980 年以来,教育经费占 GDP 比例保持在 5% 以上。《2007 年全球教育摘要》显示美国教育开支高达世界的 28%,其公共教育预算接近六个地区总和,包括阿拉伯地区、中东欧、中亚、拉美及加勒比海地区、西南亚以及撒哈拉沙漠以南非洲地区。[②] 相比之下,尽管 2012 年中国财政性教育经费占 GDP 比例突破 4%,但 2012—2017 年以来始终维持在 4.0 至 5.5 的范围内,并未有明显增幅。[③] 与 OECD 国家相比,中国公共教育经费在基础教育上的支出

[①] 姚继军,马林琳."后 4% 时代"财政性教育投入总量与结构分析 [J].教育发展研究,2016,36 (05):17-21,78.

[②] 中国教育报.美国教育开支高达世界的 28% [EB/OL].2007-10-29.http://news.xinhuanet.com/school/2007-10/29/content_6970937.htm.2017-9-6.

[③] 数据来源于 2012—2016 年教育部、国家统计局与财政部关于年度全国教育经费执行情况统计公告。

份额一直偏低，差距在 2.5% 至 5.2%。[①]

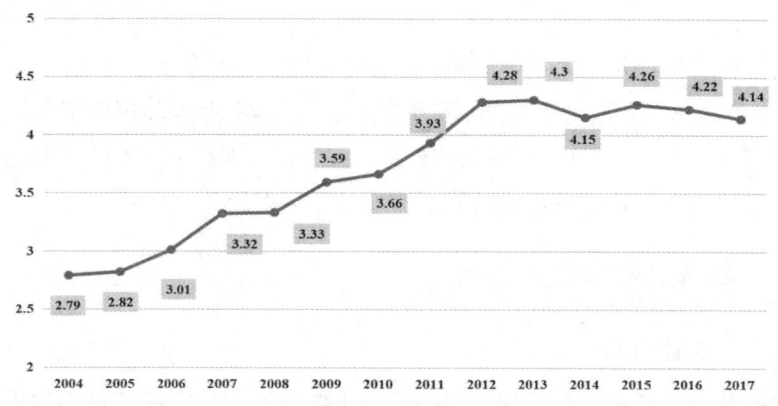

图 5-2　2004—2017 年中国财政性教育经费支出占 GDP 的比例

数据来源：历年《全国教育经费执行情况统计公告》

同时，学者的实证研究表明：财政性教育支出中央政府支出较少，绝大多数为地方政府所承担，其占国家财政性教育支出的比例在 80% 以上；从财政性教育支出总额来看，与各省份经济发展水平密切相关，经济越发达，财政性教育支出越多，反之亦然，地区差距非常明显，但是增长倍数却与初始值和转移支付有关，初始值低而转移支付多的地区增长迅速；从支出力度看，15 年来财政性教育支出比例仅增长 8.9%，变化缓慢，且存在策略性行为，东部地区支出力度相对中西部地区要大；从生均财政性教育支出看，无论是小学、中学还是大学，东部发达地区北京、上海等都排在前面，西部地区比较靠后，如贵州、广西、安徽等省份；从区域来看，东部地区财政性教育支出最多（45.6%），其次为西部地区（25.9%），再次为中部地区（19.9%），15 年以来变化不大，东北地区则略有下降，为 8.6%；从财政性教育支出缺口看，东部地区普遍缺口较大，东北地区也是如此，而中部地区缺口有所改善，西部地区基本上没有缺口，甚至略有结余；从财力保障看，2020 年西部地区多数省份没有难度，中东部地区相对压力较大。[②]

[①]　顾昕，周适．中国公共教育经费投入与支出的现实审视 [J]．河北学刊，2010，30 (3)：9-14.
[②]　唐兴霖，李文军．教育公平视角下地方政府财政性教育支出演进与财力缺口测算研究 [J/OL]．行政论坛，2017，24 (04)：123-130.

二、教育经费绩效评价理论方法

围绕为什么要评价（目的）、谁来评价（主体）、评价谁（对象）、评价什么（内容及体系）、如何评价（方法）等元问题，构建评价体系和机制是开展教育经费绩效评价的前提。其中包括理论方法体系、组织体系、技术体系和运行机制等。教育经费绩效评价的理论方法构成评价体系的基础。

（一）教育经费绩效评价理论

1. 公共选择理论

按照公共选择理论，解决地方政府角色平衡问题的有效途径是区分供应概念和生产概念。地方政府首先应被看作供应单位，一个承担公共选择任务的机构，主要职能包括：建立多种机制，表达和汇集地方居民愿望和要求，并成为居民利益代表者。在此基础上，决定应提供哪些服务、服务数量和质量标准的类型；根据财政公平原则决定政府公共收支；制定规则以约束公共产品和服务消费中的个人行为；选择公共产品和服务的生产类型并监督生产者；建立监督机制使政府官员在公共事务处理中向其委托人——居民利益共同体负责。

显然，衡量政府作为供应单位绩效的标准是回应程度、公平和向地方居民负责。不管公共产品和服务是由政府内部组织生产还是由政府以外的其他组织去生产，都为地方政府所承担的政治和公共职能。因此，置于教育领域，评价教育经费绩效本质上是测量地方政府职能实现的程度，客观上要求以清晰界定政府职能为前提。近代史表明，任何国家的经济与社会都离不开政府职能的行使。问题实质不是政府有无，而是政府"该干什么"。国内学者刘国永、马国贤也认为，政府究竟如何投入、投入多少、如何评价投入的效益，这是当前教育财政支出研究的重点。财政支出绩效评价制度是根据"花钱买效果"的预算观、"委托—代理理论"和"目标结果导向"等理论建立起来的新制度，与关注过程的教育评价具本质差异，对于教育评价的转向具重大意义。[①]因此，政府在教育投入方面的核心使命与最基本特征是提供教育服务与支持，满足公共需求。进一步，虽然教育经费绩效评价不同于政府部门绩效评价，但均隐含着以政府职能为依归的前提，即政府职能是教育经费绩效产生前提。不同的政府职能，决定不同的教育经

[①] 刘国永，马国贤. 我国义务教育财政支出绩效评价研究初探[J]. 江苏教育学院学报（社会科学版），2008，(01)：6-9，125.

费绩效目标；而不同的绩效目标，又决定不同的评价体系。

2. 新公共管理及新公共行政理论

在美国行政改革与传统公共行政学的发展中，新公共管理学的产生为完善美国政府管理提供更有力的理论基础。以效率和效益为导向的技术视野是公共行政的标志和追求的最高目标。政府绩效评价标准即所谓经济、效率和效益的"3E"经典结构。但以经济和效率为基本目标的传统公共行政理论实际上忽视了公共行政所应负的广泛的社会责任，在经济发展的同时带来更严重的社会不公和社会危机，构成对现有政治制度的威胁。20世纪60年代后期，以弗雷德里克森为代表的"新公共行政学"认为公共行政的核心价值是社会公平，主张将"效率至上"转为"公平至上"①，尤其是顾客导向的理论奠定现代绩效评价基础，因为公共部门提供公共服务，应以公共利益为价值取向，不论是绩效评价的标准还是执行活动，都需体现社会公正性与合理性，符合公共行政的基本价值观。

教育经费绩效评价中的行政管理学的逻辑，实质上也是公平及其顾客导向。政府与公众之间的治理者与被治理者的关系变为了公共服务的提供者与消费者、顾客之间的关系，公众为政府及公共服务的消费者和顾客。"这不仅使顾客、消费者、公众与他们作为这个社会的主人、所有者具有了同一的意义"②。在顾客为中心的导向下，1993年，美国率先颁布了《设立顾客服务标准》，而后出版了《顾客至上：为美国人民服务的标准》，其他西方国家，如英国、加拿大、丹麦、芬兰、荷兰、瑞典、澳大利亚等亦趋同步。在评价的路径上，由于强调"顾客导向"，公共服务需要对它的使用者做出更好的回应，通过顾客调查、随访、联系、申诉追踪、意见箱等各种途径来聆听顾客的声音，将资源直接交到顾客手里，让顾客选择服务提供者③。这种内容及路径的改变在教育经费绩效评价的内涵结构上也带来了启示和变化。

3. 公众参与理论

对于政府绩效评价中的公民参与的价值，理论界认为：一是增强政府实质合法性。合法性是指被统治者与统治者关系的评价，是政治权力与其遵从者证明自身合法性的过程，是对统治权力的承认，包括的主要条件与认同、价值观及同一

---

① H. G. Frederickson. Classics of Public Administration [M]. Fort Worth: Hartcourt Brace College Publishers, 1997, pp. 58.

② Bill Clinton, A. Gore. Report of the National Performance Review [M]. New York: Washington D. C., 1994.

③ [美] 康特妮，马克·霍哲，张梦中. 新公共行政：寻求社会公平与民主价值 [J]. 中国行政管理，2001（02）.

性和法律有关①。从实质合法性来看，只有当公众认为他们服从政府是出于自觉而非害怕受到惩罚时，政府在公众眼里才是合法的②；政府是否代表了公共利益，需要公民评议，公民参与在一定程度上是对政府合法性的肯定。二是凸显行政管理民主化。马克·彼特拉克认为，公民参与是民主的希望③。民主行政和公民参与紧密相连、不可分割，公民参与的程度是衡量政府管理民主化程度的重要标准。或者说，政府是否民主在于其是否将公共权力置于人民的制约和监督之中。三是有利于提升政府绩效。作为政府组织的有效约束，评价绩效驱使政府改善绩效，实现评价目的。

通过第三方评价实现公众参与是政府绩效评价体现直接民主的具体路径。具有自主性、自律性以及中介性等特征的第三方评价组织，有效集中民智，代表民意，与政府展开对话。从社会治理和效率角度，第三方评价克服政府内部评价角色重叠的矛盾，过程公开透明，结果相对客观，并可有效整合资源，实现评价收益最大化。它的意义在于：一是直接影响政府行政模式和治理理念。传统的绩效评价方式局限于自上而下的体制内操作，无法突破官本位、权力本位的管理模式，而第三方评价以公共服务质量和公众满意度为导向，驱使政府及其公共政策要体现"民意"祈求。二是推动政府职能转变。建构于传统体制基础上的政府职能，管理"缺位、错位、越位"普遍现象，第三方绩效评价改变政府自身缺乏转变职能的动力机制，并通过不断沟通和反馈，促使政府职能体系配置合理化、科学化。三是强化公民价值取向，开辟公民参政议政途径。评价引入社会公众参与的监督机制，提高公民参政意识和与政府对话能力，推动政府从管制型向公共服务型转变。

4. 信息系统理论

作为方法论科学，系统论的基本思想是将研究和处理的对象视为系统整体看待，按照事物本身的系统性，以系统的视野加以考察分析，也即是从事物的整体性出发，着眼于整体与部分、整体与层次、整体与环境的相互联系和相互作用，以求得最优化的整体效益。依据控制论及系统论的基本理论与原则，教育经费绩效具有复杂的内涵结构，评价经费绩效本身即是一个复杂的系统，各种变量不仅

---

① [法] 马克·夸克著. 合法性与政治 [M]. 佟心平，王远飞译. 北京：中央编译出版社，2002：1.

② R. Kenneth, Godwin. Introduction to Political Science [M]. Harcourt Brace College Publishers, 1997, pp. 29.

③ [美] 马克·彼特拉克. 当代西方对民主的探索：希望、危险与前景 [J]. 国外政治学，1989 (01).

繁杂多变，而且存在数量关系，因此，评价这一系统可建立能反映主要影响因素的模型与函数，从完整、系统、全面的角度去分析模型中变量的关联性，包括评价体系的程序、各个环节的功能、控制节点设计与安排、评价路经的合理性、指标体系的周全程度、获取信息的全面性等。另一方面，系统论的基本原则对教育经费绩效评价方法及模型形成的作用更加直接。打比方说，按层次性及结构性原则，可在目标层导向下将指标体系设计为三个层级，一级指标为纬度指标，体现战略思路和战略理念；二级指标称为基本指标，侧重于策略目标，关注被评价组织的内部结构；三级指标为具体指标；① 相关性原则要求在考虑评价系统时，既要考察系统内部诸因素的相互关系和相互作用，又要考虑系统与外部环境之间的相互作用和相互关系，如基于第三方评价，环境条件对构建评价模型影响极大。此外，与系统论、控制论三位一体的信息技术在教育经费绩效评价中也具有基础性作用，从某种意义上说，绩效评价的过程即是获取信息、加工信息的过程。

（二）教育经费绩效评价方法

教育经费绩效评价方法体系，指其评价过程各环节实施所采用的技术方法，以及它们之间的相互关系，包含了两个层面：一是在整体层面看教育经费绩效评价依赖的技术路线或方法类型，如主观或客观评价、单一或综合评价等；二是在具体层面看教育经费绩效评价不同环节执行采用的方法，如指标体系设计方法、数据资料收集方法、评价结果分析展示方法等。

按照指标类型与评分规则的不同，教育经费绩效评价大致又可分为客观评价、主观评价与综合评价三类，分别对应于不同的评价体系设计。其中，客观评价法是指针对特定的评价对象、时点或场域，完全（或直接）以客观事实（对象的客观特质）为依据进行评价；主观评价法是指对应特定的评价对象、时点或场域，评价者主要利用自身知识、经验和理性判断确定评估结果；综合评价法则指在一项评价（指标体系）中同时采用主客观方法，即包括两种类型的指标与评分规则，然后按照一定的权重将两类评分合成为最终评价结果。从目前来看，为规避主观评价前提条件过于苛刻、客观评价适用范围有限等缺陷，在针对复杂项目的评价中，多将主观与客观的评价方法结合起来，以实现主客观结果在功能上的互补与互证。

至于教育经费绩效评价过程中所采用的方法。传统的绩效评价方法大致可分为比率分析法、回归分析法及超越对数生产函数法。但总体而言，传统方法不具

---

① 卓越. 政府绩效评估指标设计的类型和方法 [J]. 中国行政管理, 2007 (02).

备客观设定权数的特性，事实上是针对以利润最大化为目标的盈利单位，主要又是企业组织。政府与企业迥然不同，从评价方法论的角度，Gloria A. Grizzle (1995) 以评估维度的差异提出综合性绩效测量体系；Herbert N. jasper (1986) 强调产出；Harry P. Haty (1999) 更关注效率和效力；Yang & Sen (1994)、Lee & Soung (2006) 采用综合集成的思想，将两种或两种以上的方法加以改造并结合，获得"综合集成"的新评估方法；H. Maeda (1988)、Z. A. Eldukai、H. J. Zimmeman (1992) 将模糊集理论引入 MODM 中构成模糊决策方法，用于不良定义的决策问题的求解；基于战略的集成价值链绩效综合评估思想，哈佛大学迈克乐·波特在《竞争优势》中引入价值链分析方法，将组织以及相关联的主体看作创造同一个价值的整体。[①]

指标体系设计主要采用"4E"逻辑框架法、关键指标评价法、平衡计分卡法与层次分析法。"4E"逻辑框架法将逻辑框架法与绩效的"4E"内涵结合，汇总教育经费实施关联的全部要素，包括宏观目标、具体目标、产出成果和投入等层次及其相互间的因果关系，也检验经济性、效率性、有效性和公平性实现程度；关键指标评价法是将 KPI 应用于政府绩效评估中，通过对教育经费20%的关键绩效的考核以推导出教育经费80%的绩效；平衡计分卡法主要是借用财务、客户、内部管理流程和学习与成长等四个基本维度对政府（部门）职能进行层次分解，进而设计成终端评价指标（体系）；层次分析法则按总目标、各层子目标、评价准则将决策问题分解，直至具体的备选方案，形成各级顺序不同的层次结构，然后运用求解判断矩阵特征向量的办法，计算每一层次各元素对于上一层次某元素的优先权重，最后再加权和的方法递阶归并各备选方案对总目标的最终权重，权重最大者即为最优方案。

数据资料的收集主要采取客观统计源、问卷调查法或深度访谈法的方式。前者通过政府统计年鉴或统计公报等获取客观数据指标，后二者对利益相关的受访对象的主观态度进行结构化或非结构化的采访，从而实现对于教育经费绩效的反馈信息的收集。当然，调查问卷设计还需对其可靠性进行检验，包括信度和效度两个方面。前者一般采用克隆巴赫系数（Cronbach's Alpha）进行信度分析；后者一般采用因子分析法考察各项在提取公因子中的载荷值测量。绩效结果的展示首先是对评价结果进行描述统计，包括归纳其总体特点与结构性特点两个层面；其次要对评价结果进行推断统计，包括分析其差异性、相关性及影响因素等。前者主要采用频度分析、离散度分析、交互分析和聚类分析等；后者主要采用相关分

---

① 王谦．政府绩效评估方法及应用研究 [D] ．西南交通大学，2006．

析、方差分析和回归分析。

三、我国教育经费绩效评价实践

由于教育发展与教育管理涉及庞大的财政支出，如何管好用好教育经费既是理论问题，也是财政管理中的现实难题。教育经费绩效评价作为教育经费绩效管理的重要工具始于财政部财政制度改革。早在 1988 年，财政部门开始对教育经费实施追踪反馈责任制；1995 年，财政部首次以条文形式制定了《文教行政财务管理和经费使用效益考核办法》，将考评引入到财政教育经费的管理之中；1994 年，全国各地开始制定符合自身条件的教育经费制度；1995 年，国家教育委员会和国家统计局建立教育经费监督制度，将重点落在财政教育资金使用效率问题上；2001 年，在财政部要求下，各省份逐渐重视财政支出绩效评价开展，安徽、湖南和湖北等省份试点工作开始落地生根，其中，恩施土家族苗族自治州开展了包括教育财政支出在内的财政支出绩效评价试点工作，成为我国最早的地方教育财政绩效评价实践；2003 年，财政部制定《中央级教科文部门项目绩效考评管理试行办法》，教育部教科文司也在同年将该地作为财政支出绩效评价试点，率先对中央教科文部门的 7 个专项资金开展教育经费绩效评价[1]。

之后，地方实践也步入新的发展时期。2004 年，广东省财政厅、广东省人大财经委专门对省内 16 个市的山区老区 2000 所小学的 6 亿元改造专项资金进行了绩效评价，并通过现场查核资金使用、项目建设等账目，实地察看改造小学的情况[2]。评价报告指出，广东项目改造资金没有与省内中小学布局调整结合在一起，有限的资金没有发挥出最大效应[3]。在江苏省，自 2005 年开展试点工作以来，每年选择资金量大、政策性强、覆盖面广的全省义务教育专项资金项目，以统一的指标体系、统一的行动开展全省联动绩效评价。这种评价方式既保证评价工作在全省的顺利开展，也培育了第三方机构力量。在此基础上，江苏省相继开展高等教育、职业教育等专项资金绩效评价，并在全国范围内产生影响。2009 年，财政部印发《财政支出绩效评价管理暂行办法》，各省市政府相继出台相关的规范性文件。比如，四川省财政厅出台《四川省财政支出绩效评价管理暂行办

---

[1] 廖逸儿. 我国教育经费绩效提升法制化路径 [J]. 中国行政管理, 2018 (07): 31 - 34.
[2] 杨柳. 我国财政教育支出绩效评价现状及问题分析 [J]. 兰州教育学院学报, 2016, 32 (01): 52 - 54.
[3] 广东省将实施系列改革推进"阳光财政"工程 南方日报 [OL]. http://news.sina.com.cn/o/2004 - 12 - 11/08444493801s.shtml. 2019 - 6 - 10.

法》，使教育经费绩效评价进入四川省财政支出绩效评价信息库，评价结果成为年度编制和安排预算的重要参考；浙江省财政厅在《关于印发浙江省财政支出绩效评价实施办法的通知》中提出，绩效评价可根据需要聘请专家及中介机构进行评价。这表明借用第三方机构和专家等外部力量推动预算绩效管理已成为共识。同一时期，在财政部有关评价体系的基础上，部分学者针对地方政府实践，或以财政绩效目标管理为主线[1]，或以第三方评财政专项资金绩效为推手[2]，或以绩效预算为依托[3]，试图构建有地方特色的财政支出绩效评价体系，也逐步为地方政府所采纳并应用。

审视教育经费绩效管理历程，教育经费成效保障得益于法制建设及政策支持。早期财政部门倾向于将教育规模大小与增长速度作为分配教育资金的主要依据，但一味扩大办学规模容易导致教育资源浪费与配置不合理，无法适应现代化教育的客观要求，因此运用科学、规范的方法（教育经费绩效评价）优化资金配置，提高经费绩效成为一种新的共识。近年来，我国教育经费绩效评价实践中不断推出新举措，而规范性文件作为地方教育经费绩效评价的政策载体与执行依据，也推动着地方财政绩效评价实践的深化。相关的法律与规范性文件如《中华人民共和国预算法》（2015年修订，"绩效入法"）、《国务院关于推进中央与地方财政事权和支出责任划分改革的指导意见》（2016年，引导央地财权事权划分的试点改革，教育成为试点主要领域）、《国务院办公厅关于印发基本公共服务领域中央与地方共同财政事权和支出责任划分改革方案的通知》（2017年，义务教育与学生资助被首先纳入央地共同财权事权范围）、《关于进一步调整优化结构提高教育经费使用效益的意见》（2018年，"全面实施预算绩效管理"），等等。

四、我国教育经费绩效评价特征

（一）从"财务审计"向"绩效评价"转变

教育经费绩效评价的实践探索是在国内财政支出绩效评价研究与改革中逐渐形成。早在2008年，有学者提出，究竟如何投入、投入多少、如何评价投入的

---

[1] 刘国永. 财政绩效目标管理的理论基础与现实价值 [J]. 行政事业资产与财务，2011，（03）：25-29+40.

[2] 郑方辉，李文彬，卢扬帆. 财政专项资金绩效评价：体系与报告 [M]. 北京：新华出版社，2012.

[3] 过剑飞主编. 绩效预算：浦东政府治理模式的新视角 [M]. 北京：中国财政经济出版社，2008.

效益，应成为义务教育财政支出研究的重点。同时，财政支出绩效评价制度是根据"花钱买效果"的预算观、"委托—代理理论"和"目标结果导向"等理论建立起来的新制度，与关注过程的教育评价具有本质差异[①]。但学界与实务界对所谓"效益"或"绩效"的理解却不尽相同。2011年，财政部颁布《财政支出绩效评价管理暂行办法》后，全国开始大范围推进财政支出绩效评价，由财政部门主导的财政支出绩效评价对于优化财政资源配置、推动政府职能转变、深化财政体制改革也起到重要作用。但学者指出，我国财政支出绩效评价工作带有明显的审计特征，侧重于合规性评价，而忽视效益评价[②]，原因在于，各地参与绩效评价实践的第三方中介机构大多数是会计师事务所，使得绩效评价审计痕迹太重，而对资金使用目的和目标不够关注，特别是对公共资金的公共价值认识不到位[③]。这样的问题在教育经费绩效评价上同样存在。近年来，该问题逐渐被意识到，财政部门与教育部门亦开始将目光转向"什么是良好的教育支出绩效"，即主张除了财务合规性与合法性之外，教育经费绩效更强调产出与效益，而这些内容与教育目标与教育发展表现直接相关。2016年，针对高等教育经费管理一直存在的总量不足与使用效率不高问题，张曾莲和付含提出进行高等教育经费绩效管理。他们选取高等教育经费绩效管理水平较高的香港，从规模绩效（包括高等教育经费总量、高等教育经费占比与经费弹性系数等）、结构绩效（包括事业支出比重与基建支出比重）、社会绩效（用学生培养、师资力量、经济贡献等衡量）和运行绩效（分别从高校角度和政府角度分析）四方面设计指标，并从单指标和总体指标体系两个维度进行评价[④]。这是教育经费绩效评价研究与实务的有效尝试。与此同时，实务中也不可避免产生了新问题。比如马国贤认为，2003年以来，各级政府积极探索绩效管理的中国化，建立了绩效（考绩）办、财政两套机构，形成了以考绩和预算绩效为内容的两个评价体系，而从效果来看，存在"两大评价体系重复，效果互相抵消""三不现象"（项目过多评不了、项目过散过杂无法评、评价结果用不上）以及"政府考绩多流于形式"等问题[⑤]。但尽管如此，整体上教育经费绩效评价仍基本实现从"审计"向"绩效评价"的

[①] 刘国永，马国贤. 我国义务教育财政支出绩效评价研究初探[J]. 江苏教育学院学报（社会科学版），2008，(01)：6-9，125.

[②] 盛明科等. 政府绩效评估：多样化体系与测评实例[M]. 颜佳华、陈建斌编，湘潭：湘潭大学出版社，2011：138.

[③] 刘国永. 对财政支出绩效评价基础性问题的再认识[J]. 中国财经报，2016-8-30（007）.

[④] 张曾莲，付含. 中国香港高等教育经费绩效评价与提升研究[J]. 教育科学，2016，32（04）：64-75.

[⑤] 上海财经大学公共经济与管理学院"绩效管理与绩效评价"课题组，马国贤，刘国永. 推进我国政府绩效管理与评价的五点建议[J]. 人民论坛·学术前沿，2015，(14)：62-71.

实质性转变。

（二）初步形成公众评议与第三方评价等外部监督机制

公民参与与第三方参与的深度广度是衡量教育经费绩效评价民主性、客观性、公正性与专业性的重要依据。一方面，在教育领域，我国历经"基本普及九年义务教育，基本扫除青壮年文盲"的"两基"阶段以及确保"教育经费占GDP 4%"的"4%"阶段，教育财政保障进一步加强，"有学上"已基本实现。但公众对教育的期望从"有学上"转变为"上好学"。党的十九大报告也提出"办人民满意的教育"。应该说，这些都决定教育经费绩效评价的公众满意度导向。相应地，公众评议成为近年来国内教育经费绩效评价的重要趋势。正如马克·霍哲所言，"只有政策制定者和市民积极主动地参与业绩评估——即参与让政府机构对他们的开支负责，对他们的行动负责，对他们的承诺负责这样的评估过程"，才能实现责任、评估和改进[①]。"人民满意的教育"应是家长满意、学生满意与社会满意的教育，各级政府教育履职及教育经费决策监管的标准也理应以此为准,[②] 并逐渐细分为针对家长、学生与普通公众的评议，教育现代化建设督导验收标准的调整就是一个例证。

另一方面，教育经费绩效评价的形式，除体制内自我评价（包括部门自评与监督部门评价）和外部公众评议之外，也包括第三方评价。自本届政府成立以来，国务院常务会议已五次将第三方评价作为议题。2017年9月13日，李克强总理再次强调，开展第三方评估对提高公共政策绩效具有把脉会诊和促进完善的积极作用，是督查工作的重要补充。据此，强化教育经费绩效第三方评价亦是当前重要要求。教育经费绩效第三方评价在我国尚属于探索、试验与推广的阶段。2004年，兰州大学在国内首次开展"政府绩效第三方评价"；2011年，华南理工大学政府绩效评价中心率先对2010年度广东义务教育财政资金绩效开展第三方评价，以独立第三方身份对财政性教育经费绩效开展绩效评价；2015年，广东省人大常委会首次以人大委托第三方开展财政支出绩效评价的方式，委托广东省政府绩效管理研究会对全省基础教育创强奖补专项资金进行评价。

应该说，国内教育经费绩效评价已基本形成公众评议和第三方评价的外部监督机制。其中，公众评议机制为教育经费的支出提供了合法性依据，第三方评价则通过专业眼光督促教育经费绩效的提升。两者共同作用，为教育经费的高绩效提供机制保障。

---

① 马克·霍哲，张梦中. 公共部门业绩评估与改善[J]. 中国行政管理，2000，(03)：36-40.
② 胡学东，廖逸儿. 绩效评价促进教育经费公平性[N]. 中国社会科学报，2018-08-22 (007).

（三） 以指标激励推动教育现代化建设的管理模式

指标体系是教育经费绩效评价的核心问题，亦是衡量、监测和评价教育经费支出经济性、效率性、效果性和公平性，揭示教育经费支出存在问题、寻求绩效改进的量化手段。早在 1969 年，国外学者（如 Hickrod, G. A. and Sabulao, C. M. 等人）已开始研究教育财政绩效评价的原理、方法及运用，并尝试构建相应的评价体系。英国的 Jarrett 报告（1985 年）指出教育绩效指标应分为内部指标、外部指标和运行指标。后来，英国的大学拨款委员会将绩效分为三类即输入指标、过程指标和输出指标[①]。在国内，2003 年，财政部教科文司率先对中央教科文部门 7 个项目资金开展财政支出绩效评价，并相应制定了《中央级教科文部门项目绩效考评管理试行办法》和《中央与地方共建高校实验室专项资金绩效考评指标》。经过近十几年探索，我国财政支出绩效评价对象已基本涵盖各层次各类型财政资金，教育部门也综合教育经费特点设计出具体指标体系并加以应用。尽管目前评价指标体系较为繁杂，与绩效评价量化要求及"关键指标评价"要求存在距离，但财政部已出台财政支出绩效评价的指导性文件，基本上在评价指标框架、评价流程、报告撰写等方面提供了范本。综合来看，全国各地指标体系主要考虑了经费项目的类型、属性及指标数源的可操作性等因素，并在对经费支出内容和评价对象进行科学合理、层次清晰、实用可行的分类基础上，采用"专家"咨询调查，借鉴层次分析法遴选评价指标，构建指标体系。而无论教育经费绩效评价指标体系的内容与结构如何变换，我国教育经费绩效评价的本质仍主要是以指标激励为核心的管理工具与管理手段，即通过外部指标任务压力，在体制内部形成激励传导，从而督促行政主体行政绩效提升，以此推动教育现代化建设及其目标实现。该种模式的优势在于，作为教育经费绩效评价对象的行政主体，绩效指标评价结果反映其工作成效，从而驱动经费绩效提升。

（本章执笔：华南理工大学公共管理学院研究生　杨新）

---

① 蔡曦，文超. 广东省财政教育支出绩效评价研究［J］. 广东技术师范学院学报，2018，39（05）：6-12.

第六章 教育经费支出绩效实证评价

2018年8月，国务院办公厅印发《关于进一步调整优化结构提高教育经费使用效益的意见》，要求科学管理使用教育经费，建立健全"谁使用、谁负责"的教育经费使用管理责任体系。同年9月，中共中央、国务院印发《关于全面实施预算绩效管理的意见》，要求建立全方位、全过程、全覆盖的预算绩效管理体系，更加注重结果导向、强调成本效益、硬化责任约束。作为财政预算的最大项支出，教育经费支出绩效评价是全面实施预算绩效管理的客观要求。

一、指标体系及其依据

本章采用华南理工大学政府绩效评价中心承担的教育部重大攻关项目"我国教育经费绩效评价与提升研究"所构建的指标体系（阶段性成果），涵盖支出决策、过程监管、目标实现、社会满意等4项一级指标11项二级指标，如表6-1。指标选取的导向及依据是：《中共中央 国务院关于全面实施预算绩效管理的意见》（简称《中央文件》，2018）、《财政支出绩效评价管理暂行办法》（简称《暂行办法》，2012）、《国家教育事业发展"十三五"规划》（简称《教育规划》，2015）、《中华人民共和国国民经济和社会发展"第十三个"五年规划纲要》（简称《规划纲要》，2016）、《国家中长期教育改革和发展规划纲要（2010—2020年）》（简称《长期规划纲要》，2010）、《国务院关于进一步完善城乡义务教育经费保障机制的通知》（简称《通知》，2015），以及《国务院办公厅关于进一步调整优化结构提高教育经费使用效益的意见》（简称《意见》，2018）。

表6-1 财政教育经费支出绩效评价指标体系（%）

一级指标	二级指标	三级指标（25个）	四级指标（40个）	指标来源依据
支出决策（20）	决策机制（6.0）	X_1机构合理性（3.0）	Y_1决策机构健全性（1.5）	《暂行办法》：要加强教育经费的组织领导。
			Y_2组织体系完备性（1.5）	《中央文件》：要健全工作机制，加强统筹协调，形成工作合力。
		X_2过程合理性（3.0）	Y_3程序合规性（1.5）	《暂行办法》：对于教育经费项目支出要重点论证筹资合规性等。
			Y_4决策民主性（1.5）	《意见》：教育决策部门要运用网络了解民意。

续表

一级指标	二级指标	三级指标(26个)	四级指标(41个)	指标来源依据
支出决策(20)	支出规模(7.0)	X_3 绝对规模(3.0)	Y_5 公共财政教育经费支出增长率(1.5)	《长期规划纲要》：要加大教育投入。
			Y_6 生均公共财政教育经费支出增长率(1.5)	《长期规划纲要》：确保在校学生人数平均一般公共预算教育支出逐年只增不减。
		X_4 相对规模(4.0)	Y_7 教育经费与财政经常性收入增长幅度比较(2.0)	《长期规划纲要》：保证教育财政拨款增长明显高于财政经常性收入增长。
			Y_8 财政教育经费占公共财政支出比增长率(2.0)	《教育规划》：要把教育作为政府财政支出的重点领域给予优先保障。
	支出结构(7.0)	X_5 城乡结构(2.0)	Y_9 农村普通小学生均教育经费支出(2.0)	《长期规划纲要》：进一步加大对农村、边远贫困地区、民族地区教育投入。
		X_6 公共资源配置结构(2.0)	Y_{10} 教育财政支出与其他公共服务事业支出之比(2.0)	《长期规划纲要》：优化财政支出结构。
		X_7 学段结构(3.0)	Y_{11} 义务教育经费投入增长率(1.5)	《通知》：统一城乡义务教育学校生均公用经费基准定额，在校学生人均教育费用逐步增长。
			Y_{12} 高中教育经费投入增长率(1.5)	
过程监管(20)	制度保障(7.0)	X_8 组织制度(3.0)	Y_{13} 资金管理部门责任(3.0)	《暂行办法》：建立健全"谁使用、谁负责"的教育经费使用管理责任体系。
		X_9 资金管理制度(4.0)	Y_{14} 地方教育经费支出使用管理制度(4.0)	《暂行办法》：各地方及部门应完善细化可操作可检查的绩效管理措施办法。
	实施程序(7.0)	X_{10} 资金支出进度(3.0)	Y_{15} 教育经费年预算执行进度(3.0)	《暂行办法》：加强预算执行事中监控，硬化预算执行约束。
		X_{11} 支出流程合规性(4.0)	Y_{16} 经费支出及经费使用网上公开(4.0)	《暂行办法》：加强预决算执行中和事后监督。
过程监管(20)	监督考评(6.0)	X_{12} 监督检查频次(2.0)	Y_{17} 对各类用款单位监督检查(2.0)	《暂行办法》：开展绩效目标执行监控，及时纠正偏差。
		X_{13} 考评覆盖范围(2.0)	Y_{18} 县级教育部门出台资金管理使用办法比例(2.0)	《中央文件》：明确各方预算绩效管理职责，清晰界定权责边界。
		X_{14} 违规事件发生率(2.0)	Y_{19} 违反资金管理办法事件(2.0)	《长期规划纲要》：依法纠正学校和教育机构的违法违规行为。

续表

一级指标	二级指标	三级指标(26个)	四级指标(41个)	指标来源依据
目标实现(50)	规范化(20.0)	X_{15} 基建设施规范化(7.0)	Y_{20} 中小学图书馆面积(2.0)	《长期规划纲要》:合理配置教育资源,明显改善学校办学条件。《十九大报告》:完善职业教育和培训体系。
			Y_{21} 体育馆面积(2.0)	
			Y_{22} 教学用房面积(2.0)	
			Y_{23} 中职学校图书数量(1.0)	
		X_{16} 人员配备规范化(7.0)	Y_{24} 义务教育生师比(2.0)	《教育规划》:保障适龄少年儿童就近入学,提高教师比例。
			Y_{25} 基础教育高职称教师增量(2.0)	《长期规划纲要》:提高教育质量及教师素质。建立统一的中小学教师职务(职称)系列。
			Y_{26} 中职教职工数(1.0)	
			Y_{27} 中职教师培训数(2.0)	
		X_{17} 特殊教育规范化(6.0)	Y_{28} 特殊教育班级数量(1.5)	《长期规划纲要》:加强特殊教育师资队伍建设,采取措施落实特殊教育教师待遇。
			Y_{29} 特殊教育在校生数量(1.5)	
			Y_{30} 特殊教育教师数量(1.5)	
			Y_{31} 特殊教育图书数量(1.5)	
	现代化(15.0)	X_{18} 教学手段现代化(7.0)	Y_{32} 中小学教师接受信息技术培训人数(7.0)	《长期规划纲要》:积极发展"互联网+教育"
		X_{19} 教学设施现代化(8.0)	Y_{33} 网络多媒体教室数量(4.0)	《长期规划纲要》:加快推进"宽带网络校校通",完善学校教育信息化基础设施。
			Y_{34} 计算机数量(4.0)	《长期规划纲要》:鼓励具备条件的学校配置师生用教学终端。
	均衡化(15.0)	X_{20} 城乡均衡(7.0)	Y_{35} 义务教育巩固率(7.0)	《教育规划》:进一步提升义务教育巩固率。
		X_{21} 机会均衡(8.0)	Y_{36} 学前教育毛入学率(8.0)	《十九大报告》:到2020年我国学前教育毛入园率要达到80%。
社会满意(10)	公众满意(6.0)	X_{22} 教师满意(7.0)	Y_{37} 教师满意度(2.0)	《十九大报告》:必须把教育事业放在优先位置,深化教育改革,加快教育现代化,办好人民满意的教育。《长期规划纲要》:办好人民满意的教育,更好地满足人民群众对高质量教育的需求。
		X_{23} 家长满意(2.0)	Y_{38} 家长满意度(2.0)	
		X_{24} 学生满意(2.0)	Y_{39} 学生满意度(2.0)	
	专家满意(4.0)	X_{25} 专家满意(2.0)	Y_{40} 教育(财政)专家满意度(2.0)	

二、实证评价：以 2017 年度广东省为例

（一）经费概况

2017年，广东全省地方教育经费总投入3861.03亿元，比上年增加493.49亿元，增速为14.65%，同比提升4.15个百分点。其中，全省地方财政性教育经费为2879.31亿元，比上年增加391.73亿元，增速为15.75%，同比提升5.73个百分点。其中，深圳教育经费支出总量排全省第一，广州、东莞、佛山、茂名、惠州、湛江、汕头、梅州等市排名靠前。但从育经费占一般公共预算支出比例来看，潮州、汕尾、揭阳、汕头等市排居全省前列。

表6-2 广东省21个地级以上市公共财政教育经费支出

地市	公共财政教育经费支出（亿元）	排名	教育经费占一般公共预算比例（%）	排名	教育经费增长率（%）	排名	教育经费与财政经常性收入增长幅度比较（%）	排名
广州	404.33	2	18.45	14	23.41	2	13.99	3
深圳	509.10	1	10.13	21	25.64	1	17.10	1
珠海	74.22	10	14.36	19	22.92	3	15.87	2
汕头	78.91	8	23.78	5	6.24	12	0.92	11
佛山	140.25	4	18.11	15	11.61	5	5.06	8
韶关	51.18	17	16.81	18	9.03	8	-5.24	16
河源	58.22	16	20.87	11	8.13	10	7.36	6
梅州	78.75	9	21.05	10	9.02	9	-43.59	21
惠州	106.86	6	17.82	16	7.18	11	0.33	13
汕尾	40.84	18	24.03	3	12.94	4	10.27	5
东莞	147.58	3	20.21	13	1.56	19	-9.48	18
中山	66.54	13	14.32	20	1.39	20	-9.58	19
江门	73.25	11	21.78	8	10.18	7	6.08	7
阳江	33.46	21	17.32	17	2.00	18	-5.16	15
湛江	96.89	7	21.85	7	4.41	13	0.47	12
茂名	116.16	5	28.59	1	10.36	6	4.47	9
肇庆	58.46	15	21.56	9	3.71	15	0.16	14
清远	68.47	12	22.54	6	-2.74	21	-6.23	17
潮州	35.65	20	24.96	2	2.70	17	11.16	4
揭阳	66.36	14	23.99	4	3.50	16	1.10	10
云浮	37.36	19	20.43	12	4.24	14	-28.94	20

从生均教育经费投入来看,珠三角地区义务教育阶段和高中阶段教育经费增长率呈现两个极端,前者居于全省之首,而后者则是倒数。广州市、深圳市保持在全省前三名。珠海市的小学教育经费增长率虽位居第一名,初中教育经费增长率也位于全省前三,但其高中教育经费增长却在全省倒数。相对而言,汕尾市的高中教育经费增长率居全省第一,小学和初中教育经费增长率也居于全省前位。总体看来,广东省各地市教育经费投入总量差异较大,大体与其经济发展水平成正比;从教育经费投入结构来看,存在着区域不平衡、学段不平衡以及城乡不平衡。

表6-3 广东省21个地级以上市各学段教育支出增长率

地市	区域	小学教育经费增长率(%)	排名	初中教育经费增长率(%)	排名	高中教育经费增长率(%)	排名
广州	珠三角	20.92	3	26.23	1	27.16	2
深圳	珠三角	27.28	2	24.90	2	20.64	3
珠海	珠三角	34.14	1	23.46	3	7.34	18
汕头	粤东	8.95	10	17.18	6	15.83	6
佛山	珠三角	13.53	6	12.02	9	14.93	9
韶关	粤北	4.46	17	8.73	17	9.74	16
河源	粤北	6.98	12	11.56	11	15.07	8
梅州	粤北	5.72	15	8.77	16	10.18	14
惠州	珠三角	5.35	16	8.40	18	18.53	4
汕尾	粤东	15.23	5	21.92	4	30.38	1
东莞	珠三角	11.29	7	5.33	19	0.12	20
中山	珠三角	15.51	4	9.34	15	-20.27	21
江门	珠三角	7.32	11	9.72	13	11.26	13
阳江	粤西	3.08	20	11.91	10	11.44	12
湛江	粤西	6.00	14	12.40	8	5.09	19
茂名	粤西	10.50	9	13.45	7	15.43	7
肇庆	珠三角	6.45	13	10.65	12	11.78	11
清远	粤北	2.47	21	4.55	21	10.04	15
潮州	粤东	10.65	8	19.48	5	16.41	5
揭阳	粤东	3.11	19	5.08	20	8.11	17
云浮	粤北	3.32	18	9.38	14	14.39	10

(二) 评价结果

基于前述指标体系,以广东省 2017 年度为例开展实证评价。指标基础数据来源于政府统计年鉴、政府网站信息、政府信息公开申请以及抽样调查(问卷)。具体而言,一是《广东统计年鉴》《广东财政统计年鉴》《广东省/市统计年鉴》《广东省/市教育统计年鉴》(取得指标体系中教育经费支出以及目标实现的部分数据)。二是地市政府网站或者教育部门网站。包括政府《统计公报》《教育统计公报》《审计公告》以及地方政府工作报告等获取有关资金管理、支出进度以及监督考评的相关数据与信息。三是对于仍未获得的指标,则通过提交信息公开申请,向政府相应职能部门申请获取,或根据统计年鉴中公布的数据换算取得。四是教育经费支出绩效满意度及其他主观指标的评分则通过问卷调查取得。

1. 总体评价结果

2017 年,广东省教育经费支出总体绩效指数为 0.812,处于良好水平。排前五名为深圳(0.897)、广州(0.861)、茂名(0.852)、东莞(0.841)、湛江(0.815)。12 个地市总体绩效指数在 0.8 以上,其他地市也均超过 0.7。如表 6-4。从四大区域的绩效指数排名来看,珠三角地区的优势明显,其次为粤西,粤东、粤北排名靠后。具体而言,一是总体绩效指数中,珠三角地区 9 市中有六个地市排名靠前,但惠州和江门靠后,分别排第 17、第 18,排后五位依次为惠州、江门、汕尾、潮州、韶关,珠三角和粤东、粤北地区均有城市在内;二是部分地市领域层绩效指数排名与总体排名反差较大,例如,珠海"支出决策"排第 2,"过程监管"排第 2,但"目标实现"排第 17;三是就社会满意领域层来看,中山最高,达 0.800;最低为潮州,仅 0.643,极差较大。

表 6-4 广东省 21 个地级以上市教育经费支出绩效评价结果

地市	总体	排名	支出决策	排名	过程监督	排名	目标实现	排名	社会满意度	排名
广州	0.861	2	0.892	1	0.923	1	0.853	4	0.710	9
深圳	0.898	1	0.851	3	0.882	8	0.953	1	0.738	4
珠海	0.814	6	0.884	2	0.909	2	0.773	17	0.691	12
汕头	0.809	9	0.816	8	0.819	17	0.832	7	0.666	16
佛山	0.813	7	0.816	7	0.851	11	0.813	11	0.723	7
韶关	0.777	21	0.799	14	0.834	12	0.764	18	0.695	10
河源	0.798	14	0.807	12	0.828	13	0.814	10	0.653	20
梅州	0.808	10	0.778	19	0.878	9	0.816	9	0.688	13

续表

地市	总体	排名	支出决策	排名	过程监督	排名	目标实现	排名	社会满意度	排名
惠州	0.795	17	0.816	6	0.903	4	0.752	21	0.745	3
汕尾	0.785	19	0.808	11	0.889	6	0.756	20	0.679	14
东莞	0.841	4	0.783	18	0.903	3	0.872	3	0.692	11
中山	0.811	8	0.796	16	0.883	7	0.789	14	0.800	1
江门	0.791	18	0.848	4	0.827	14	0.756	19	0.771	2
阳江	0.799	13	0.799	13	0.776	21	0.835	6	0.664	17
湛江	0.815	5	0.798	15	0.821	16	0.851	5	0.661	18
茂名	0.852	3	0.847	5	0.851	10	0.895	2	0.656	19
肇庆	0.806	11	0.808	10	0.898	5	0.788	15	0.716	8
清远	0.803	12	0.796	16	0.821	15	0.810	12	0.732	6
潮州	0.779	20	0.812	9	0.805	20	0.782	16	0.643	21
揭阳	0.795	16	0.770	21	0.817	18	0.819	8	0.677	15
云浮	0.796	15	0.772	20	0.812	19	0.806	13	0.738	5
均值	0.861	—	0.814	—	0.854	—	0.816	—	0.702	—

2. 具体指标评价结果

按照既定评分标准，计算21个地级以上市25项三级指标评分（加权值），如表6-5。

表6-5 21个地市26项具体指标得分

地市	X_1	X_2	X_3	X_4	X_5	X_6	X_7	X_8	X_9	X_{10}	X_{11}	X_{12}	X_{13}
广州	2.77	2.80	2.80	3.36	1.96	1.47	2.68	2.90	3.36	2.96	3.36	2.00	1.89
深圳	2.65	2.57	2.99	3.36	1.68	1.26	2.52	2.80	3.36	2.96	3.36	1.68	1.47
珠海	2.82	2.54	2.87	3.36	2.00	1.26	2.84	2.93	3.36	2.96	3.36	1.89	1.68
汕头	2.38	2.58	2.17	3.36	2.00	1.47	2.36	2.46	3.36	3.00	3.36	1.68	1.26
佛山	2.69	2.47	2.44	3.36	1.68	1.47	2.21	2.71	3.36	2.96	3.36	1.47	1.47
韶关	2.58	2.52	2.36	3.15	1.68	1.47	2.21	2.61	3.36	2.51	3.36	1.47	1.68
河源	2.47	2.47	2.32	3.36	1.68	1.47	2.36	2.65	3.36	3.00	2.52	1.47	1.89
梅州	2.54	2.58	2.36	2.73	1.68	1.47	2.21	2.71	3.36	2.57	3.36	1.68	2.00
惠州	2.65	2.54	2.32	3.15	1.47	1.47	2.52	2.65	3.36	2.80	3.36	1.89	2.00
汕尾	2.35	2.33	2.56	3.57	1.68	1.47	2.21	2.80	3.36	3.00	3.36	2.00	2.00
东莞	2.74	2.61	2.32	2.94	1.68	1.47	1.89	2.71	3.36	2.96	3.36	1.89	1.89
中山	2.71	2.69	2.28	2.94	1.68	1.26	2.36	2.61	3.36	2.96	3.36	1.47	1.68
江门	2.65	2.74	2.36	3.57	1.96	1.47	2.21	2.58	3.36	2.29	3.36	1.47	1.47
阳江	2.69	2.66	2.28	3.15	1.68	1.47	2.05	2.71	3.36	2.72	2.52	1.47	1.26

续表

地市	X_1	X_2	X_3	X_4	X_5	X_6	X_7	X_8	X_9	X_{10}	X_{11}	X_{12}	X_{13}
湛江	2.46	2.35	2.28	3.36	1.68	1.47	2.36	2.65	3.36	2.84	3.36	1.26	1.47
茂名	2.43	2.33	2.36	3.78	1.68	2.00	2.36	2.68	3.36	3.00	3.36	1.47	1.68
肇庆	2.72	2.60	2.28	3.36	1.68	1.47	2.05	2.80	3.36	2.87	3.36	1.68	1.89
清远	2.52	2.57	2.13	3.36	1.68	1.47	2.21	2.74	3.36	2.34	3.36	1.47	1.68
潮州	2.35	2.27	2.28	3.78	1.68	1.68	2.21	2.68	3.36	2.28	3.36	1.47	1.68
揭阳	2.32	2.25	2.13	3.36	1.68	1.47	2.21	2.65	3.36	2.57	3.36	1.68	1.47
云浮	2.50	2.52	2.28	2.94	1.68	1.47	2.05	2.61	3.36	2.71	2.52	1.89	1.47

续上表

地市	X_{14}	X_{15}	X_{16}	X_{17}	X_{18}	X_{19}	X_{20}	X_{21}	X_{22}	X_{23}	X_{24}	X_{25}
广州	2.00	5.99	6.71	5.00	6.63	5.48	4.84	8.00	1.46	1.38	1.33	2.94
深圳	2.00	7.00	5.64	5.85	6.97	7.20	7.00	8.00	1.45	1.52	1.46	3.02
珠海	2.00	4.37	5.85	3.90	5.58	3.96	7.00	8.00	1.48	1.27	1.28	2.81
汕头	1.26	4.67	5.80	4.38	5.58	6.17	7.00	8.00	1.41	1.23	1.24	2.73
佛山	1.68	4.78	6.95	4.22	5.01	4.68	7.00	8.00	1.45	1.39	1.41	3.06
韶关	1.68	4.19	5.94	4.05	4.90	4.14	6.95	8.00	1.48	1.27	1.31	2.83
河源	1.68	4.41	5.71	4.42	6.89	4.29	7.00	8.00	1.43	1.23	1.14	2.60
梅州	1.89	4.33	5.32	4.59	6.10	5.84	6.64	8.00	1.45	1.32	1.26	2.81
惠州	2.00	4.76	6.05	3.95	3.53	4.30	7.00	8.00	1.50	1.48	1.41	3.11
汕尾	1.26	4.33	5.78	3.83	5.04	4.26	6.95	7.59	1.39	1.32	1.28	2.81
东莞	1.89	5.44	7.00	4.45	6.83	4.88	7.00	8.00	1.51	1.30	1.22	2.73
中山	2.00	4.40	6.64	3.58	5.83	3.98	7.00	8.00	1.62	1.59	1.51	3.33
江门	2.00	4.01	5.29	3.87	5.47	4.26	6.91	8.00	1.55	1.54	1.46	3.22
阳江	1.47	4.27	6.13	4.20	5.90	6.24	7.00	8.00	1.36	1.30	1.24	2.74
湛江	1.47	4.02	5.76	5.52	7.00	5.95	6.30	8.00	1.41	1.25	1.21	2.65
茂名	1.47	4.40	5.45	5.47	6.43	8.00	7.00	7.98	1.39	1.23	1.21	2.65
肇庆	2.00	4.42	6.32	4.01	5.58	4.06	7.00	8.00	1.53	1.39	1.28	2.87
清远	1.47	4.25	6.01	4.43	6.40	4.38	7.00	8.00	1.41	1.48	1.45	3.13
潮州	1.26	4.21	5.96	4.75	5.73	3.81	6.66	8.00	1.34	1.25	1.17	2.64
揭阳	1.26	4.31	5.83	4.77	7.00	4.68	6.36	8.00	1.36	1.34	1.29	2.83
云浮	1.68	4.32	6.21	4.28	5.84	4.79	6.88	8.00	1.41	1.52	1.45	3.19

由上表可知，25项指标极差值最大为X_{19}（4.19），最小为x_9（0.00），平均极差为1.12。极差介于0－0.50之间的指标有6项，如：X_1（机构合理性，0.50）、X_8（组织制度，0.47）等。介于0.50－1.00之间的指标有12项，如：X_{10}（资金支出进度，0.72）、X_{14}（违规事件发生率，0.74）等。极差在1以上的指标有7项，如：X_{15}（基建设施规范化，2.99）、X_{16}（人员配备规范化，

1.71）、X_{17}（特殊教育规范化，2.28）等。同时，25项指标得分率可分为3个区间。一是高绩效区间（指标得分率85%以上），共7项指标，如，资金支出进度（X_{10}）、城乡均衡（X_{20}）、机会均衡（X_{21}）；二是中绩效区间（指标得分率在70%到85%之间），共14项指标，如，过程合理性（X_2）、相对规模（X_4）、资金管理制度（X_9）等；三是低绩效区间（指标得分率70%以下），共4项指标，包括，基建设施现代化（X_{15}）、教学设施现代化（X_{19}）以及家长满意度（X_{23}）、学生满意度（X_{24}）。

指标	得分率
25.专家满意度	73.72%
24.学生满意度	65.73%
23.家长满意度	68.13%
22.教师满意度	72.37%
21.机会均衡	93.74%
20.城乡均衡	96.93%
19.教学设施现代化	62.71%
18.教学手段现代化	84.52%
17.特殊教育规范化	74.25%
16.人员配备规范化	85.95%
15.基建设施规范化	65.91%
15.基建设施规范化	84.33%
14.违规事件发生率	83.29%
13.考评覆盖范围	82.52%
12.监督检查频次	81.00%
11.支出过程合规性	92.52%
10.资金支出进度	84.00%
9.资金管理制度	89.90%
8.组织制度	76.25%
7.学段结构	73.76%
6.公共资源配置结构	86.86%
5.城乡结构	82.50%
4.相对规模	79.69%
3.绝对规模	84.13%
2.过程合理性	85.68%
1.机会合理性	

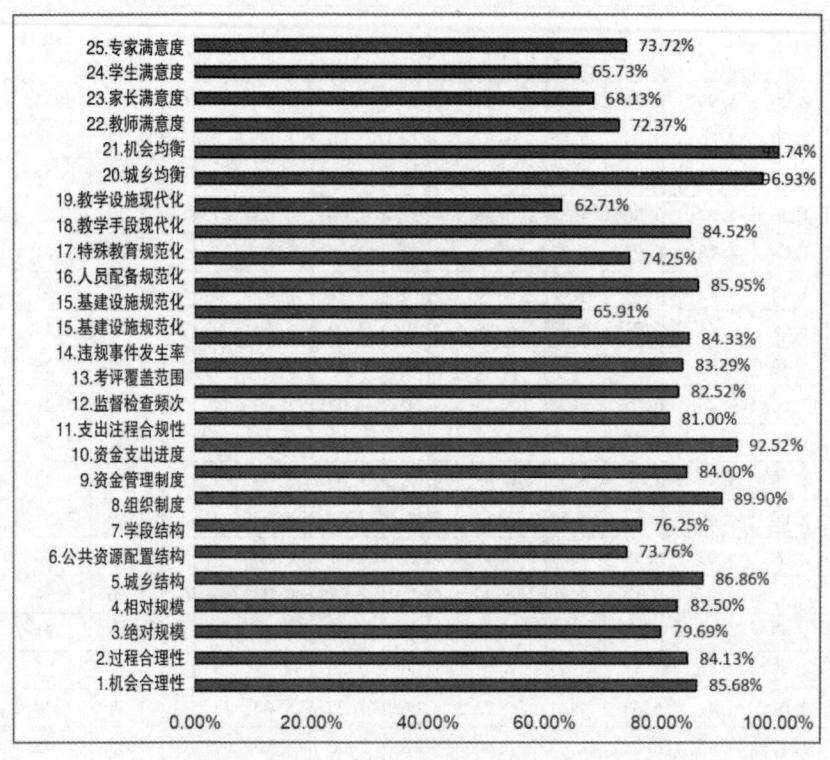

图6-1 三级指标得分率（%）

三、发现与建议

2018年，国务院教育督导委员会办公室公布省级政府2017年履行教育职责的评价结果，广东省为"优秀"，92项测评点有72项为A（完全落实）、18项为B（基本落实）。评价意见认为，广东省在党对教育工作的领导、义务教育均衡发展、校外培训机构专项治理、高等教育建设和高职教育省级统筹5大方面具有特色经验。可以说，通过公共财政的精准发力推动"教育大省"向"教育强省"转变成为广东经验，随着教育投入大幅增长，办学条件显著改善，教育改革深化，广东已基本形成各级各类教育协调发展的格局，基本建立起教育可持续发展的体制机制，教育公平也迈出了重大步伐。

（一）主要发现

评价结果表明，广东省教育经费支出绩效总体良好，2017年度教育经费规模扩大，结构优化，经费支出决策科学，过程管理规范，教育现代化、规范化、均衡化取得进展，社会满意度相对较高。具体来看，通过评价有以下发现。

一是整体绩效良好，区域内部存在差距。21个地级以上市指数均在0.70到0.90之间，但同一区域中，各地市之间存在差异。珠三角地区江门市最低（0.790），为深圳市（0.897的88.08%；粤北梅州市为0.808，韶关市为0.778，有一定差距；粤东（汕头市为0.810，汕尾市为0.785）、粤西（茂名市为0.853、阳江市为0.799）的情况类似。对比四个传统区域，相对而言，珠三角9市间差距最大。

表6-6　四大区域教育经费支出绩效指数比较

地区	综合绩效指数	全省平均值	与均值的差值	区域内极差
珠三角	0.826	0.812	0.015	0.120
粤北	0.796	0.812	-0.015	0.028
粤东	0.792	0.812	-0.019	0.024
粤西	0.822	0.812	0.011	0.055

二是经济发展水平与教育经费支出绩效表现存在关联性。珠三角绩效指数为0.826，高于其他三个区域（粤北0.796、粤东0.792、粤西0.822）。对比人均生产总值与绩效指数排名（表6-7）发现，人均生产总值较高，经济比较发达的地市，其教育经费支出绩效指数排名亦相对靠前。2017年珠三角九市人均生产总值排全省前十，其教育经费支出绩效指数排名中，亦有六个地级以上市位列前十。同时，粤东、粤西与粤北各市排名分布均较为分散，但多以靠后为主。人均生产总值排名和绩效指数排名相差较大的有惠州市、江门市、韶关市、梅州市和湛江市。

表6-7 21地市人均生产总值与教育经费支出绩效指数排序

地市	人均GDP（元/人）	排名	绩效指数	排名	排名差异	所在区域
深圳	179514.05	1	0.8977	1	0	珠三角
珠海	151533.90	2	0.8136	6	-4	珠三角
广州	148313.96	3	0.8606	2	1	珠三角
佛山	122748.92	4	0.8129	7	-3	珠三角
中山	105224.32	5	0.8106	8	-3	珠三角
东莞	90885.08	6	0.8408	4	2	珠三角
惠州	80188.02	7	0.7947	17	-10	珠三角
江门	58974.74	8	0.7907	18	-10	珠三角
阳江	51573.00	9	0.7988	13	-4	粤西
肇庆	51270.96	10	0.8060	11	-1	珠三角
茂名	46808.93	11	0.8518	3	8	粤西
汕头	41920.31	12	0.8091	9	3	粤东
韶关	41798.41	13	0.7771	21	-8	粤北
湛江	38424.12	14	0.8145	5	9	粤西
潮州	38206.01	15	0.7785	20	-5	粤东
清远	38065.76	16	0.8030	12	4	粤北
揭阳	32663.36	17	0.7953	16	1	粤东
云浮	32073.30	18	0.7957	15	3	粤北
河源	30609.19	19	0.7983	14	5	粤北
汕尾	28576.92	20	0.7853	19	1	粤东
梅州	24585.08	21	0.8079	10	11	粤北

三是不同区域、不同城市的领域层指数结构不同。由表6-8可知，珠三角地市各领域层之间极差较大，粤东、粤西和粤北各地市领域层指数分化程度较小。四个领域层中，高于均值的领域层为"支出决策"（0.814）、"过程监管"（0.854）、"目标实现"（0.816）。同时，部分地市领域层绩效指数排名与总体排名反差较大。例如：云浮市"社会满意"排第3，但"支出决策"排第20，"过程监管"排第19，"总体绩效"排第15；惠州市总体指数排第17，"目标实现"排第21，但"社会满意"排第4，"过程监管"排第4。

表6-8　2017年度四大区域内部绩效指数比较

	比较值	珠三角	粤北	粤西	粤东
整体绩效	均值	0.825	0.796	0.822	0.792
	最大值	0.897	0.808	0.853	0.810
	最小值	0.790	0.778	0.799	0.779
	极差	0.107	0.030	0.054	0.031
支出决策	均值	0.833	0.791	0.815	0.802
	最大值	0.892	0.807	0.847	0.816
	最小值	0.783	0.772	0.798	0.770
	极差	0.109	0.035	0.049	0.046
过程监督	均值	0.886	0.835	0.816	0.832
	最大值	0.923	0.878	0.851	0.889
	最小值	0.827	0.812	0.776	0.805
	极差	0.097	0.066	0.075	0.085
目标实现	均值	0.818	0.802	0.860	0.797
	最大值	0.969	0.816	0.895	0.832
	最小值	0.752	0.764	0.835	0.756
	极差	0.217	0.053	0.060	0.076
社会满意度	均值	0.732	0.701	0.660	0.666
	最大值	0.800	0.738	0.664	0.679
	最小值	0.691	0.653	0.656	0.643
	极差	0.109	0.085	0.008	0.036

4. 主观指数高于客观指数，地市之间差异悬殊

四是客观指数高于主观指数，地市之间存在差异。全省2017年度教育经费支出绩效主观指数为0.702，客观绩效指数为0.828，差距较大。如图6-2所示。客观领域层的"支出决策"（0.814）、"过程监督"（0.854）、"目标实现"（0.816）均明显高于"社会满意"（0.702），且"过程监督"与"社会满意"的差值达0.155。从地市层面来看，21个地市客观指数均高于主观指数，其中茂名、广州、河源、东莞、珠海五市的主客观指数之差排名前五，分别为0.215、0.179、0.176、0.176、0.172。

（二）若干建议

一是财政支出优先保障教育投入。首先，调整优化地级以上市财政支出结构，优先落实教育投入。其次，要推进教育领域省级与地级以上市财政事权和支出责任划分改革，合理划分教育领域政府间财政事权和支出责任。最后，要保证财政性教育经费支出占市内生产总值比例一般不低于4%，确保一般公共预算教育支出逐年只增不减，确保按在校学生人数平均的一般公共预算教育支出只增不减。

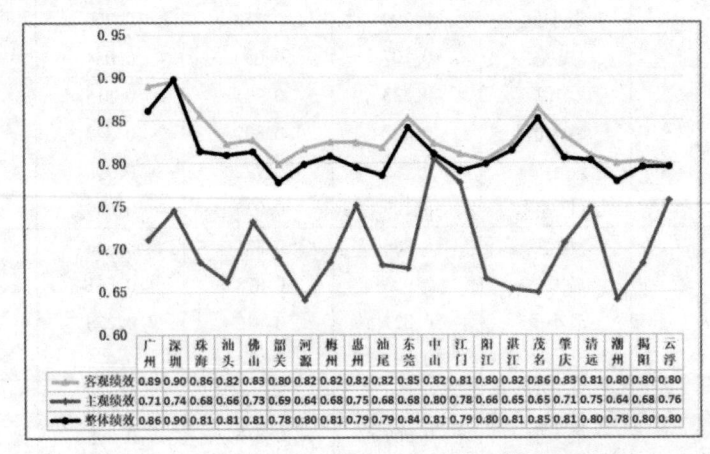

图6-2 21个地级以上市主客观领域层绩效指数比较

二是完善筹措教育经费机制。目前，教育经费总投入80%以上来自财政性投入，社会投入所占比重偏低。据此，要巩固完善以政府投入为主、多渠道筹集教育经费的体制机制，逐步提高社会投入所占比重；完善鼓励社会力量兴办教育的政策制度；依法落实税费减免政策，按规定落实公益性捐赠税收优惠政策，完善社会捐赠收入财政配比政策；完善非义务教育培养成本分担机制，建立与拨款、资助水平等相适应的收费标准动态调整机制。

三是在教育经费使用结构上区分轻重缓急，重点保障义务教育均衡发展，切实落实政府责任；优先将教师队伍建设作为教育投入重点，不断提高教师队伍建设保障水平；着力向"三区三州"等深度贫困地区和建档立卡等贫困学生倾斜，存量资金优先保障、增量资金更多用于支持深度贫困地区发展教育和贫困家庭子女接受教育，推动实现建档立卡贫困人口教育基本公共服务全覆盖。

四是着力补齐教育发展短板，持续加大教育教学改革投入。评价发现，基建设施现代化（X_{15}）、教学设施现代化（X_{19}）指标为低绩效区间指标，应有的放矢，加以改进。而问卷调查统计结果显示，家长满意度（X_{23}）、学生满意度等（X_{24}）不高，由此，应转变理念，全力提升公众对教育的满意度，增强教育获得感。

（本章执笔：华南理工大学公共管理学院博士研究生 费睿、陈晓绚）

第七章　财政教育精准扶贫绩效评价

2013年11月，习近平总书记提出"实事求是、因地制宜、分类指导、精准扶贫"，自此开启我国扶贫工作的新阶段。2015年全国"两会"期间，他在参加代表团审议时进一步指出："扶贫先扶智，绝不能让贫困家庭的孩子输在起跑线上，坚决阻止贫困代际传递。"这可视为推进教育精准扶贫的行动指南。教育精准扶贫离不开财政支出，对教育精准扶财政支出绩效评价既是全面实施预算绩效管理的内在要求，也是深化扶贫工作、确保脱贫成效的重要手段。

一、我国教育事业及其教育经费

（一）全国教育总体情况

1. 教育规模

2017年，全国共有各级各类学校51.38万所，比上年增加2105所，增长0.41%；各级各类学历教育在校生2.70亿人，比上年增加545.54万人，增长2.06%；专任教师1626.89万人，比上年增加48.72万人，增长3.09%。如表7-1所示。

表7-1　2016—2017全国各级各类教育规模情况

年份	2016						2017					
类别	学校数量		在校人数		专任教师		学校数量		在校人数		专任教师	
教育阶段	数量（万）	增长率（%）	数量（万）	增长率（%）	数量（万）	增长率（%）	数量（万）	增长率（%）	数量（万）	增长率（%）	数量（万）	增长率（%）
学前教育	24	7.14	4413.9	3.5	223.2	8.8	25.5	6.31	4600.14	4.22	243.21	8.96
小学教育	17.8	-6.8	9913.0	2.3	578.9	1.83	16.7	-5.98	10093.70	1.82	594.49	2.69
初中教育	5.2	-0.5	4329.4	0.4	348.8	0.35	5.19	-0.43	4442.06	2.60	354.87	1.75
特殊教育	0.2080	1.32	49.2	11.2	5.3	6	0.2107	1.3	57.88	17.71	5.60	5.20
高中教育	2.47	-0.94	3970.1	-1.7	173.3	2.3	2.46	-0.38	3970.99	0.02	177.40	2.34
高等教育	0.2596	1.4	3699	-	160.2	1.9	0.2631	1.35	3779	2.16	163.32	1.95
民办教育	17.1	5.07	4825.5	5.6	-	-	17.76	3.9	5120.47	6.12	-	-

2. 教育普及与巩固水平

2016年，全国学前教育毛入园率77.4%，2017年达到79.6%。九年义务教育巩固率由2016年的93.4%上升到2017年的93.8%。小学学龄儿童净入学率保持稳定水平，2016年达99.92%，2017年为99.91%，并基本消除男女童入学率性别差异。初中普及程度继续保持高位，毛入学率2016年为104.0%，2017年为103.5%。

2017年高中阶段毛入学率88.3%，比上年提高0.8个百分点，但中等职业教育学校招生仅占高中阶段教育招生总数的42.13%，学校数量继2016年减少309所后再减少222所，规模小幅缩减。高等教育毛入学率达45.7%，2017年，全国共有普通高等学校2631所（含独立学院265所），比上年增加35所，增长1.35%。成人高等学校282所，比上年减少2所；研究生培养机构815个，其中，普通高校578个，科研机构237个。

同时，2017年，全国共有特殊教育学校2107所，比上年增长1.30%；共招收学生11.08万人，比上年增长21.11%，其中，5.66万人由普通小学、初中随班就读和附设特教班招收，占比超过50%。此外，民办教育发展欠均衡，主要吸纳学前教育和义务教育阶段学生，其中普通高中和中等职业教育在校生总占比为9.9%，具体情况如图7-1所示。

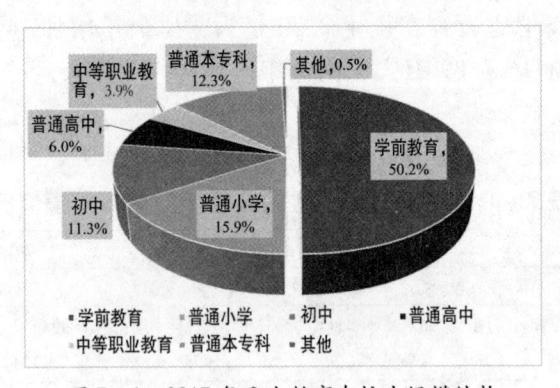

图7-1 2017年民办教育在校生规模结构

3. 教师队伍发展

2017年，全国教师队伍呈增长态势。针对专任教师，幼儿园比上年增长8.96%，达243.21万人，小学为594.49万人，增长2.69%；高中为177.40万人，增长2.34%。普通高校专为163.32万人，比上年增加3.13万人；中等职业教育为83.92万人，比上年减少393人。从教师水平来看，小学、初中、普通高中专任教师学历合格率都在95%以上,相较于上年有所提高。专任教师学历合格率:小学达99.96%,初中为99.83%,普通高中为98.15%。另一方面,2017年,学前教育生师比由上年的17.6:1升至18.9:1,小学生师比由17.1:1降至16.98:1,初中生师比微升至12.52。普通高中、中等职业学校和普通高校生师比都略有上升,其中,中等职业学校达19.59:1,如图7-2所示。

此外,2017年,学前教育城乡之间专科及以上学历教师比例仍有较大差距,农村为73.4%,比城市低12%。但义务教育阶段教师城乡差距进一步缩小,农村学校高一级学历教师比例提高幅度快于城市,全国小学专科及以上学历教师比例较上年提高1.6个百分点,城市为95.3%;农村为93.8%,城乡差距从上年的6.2%缩小到4.6%;初中本科及以上学历教师比例为84.6%,比上年提高2.2%,农村升至81.1%,城乡差距比上年缩小1.3%。

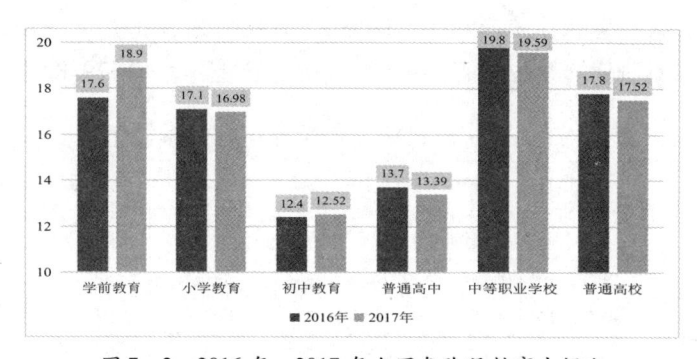

图7-2 2016年—2017年全国各阶段教育生师比

4. 各类学校办学条件

2017年,义务教育阶段大班额比例继续下降,小学56人及以上大班额比上年下降了2.1%,减少了8.2万个,而66人以上超大班额有8.6万个,下降了1.6%,减少了5.6万个。普通初中大班额比例为13.6%,下降4.2%。在校均规模上,普通小学为604人,比上年增加46人;初中为856人,比上年增加25人;普通高中为1752人;普通高校校均规模10430人,比上年增加88人。

全国各级各类学校拥有校舍建筑面积总量达32.6亿平方米,比上年增加1.5亿平方米,增长4.8%,教学、科研仪器设备资产总值为8166.8亿元,比上年增加887.5亿元,增长12.2%。从生均仪器设备值看,小学为1405元,增长17.0%;初中为2265元,增长12.7%。农村小学和初中分别相当于城市的71.4%和75.2%,均比上年有所提高。普通高中达到3729元,比上年增长12.1%;中等职业学校为6362元,比上年增加667元。普通高校生均教学科研仪器设备值达14597元，比上年增加752元。

教育信息化配置水平进一步提升，2017年，每百名学生拥有教学用计算机台数不断增加，其中，小学为10.5台、初中14.8台、高中18.1台、中等职业学校21.8台、普通高校26.7台。同时，城市小学和农村小学接入互联网的比例分别为98.1%和为95.9%，城市初中和农村初中分别为98.3%和98.7%。从校园网建立情况来看，城乡差距仍然较大，农村小学、初中建网学校比例分别为60.9%和73.7%，比城市学校低22%和13%。普通高中建网学校比例为88.4%，高于义务教育水平。普通高校上网课程数量比上年增加16.9门，达到186.8门，其中：本科院校校均上网课程为301.2门，远高于高职（专科）院校的84.3门。

由表7-2可知，在2017年设施设备配备达标的学校比例上，最低的是普通小学（含教学点）体育运动场（馆）面积，为84.77%，最高为初中理科实验仪器，为94.11%，普通高中各项达标情况较为均衡。此外，普通高等学校的设施设备总值较高，校舍总建筑面积为95400.32万平方米，比上年增加2729.28万平方米；教学科研仪器设备总值4995.29亿元，比上年增加479.87亿元。

表7-2　2017年设施设备配备达标的学校比例

	校舍建筑面积（万平方米）	体育运动场（馆）面积达标比例（%）	体育器械配备达标比例（%）	音乐器材配备达标比例（%）	美术器材配备达标比例（%）	数学自然/理科实验仪器达标比例（%）
普通小学（含教学点）	75088.46	84.77	89.99	89.6	89.41	89.57
初中	61006.74	90.35	93.97	93.44	93.17	94.11
普通高中	51511.74	91.14	92.97	91.82	91.94	93.15

（二）全国教育经费情况

据教育部《关于2017年全国教育经费执行情况统计公告》，2017年，全国教育经费总投入为42562.01亿元，比上年增长9.45%。其中，国家财政性教育经费（主要包括一般公共预算安排的教育经费，政府性基金预算安排的教育经费，企业办学中的企业拨款，校办产业和社会服务收入用于教育的经费等）为34207.75亿元，比上年的31396.25亿元增长8.95%。

1. 一般公共预算教育事业费支出增长情况[①]

全国一般公共预算教育经费主要包括教育事业费，基建经费和教育费附加，

[①]《关于2017年全国教育经费执行情况统计公告》注明：为与《预算法》表述保持一致，从2017年起，将"公共财政预算安排的教育经费"修改为"一般公共预算安排的教育经费"；将"公共财政教育经费"修改为"一般公共预算教育经费"；将"生均公共财政预算教育事业费"修改为"生均一般公共预算教育事业费"；将"生均公共财政预算公用经费"修改为"生均一般公共预算公用经费"。

2017年为29919.78亿元，比上年增长8.01%。其中，中央财政教育经费比上年增长5.03%，为4663.16亿元。从生均一般公共预算教育事业费支出情况来看，普通小学最低，为10199.12元，增长6.71%，云南省（17.47%）增长最快；普通初中为14641.15元，比上年增长9.13%，北京市（26.63%）增长最快；普通高中2017年和2016年分别增长11.80%和13.81%，增长最快的省份分别为河南省（27.38%）和湖南省（26.58%）；普通高等学校生均支出最高，达20298.63元，比上年增长8.27%，天津市（19.61%）增长最快；中等职业学校为13272.66元，增长8.55%，西藏自治区（48.53%）增长最快。另外，农村普通小学和普通初中的生均一般公共预算教育事业费支出分别为9768.57元和13447.08元，增长率分别为5.65%和7.77%，增长最快的是云南省（17.47%）和北京市（26.63%）。

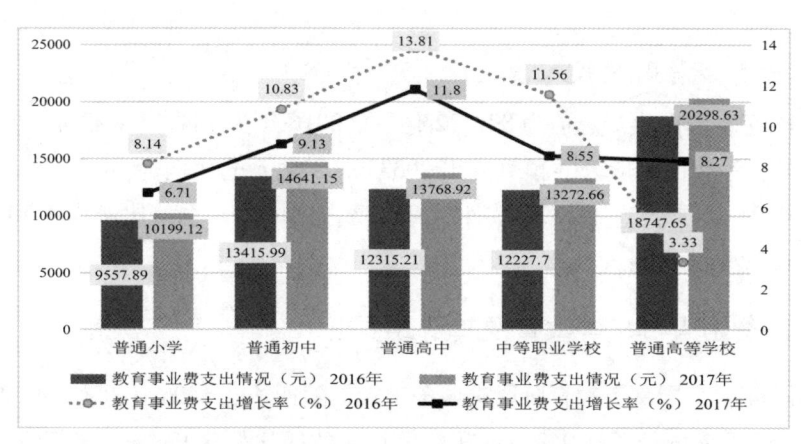

图7-3　2017年全国生均一般公共预算教育事业费支出情况

2. 一般公共预算公用经费支出增长情况

与教育事业费支出情况相似，生均一般公共预算公用经费支出总额最高的依然是普通高等学校，为8506.02元，增长5.44%，天津市（38.09%）增长最快；最低的为普通小学2732.07元，增长4.64%，广西壮族自治区（17.81%）增长最快；普通初中为3792.53元，增长6.47%，北京市（27.38%）增长最快；普通高中为3395.59，增长6.18%，宁夏回族自治区（24.56%）增长最快；中等职业学校为4908.30元，增长2.71%，西藏自治区（63.03%）增长最快。农村普通小学和普通初中的生均一般公共预算公用经费支出分别为2495.84元和3406.72元，分别增长3.90%和4.59%，增长最快的是广西壮族自治区（17.81%）和北京市（27.38%）。

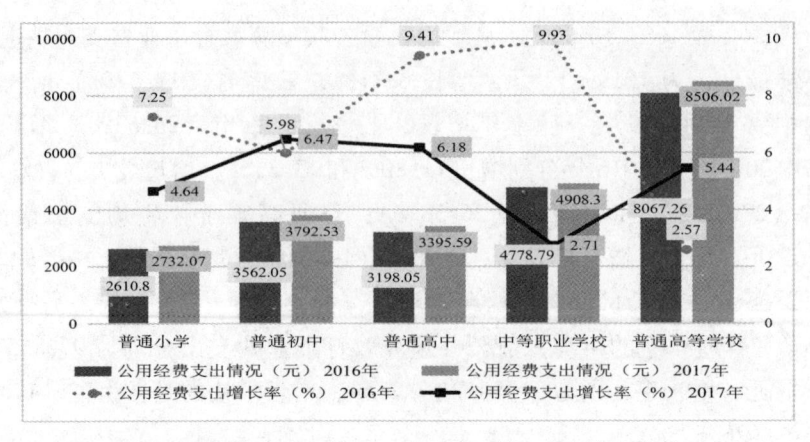

图 7-4　2017 年全国生均一般公共预算公用经费支出情况

3. 教育经费财政投入情况

2017 年，国内生产总值为 827122 亿元（2016 年为 744127.2 亿元），一般公共预算教育经费占一般公共预算支出 203330.03 亿元的比例为 14.71%，比上年降低了 0.04 个百分点。国家财政性教育经费占国内生产总值比例为 4.14%，低于上年 4.22% 的比例。

二、贫困人口义务教育及其财政支出

2017 年，全国义务教育阶段进城务工人员随迁子女 1406.6 万人，比 2016 年的 1394.77 万人增长了 0.9%。占在校生总人数的比例为 9.7%，略低于上年的 9.96%。其中：在公办学校就读的比例为 79.7%，与上年基本持平。进城务工人员随迁子女中就读小学的有 1042.2 万人，比上年增加 5.5 万人；就读初中的有 64.5 万人，比上年增加 6.4 万人。在公办学校的就读比例分别为 79.0% 和 81.6%，高于 2016 年的 78.8% 和 81.5%。与上年相同，在东部地区就读的进城务工人员随迁子女占全国总数的 58.3%。从来源看，进城务工人员随迁子女以省内流动为主，省内其他县迁入的比例从上一年的 56.0% 略微提升至 56.2%。

1. 财政资助体系实现全覆盖

目前我国学生资助政策体系已经基本实现了"三个全覆盖"，即各个学段全覆盖、公办民办学校全覆盖、家庭经济困难学生全覆盖，建立起了以政府为主导、学校和社会积极参与的资助体系。学前教育阶段，按照"地方先行、中央补助"的原则对经县级以上教育行政部门审批设立的普惠性幼儿园在园家庭经济困难儿童、孤儿和残疾儿童予以资助；义务教育阶段，城乡学生均可享受"两免一补"政策，家庭经济困难寄宿生还可获得补助生活费，另为集中连片特殊困难等地区农村义务教育阶段学生提供营养膳食补助；在普通高中、中等职业、本专科教育阶段，出台国家助学金政策，普通高中教育阶段建档立卡等家庭经济困难学生免学杂费，中等职业教育阶段除了免学费外，还有学校和社会资助及顶岗实习等作为补充手段；本专科教育阶段提供申请国家助学贷款和勤工助学机会，此外还有基层就业学费补偿贷款代偿、应征入伍国家资助、师范生免费教育、新生入学资助、退役士兵学费资助、勤工助学、校内奖助学金、困难补助、伙食补贴、学费减免及新生入学"绿色通道"等获助渠道；研究生教育阶段除奖助学金外还有"三助"岗位津贴、国家助学贷款、基层就业学费补偿贷款代偿、应征入伍国家资助、校内奖助学金及新生入学"绿色通道"等资助方式。

2. 财政资助力度不断增大[①]

2017年，全国累计资助学前教育、义务教育、中职学校、普通高中和普通高校学生（幼儿）9590.411万人次、金额1882.14亿元（不包括义务教育免除学杂费和免费教科书、营养膳食补助），比上年增加464.27万人次和193.38亿元，资助金额增幅11.45%。学生资助资金已经连续十一年处于高速增长态势。在学前教育阶段，共资助幼儿889.77万人次。其中，政府资助836.39万人次、89.01亿元，幼儿园资助45.50万人次、3.87亿元，社会资助7.88万人次、3168.81万元，资助金额共计93.20亿元。义务教育阶段免费教科书投入资金达203.14亿元，包括中央财政149.33亿元和地方财政26.61亿元，以及地方各级财政安排地方免费教科书资金27.20亿元。约8.2万所学校开展计划的营养膳食补助已投入285亿元，惠及农村义务教育学生约2100万人，其中：中央财政安排185亿元，地方财政安排约100亿元。中等职业学校学生2017年被资助人数达1509.92万人次，金额365.29亿元，比上年增加33.16亿元，998.52万人次和254.76万人次享受免学费政策和国家助学金政策，金额分别为199.71亿元和50.95亿元；另有顶岗实习134.44万人次，资助金额103.67亿元。资助普通高中学生的金额为193.80亿元，共资助1310.42万人次，其中，西部地区得到资助的学生数最多，为805.42万。全国普通高等学校学生受到的资助来自政府、高校及社会，其中，财政资金占比最高，为48.43%；银行发放国家助学贷款284.20亿元，占比27.05%；高校事业收入中提取并支出资助资金238.21亿元，

[①] 数据来源：教育部.2017年中国学生资助发展报告［EB/OL］.http://www.moe.gov.cn/jyb_xwfb/xw_fbh/moe_2069/xwfbh_2018n/xwfb_20180301/sfcl/201803/t20180301_328216.html,2018-03-01

占比22.67%；社会团体、企事业单位及个人捐助资助资金19.50亿元，占比1.85%。截至2018年8月底，中央财政在全面改薄工作已累计投入专项资金1336亿元，地方相应投入2500多亿元。其中79%的新建、改扩建校舍任务已完成，共1.65亿平方米。在教学、生活方面还采购课桌凳2738万件、图书4.53亿册、生活设施设备1462万台件套等，投入804亿元，显著改善了贫困地区义务教育学校办学条件。

3. 财政资助力度不均衡

贫困人口的教育资助力度存在地域差距，经济发达地区对贫困人口的教育补助标准高于三区三州等深度贫困地区。如广东省规定在义务教育阶段，"对建档立卡贫困户（相对贫困户）学生给予生活费补助，将补助标准由每生每学年200元（20%的特困小学生500元、初中生750元）提高到3000元"，普通高中和中等职业学校的建档立卡贫困户学生可以免学杂费，并且按"普通高中按每生每学年2500元、中等职业学校按每生每学年3500元"补助学校，同时"在原有每生每学年2000元国家助学金的基础上，再给予每生每学年3000元生活费补助"。而我国大部分省份补助标准是依照"义务教育阶段小学生每生每年1000元、初中每生每年1250元、普通高中教育每生每年2500元"的标准进行补助。由于不同省份的经济发展程度和物价水平的差异，学生生活补助标准的不同存在其合理性，但对资助标准仍需进行科学合理的论证，按各省人均可支配财力水平来核定补助标准和比例。

二、贫困人口教育财政支出绩效分析

（一）扶贫政策及目标

2001年，《国务院关于基础教育改革与发展的决定》中提出的"两免一补"政策，即对农村义务教育贫困学生减免杂费、书本费，补助寄宿生生活费。2004年2月出台的《对农村义务教育阶段家庭经济困难学生免费提供教科书工作暂行管理办法》明确了"两免一补"资金分担办法：中央财政设立专项资金，主要为中西部部分农村义务教育阶段家庭经济困难的学生免费提供教科书，各级政府应同时承担对家庭经济困难学生免除杂费和补助寄宿生生活费的责任。中央财政将把各地落实责任的努力程度，作为分配免费教科书专项资金的重要参考依据。2005年国务院发布《关于深化农村义务教育经费保障机制改革的通知》，主要内容是"明确各级责任、中央地方共担、加大财政投入、提高保障水平、分步组织实施，逐步将农村义务教育全面纳入公共财政保障范围，建立中央和地方分项目、按比例分担的农村义务教育经费保障机制。中央重点支持中西部地区，适当兼顾东部部分困难地区。"2006年9月修改后的《义务教育法》的颁布，以法律的形式确立了我国免费义务教育制度。

针对教育"精准扶贫"。2014年，中共中央办公厅印发《关于创新机制扎实推进农村扶贫开发工作的意见的通知》，国务院出台《关于印发〈建立精准扶贫工作机制实施方案〉的通知》《关于印发〈扶贫开发建档立卡工作方案〉的通知》，对精准扶贫工作模式的顶层设计、总体布局和工作机制等方面都做了详尽规制。2015年6月，习近平总书记全面阐述"精准扶贫"，提出"六个精准"，即"扶贫对象精准、项目安排精准、资金使用精准、措施到户精准、因村派人精准、脱贫成效精准"。教育精准扶贫政策可以分为三类。

一是统筹性政策，如2015年中共中央、国务院《关于打赢脱贫攻坚战的决定》中，提出要着力加强教育脱贫以阻断贫困代际传递，其内容涉及教育的不同层面，从教育发展的阶段来说，有学前教育、义务教育、普通高中教育、中职教育、高等教育；从涉及的对象来说，涵盖学校、教师、学生多个主体；还涉及特殊教育和远程教育的开展以及教育经费的使用。2016年11月23日，国务院《关于印发"十三五"脱贫攻坚规划的通知》将教育作为脱贫的重要手段之一，指出教育扶贫要从"提升基础教育水平、降低贫困家庭就学负担、加快发展职业教育、提高高等教育服务能力"几个方面进行，包括的教育扶贫工程有"普惠性幼儿园建设、全面改善贫困地区义务教育薄弱学校基本办学条件、高中阶段教育普及攻坚计划、乡村教师支持计划、特殊教育发展、农村义务教育学生营养改善计划"。2018年，中共中央、国务院《关于打赢脱贫攻坚战三年行动的指导意见》中，进一步强调了义务教育的核心地位，以"控辍保学"为重要目标，涉及教师待遇、教育信息化、学生资助体系、普通话推广几个要点，要求扶贫方式从救济扶贫到开发扶贫转变，激发内生动力，巩固脱贫成果。

二是细化政策。如表7-3所示。既包括教育精准扶贫的对象认定办法，如《普通高中建档立卡家庭经济困难学生免除学杂费政策对象的认定及学杂费减免工作暂行办法》；也涉及教师资源均衡供给，如《教师教育振兴行动计划（2018—2022年）》提出公费定向培养、到岗退费、加强培养、到城镇跟岗学习等方式；还对教育软硬件条件进行优化，如《推普脱贫攻坚行动计划（2018—2020年）》本着"扶贫先扶智，扶智先通语"的理念，提出要解决语言问题，为贫困人口脱贫打好基础；工业和信息化部印发的《关于推进网络扶贫的实施方案（2018—2020年）》提到大力推进"互联网+教育"。还有一些政策有特定的适用对象,《深度贫困地区教育脱贫攻坚实施方案(2018—2020年)》即以"三区三州"等深度贫困地区为重点,而《关于做好2018年农村义务教育阶段学校教师特设岗位计划实施工作》则优先满足三区三州等深度贫困地区县村小、教学点的教师补充需求。

三是其他相关政策。《关于共青团助力脱贫攻坚战的实施意见》指明共青团瞄准的对象是贫困地区因学致贫家庭,重点在加强已有的品牌工作如"希望工程1+1、希望之星、圆梦行动、书海工程"等,以及关注贫困学生生活和青少年校外教育。国务院扶贫开发领导小组《关于广泛引导和动员社会组织参与脱贫攻坚的通知》中鼓励社会组织特别是基金会参与教育扶贫的目标,培养扶贫对象的能力。同时也支持大学生等志愿者扶贫支教和对非营利性民办学校对贫困学生的资助。另外,全国工商联、国务院扶贫办、中国光彩会也制定了"万企帮万村"精准扶贫行动的方案,其中提出要以公益形式对贫困户开展捐资助学。

表7-3 2015年—2018年我国教育精准扶贫相关政策一览表

时间	文件名称	发文字号
2015年11月29日	中共中央 国务院关于打赢脱贫攻坚战的决定	中发〔2015〕34号
2016年12月03日	国务院关于印发"十三五"脱贫攻坚规划的通知	国发〔2016〕64号
2018年6月15日	中共中央、国务院关于打赢脱贫攻坚战三年行动的指导意见	中发〔2018〕16号
2016年1月18日	全国工商联、国务院扶贫办、中国光彩会关于推进"万企帮万村"精准扶贫行动的实施意见	全联发〔2015〕11号
2016年5月11日	国务院办公厅关于加快中西部教育发展的指导意见	国办发〔2016〕37号
2016年10月18日	教育部办公厅等四部门关于印发《普通高中建档立卡家庭经济困难学生免除学杂费政策对象的认定及学杂费减免工作暂行办法》	教财厅〔2016〕4号
2016年10月27日	中央网信办、国家发展改革委、国务院扶贫办联合发文 加快实施网络扶贫行动	中网办发文〔2016〕10号
2017年3月24日	教育部等四部门关于印发《高中阶段教育普及攻坚计划(2017—2020年)》的通知	教基〔2017〕1号
2017年4月5日	教育部关于做好2017年重点高校招收农村和贫困地区学生工作的通知	教学〔2017〕2号
2017年4月13日	教育部等四部门关于实施第三期学前教育行动计划的意见	教基〔2017〕3号
2017年6月29日	教育部、财政部关于进一步加强全面改善贫困地区义务教育薄弱学校基本办学条件中期有关工作的通知	教督〔2017〕9号
2017年7月28日	第二期特殊教育提升计划(2017—2020年)	教基〔2017〕6号
2017年8月8日	民政部、财政部、国务院扶贫办关于支持社会工作专业力量参与脱贫攻坚的指导意见	民发〔2017〕119号

续表

时间	文件名称	发文字号
2016年1月28日	共青团中央关于印发《关于共青团助力脱贫攻坚战的实施意见》	中青发〔2016〕5号
2017年9月25日	教育部办公厅关于印发《职业教育东西协作行动计划滇西实施方案（2017—2020年）》	教职成厅〔2017〕4号
2017年12月05日	国务院扶贫开发领导小组关于广泛引导和动员社会组织参与脱贫攻坚的通知	国开发〔2017〕12号
2018年1月15日	教育部 国务院扶贫办关于印发《深度贫困地区教育脱贫攻坚实施方案（2018—2020年）》	教发〔2018〕1号
2018年1月15日	教育部 国务院扶贫办 国家语委关于印发《推普脱贫攻坚行动计划（2018—2020年）》的通知	教语用〔2018〕1号
2018年2月11日	教育部等五部门关于印发《教师教育振兴行动计划（2018—2022年)》的通知	教师〔2018〕2号
2018年2月26日	《教育部关于做好2018年重点高校招收农村和贫困地区学生工作的通知》	教学〔2018〕1号
2018年5月9日	《教育部办公厅 财政部办公厅关于做好2018年农村义务教育阶段学校教师特设岗位计划实施工作的通知》	教师厅〔2018〕5号
2018年6年6日	工业和信息化部印发《关于推进网络扶贫的实施方案（2018—2020年）》的通知	工信部通信〔2018〕83号
2018年8月27日	《国务院办公厅关于进一步调整优化结构提高教育经费使用效益的意见》	国办发〔2018〕82号
2018年10月8日	共青团中央关于印发《共青团投身打赢脱贫攻坚三年行动的意见》的通知	中青发〔2018〕10号

（二）目前贫困地区和贫困人口的教育发展存在问题

一是教学设施投入有待加强。据教育部统计，设施设备达标的普通小学不足90%，农村小学和初中生均仪器设备值分别相当于城市的71.4%和75.2%，意味着一些正常的教学活动如体育、音乐、美术、自然等因设备缺失无法开展。贫困人口的信息化教育十分不足，从每百名学生拥有教学用计算机台数来看，普通小学仅为10.5台，部分教学点甚至更少。

二是教师培养措施急需完善。2017年学前教育的师生比增长到18.9。贫困地区师资匮乏，尤其是音体类特色教育师资长期失衡，农村教师也因师资不足而无法长期外出学习、培训，师资短缺问题制约着教师能力的提升，不利于师资优化和均衡。另外留守儿童问题和撤点并校带来的寄宿学生的增多，也造成孩子的家庭教育和人格教育缺失，部分教师并不具备填补这种空白的能力。在教师数量不足的情况下，对教师的质量要求也在提升，给我国贫困地区和贫困人口的教育发展带来挑战。

三是义务教育普及仍需巩固。2017年九年义务教育巩固率达到93.8%，未完成"一个都不能少"的目标。北京师范大学继续教育与教师培训学院、中国教育扶贫研究中心组织编写的《中国教育扶贫报告（2016年）》显示，2014年青海省贫困地区九年义务教育阶段平均巩固率这一数值只有78.51%，安徽、江西、山东、广西、甘肃五省份贫困地区则不到90%。相较于以往因经济因素的辍学的情况，如今更多是因缺乏学习内在动力而放弃学业，据统计，辍学学生中因教育质量问题、厌学或者学习困难辍学的可能占60%以上，且主要为初二、初三学生。义务教育的城乡均衡和巩固仍是教育精准扶贫的难点。

（三）教育精准扶贫存在问题的原因分析

一是财权与事权不统一。如广东省教育精准扶贫政策规定，对就读义务教育、高中教育和全日制专科教育阶段的建档立卡贫困户子女免学杂费并给与生活费补助，由学生就读学校和当地部门（即学籍所在地）落实，而省外就读的由户籍地县区教育部门发放。财权和事权的分离导致了在省内市外就读的贫困家庭学生的资助落实困难。因学生提交材料不及时、学校核实信息没有及时反馈等情况，导致"中职、技工、成人教育、函授、普通本科、高职（3+2）"等类型难以识别。并且学生分散在全省各市县，复杂的信息传递过程给原本就人员紧缺的扶贫核查工作带来巨大困难。虽然有关部门已经规定，从2018年9月开始，广东省贫困户子女生活费补助将改为按户籍地发放，但之前未能补足发放的应如何处理，尚没有明确的政策规定。

二是精准识别存在漏洞。贫困家庭学生的识别部门协同不足，如对普通高中建档立卡家庭经济困难学生免除学杂费政策对象的认定存在四种情况，首先，依托于建档立卡家庭的认定，国务院扶贫办有关通知规定，"建档立卡家庭也就是建档立卡贫困户，是指以2013年农民人均纯收入2736元（相当于2010年2300元不变价）的国家农村扶贫标准为识别标准，以农户收入为基本依据，综合考虑住房、教育、健康等情况，通过农户申请、民主评议、公示公告和逐级审核的方式，整户识别的贫困户"。其次，依托于农村低保家庭的认定，《社会救助暂行办法》（国务院令第649号）等相关规定，"最低生活保障标准，由省、自治区、直辖市或者设区的市级人民政府按照当地居民生活必需的费用确定、公布，并根据当地经济社会发展水平和物价变动情况适时调整。"再次，根据对农村特困救助供养学生的认定,《国务院关于进一步健全特困人员救助供养制度的意见》(国发〔2016〕14号)规定是:"国家对无劳动能力、无生活来源且无法定赡养抚养扶养义务人或者其法定义务人无履行义务能力的老年人、残疾人以及未满16周岁的未成年人,给予特困人员救助供养。"同时规定,"特困人员中的未成年人,满16周岁后仍在接受义务教育或在普通高中、中等职业学校就读的,可继续享有救助供养待遇"。最后,根据残疾学生的认定,但"事实上残疾但暂未持有残疾人证的学生,按规定应享受免除学杂费政策的,需先办理残疾人证"。多个部门间需要进行数据比对,由此给贫困家庭学生的识别带来了难度。

　　三是思想帮扶不够重视。教育精准扶贫投入大量资金用于改善教学条件和学生生活,忽略对贫困学生思想上的帮扶。由于贫困学生处于世界观、人生观和价值观的塑造时期,心智还未成熟发育,部分学生在"等靠要"等消极思想的影响下,产生不劳而获的心理,或者将领取补助看作一种"占政府便宜"的行为,因而存在瞒报、谎报骗取补助用来玩乐的行为。另一方面,有少数学生则拒当贫困户,认为贫困户身份使其受到同学的歧视。教育精准扶贫之所以重要,体现在其能通过教育手段,改变贫困学生的知识水平和思考方式,打破贫困的代际遗传,而一旦这种错误的思想形成并固化,则教育精准扶贫将偏离其本来的目标。

　　四是针对"教育精准扶贫的现存问题"。我们在广东省开展的一项抽样调查结果表明:62.88%受访者认为"很满意,没有问题"。受选率较高的几个问题是:"教育扶贫覆盖面太窄"(10.63%)、"困难学生不愿意申请补助"(10.56%)、"非困难学生获得补助"(7.20%)、"困难学生未获得补助"(6.71%)和"补助作用不大"(4.27%)。此外,还存在"补助发放不及时"(2.85%)、"补助发放不公平"(1.85%)、"冒领补助"(1.46%)和"补助遭挪用"(1.21%)等问题。如图7-5所示。

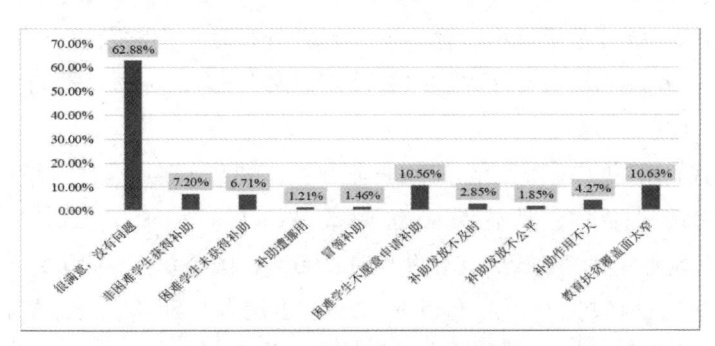

图7-5 对"教育精准扶贫的现存问题"评价

(本章执笔:华南理工大学经贸学院、公共管理学院研究生　刘晓婕、王怡琪)

第八章 公众教育满意度评价

满意度测量是公共管理研究的重要内容。一般而言，满意度是指个体可感知的效果或结果与其期望相比较后形成的一种愉悦或失望的感知水平。公众教育满意度是衡量教育质量的结果导向指标。我们以为，所谓公众教育满意度，简言之，是公众在对教育总体发展状态感知的基础上，与预期比较所做出的主观判断。由于存在切身体验，公众教育满意度具有较强的针对性，被视为洞察民意民情的代表性指标，从中能获取公众有效教育需求。

一、评价说明

本项评价由华南理工大学政府绩效评价中心组织完成。公众调查覆盖广东全省，调查对象覆盖18岁以上至75岁以下具有合法权益的公民，包括户籍人口和非户籍常住人口；调查时间为2018年2月1日至3月30日，针对时段为2017年度。调查主要采用定点拦截方式，并以性别、户籍、年龄为现场配额条件。全省有效样本量21122人。统计后的样本结构特征如下：

性别结构。男性占50.91%，女性占49.09%。

年龄结构。根据全省常住人口总体年龄分布设计6个年龄段。回收问卷样本年龄分布是：18－20岁为12.82%，21－30岁为20.54%，31－40岁为23.23%，41－50岁为18.27%，51－60岁为16.31%，61－75岁为8.82%。

学历结构。统计结果显示，样本文化程度分布是：小学及以下者占8.95%，初中者占16.06%，高中/中专者为18.78%，大专占22.04%，本科占27.13%，研究生占7.04%。

职业结构。根据国家统计部门的职业分类，划分11类职业，并给出开放式选项。统计结果显示，私企员工比例最高，为17.86%，其次是农民，为13.18%，私营业主为11.17%，学生为11.00%，国企员工为10.21%，自由职业者为9.58%，科教文卫者为9.05%，失业/下岗者5.84%，公务员和外企员工分别为5.62%和3.60%，其他所占比例较少，为2.88%。

家庭总收入。统计结果显示：家庭年收入16万－30万的比例最大，占35.39%；其次是11万－15万者占26.96%；再次是6万－10万者占15.82%，

31万–50万者占12.18%，2万–5万者占5.38%。低收入段和高收入段分别为2万元以下占1.45%，50万元以上占2.79%。

户籍结构。全部样本中，本市县占60.56%，本省占26.56%，外省占11.52%。

二、总体满意度结果

（一）全省整体结果

2017年度广东省21个地级以上市教育发展的总体满意度结果排名如表8–1所示。

表8–1　21个地级以上市教育发展的总体满意度结果排名

地市	教育发展满意度	排名	在校学生人数（万人）	义务教育规模（万人）
深圳	74.65	1	112.34	104.48
汕尾	73.14	2	33.00	29.43
云浮	72.35	3	29.94	25.96
中山	71.35	4	36.72	32.83
清远	69.23	5	43.64	38.23
江门	68.45	6	43.05	36.50
佛山	67.72	7	70.85	60.43
揭阳	66.51	8	73.91	58.92
惠州	65.32	9	69.59	61.23
广州	65.03	10	136.25	110.73
阳江	64.85	11	28.91	25.86
汕头	63.24	12	70.83	59.91
梅州	62.59	13	45.18	38.71
潮州	62.53	14	25.55	22.58
珠海	61.97	15	20.96	18.03
茂名	61.51	16	83.47	71.78
湛江	61.23	17	85.63	72.88
韶关	60.39	18	31.21	26.67
东莞	59.59	19	90.89	82.46
肇庆	59.09	20	50.51	42.16
河源	57.88	21	38.03	33.62
均值	65.17	——	58.12	50.16

全省21个地市教育发展的总体满意度平均值偏低（65.17），仅有九市的教育发展满意度超过平均值。其中，深圳（74.65）超越其他地市位居榜首，汕尾（73.14）、云浮（72.35）分别位列第二、第三。教育发展总体满意度较低的三个地市分别是东莞（59.59）、肇庆（59.09）、河源（57.88），极差为16.77。

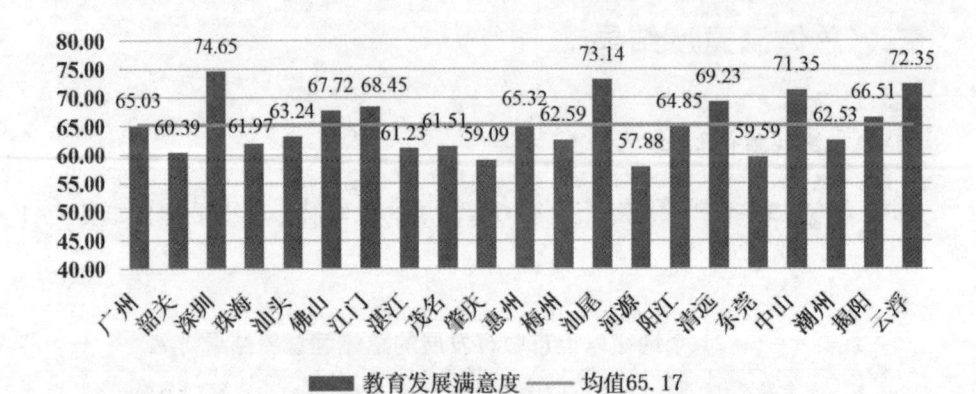

图8-1 全省21个地级以上市教育发展总体满意度

(2) 以公众背景划分

从户籍来看，本市县户籍群体对教育满意度最高（65.51），其次是本省户籍群体（65.07）、外省户籍群体（63.55）。

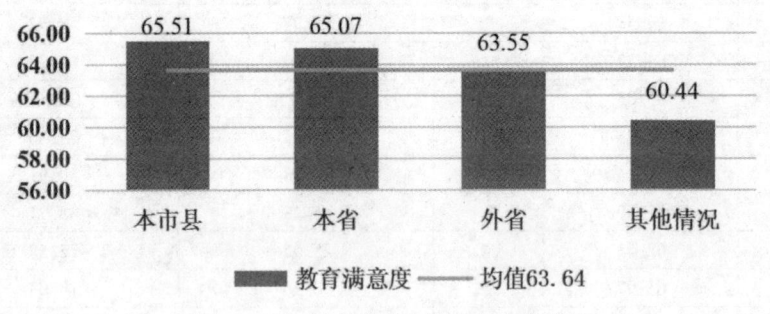

图8-2 不同户籍群体教育满意度比较

从家庭总收入来看，总收入50万以上的群体教育满意度均值最高，31万－50万的群体教育满意度最低，总收入5万以下的家庭教育满意度低于均值（65）。

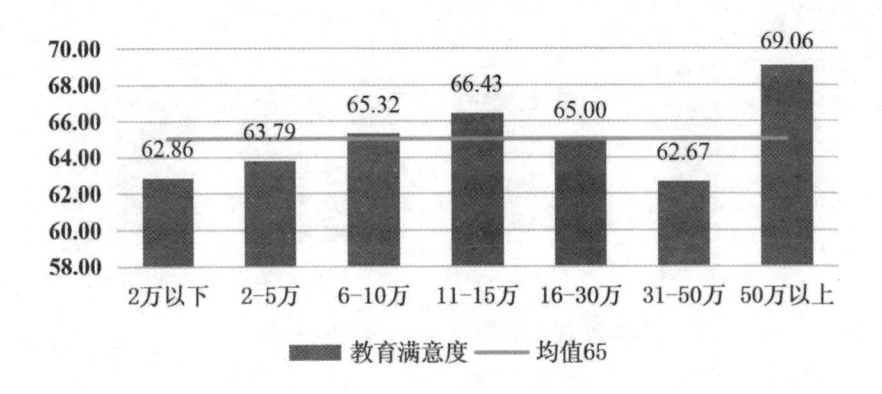

图 8-3　不同家庭总收入教育满意度比较

(3) 主要特点

一是在全省教育发展总体满意度中，仅有 10.10% 的居民表示十分满意，31.61% 的居民表示比较满意，总体满意度偏低，全省教育发展水平仍有待提高。

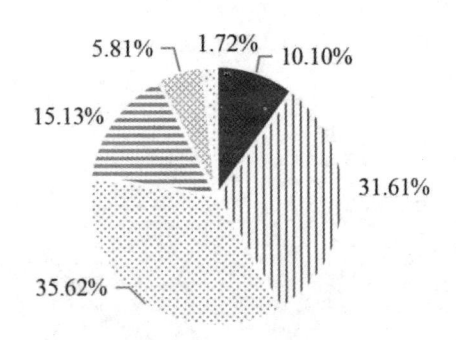

图 8-4　教育发展总体满意度占比

二是全省四大区域中，东翼地区教育发展满意度 (66.35) 超过其他三个区域，珠三角地区教育满意度为 65.91，山区为 64.49，西翼地区为 62.53。珠三角地区中 9 市在教育满意度排序中相对靠前，有 6 市位列前十。除西翼地区排名分布较为集中外，其余 3 个地区排名分布较为分散。排序后五位的依次是湛江 (61.23)、韶关 (60.39)、东莞 (59.59)、肇庆 (59.09)、河源 (57.88)。

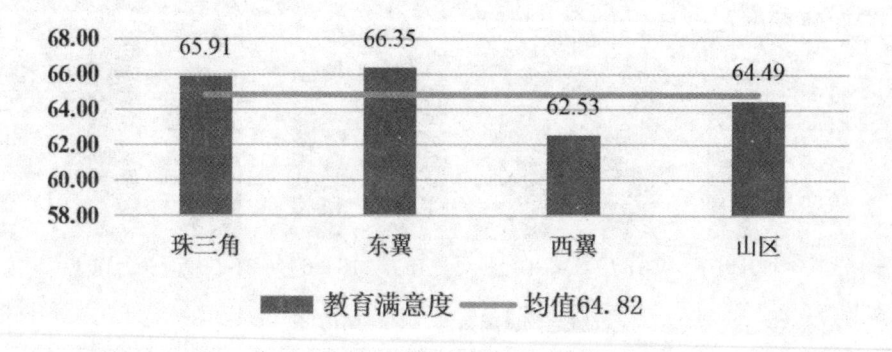

图 8-5 四个区域教育发展满意度

三是全省 21 市中多数地市教育总体满意度与政府总体满意度数值较为接近，但仍存在部分地市差距较大。两项满意度差距较小的地市有佛山（0.69）、惠州（1.06），差距较大的地市有深圳（11.79）、河源（9.51）、云浮（9.04）。

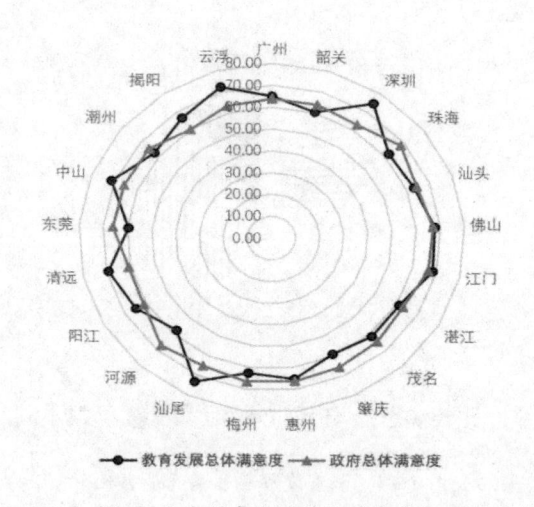

图 8-6 21 个地级以上市教育发展总体满意度与政府满意度比较

三、公众教育关注度

调查统计结果如表 8-2 所示。全省平均值为 19.33%，其中，珠海（43.58%）、潮州（36.48%）、佛山（29.95%）较高，茂名（7.06%）、云浮（5%）、东莞（2.46%）较低。同时全省四大区域的关注度受选率分别是，东翼

（23.94%）、珠三角（23.94%）、山区（15.23%）和西翼（14.76%）。

表8-2 21个地级以上市教育关注度结果排名

地市	教育关注度（%）	排名	所在区域
珠海	43.58	1	珠三角
潮州	36.48	2	东翼
佛山	29.95	3	珠三角
汕头	29.91	4	东翼
梅州	26.17	5	山区
肇庆	22.78	6	珠三角
惠州	21.86	7	珠三角
阳江	21.76	8	西翼
广州	20.89	9	珠三角
揭阳	20.20	10	东翼
韶关	19.36	11	山区
江门	17.13	12	珠三角
深圳	16.90	13	珠三角
河源	15.76	14	山区
湛江	15.45	15	西翼
中山	14.25	16	珠三角
清远	9.85	17	山区
汕尾	9.17	18	东翼
茂名	7.06	19	西翼
云浮	5.00	20	山区
东莞	2.46	21	珠三角
均值	19.33	——	——

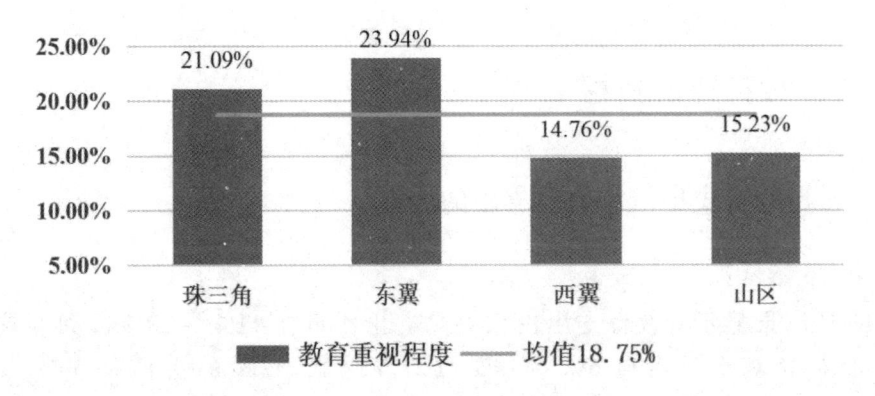

图8-7 全省四个区域教育关注度比较

从户籍来看，本市县户籍群体对教育的关注度最高（19.77%），其次是本省户籍群体（19.02%）、外省户籍群体（18.57%）。

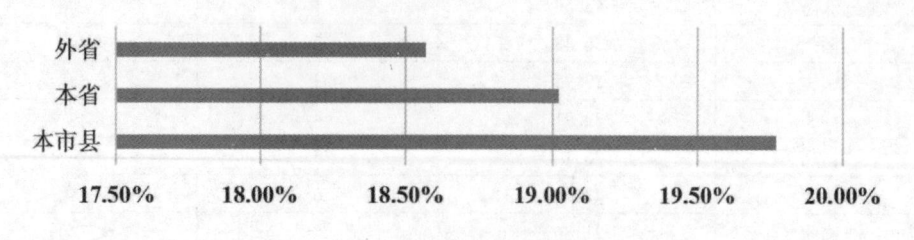

图 8-8 不同户籍对教育关注度的区别

从收入上看，对教育的关注度随着收入的增加呈现先上升后下降再上升的趋势，除了收入最低与收入最高的两个群体对教育关注度高之外，收入在 11 万 - 15 万之间的群体也十分重视教育。

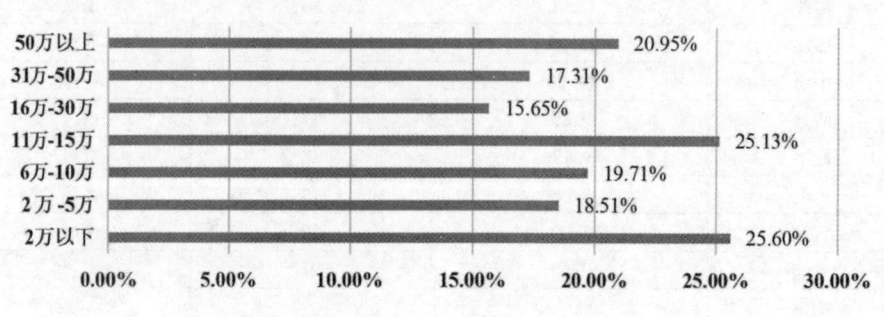

图 8-9 不同收入对教育关注度的区别

四、教育经济负担

（一）教育支出占家庭总支出的比重

1. 总体情况

统计结果显示：教育支出占家庭总支出比重在 11% - 20% 区间的较大（35.82%），其次是占比 6% - 10%（27.12%），较少的占比是 50% 以上（0.80%）。

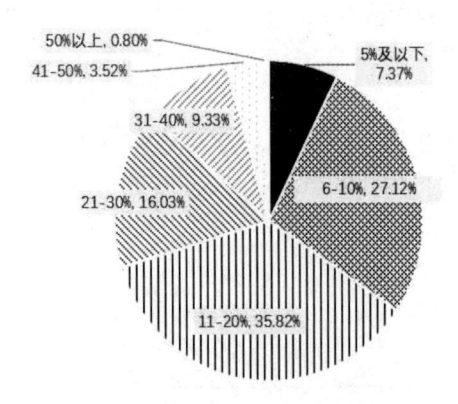

图 8-10 教育支出占比结构

2. 以公众背景划分

从收入上看，不同收入的群体之间存在差异，大部分收入群体均选择教育支出占比为 11%－20% 的区间。从图中能较为明显地看出 6 万－10 万家庭收入群体及 16 万－30 万家庭收入群体比其他收入群体更倾向于 11%－20% 的教育支出；而收入在 11 万－15 万的家庭，教育支出的占比选择集中在 6%－10% 和 11%－20% 区间；50 万以上群体支出占比 10% 以下占多数。

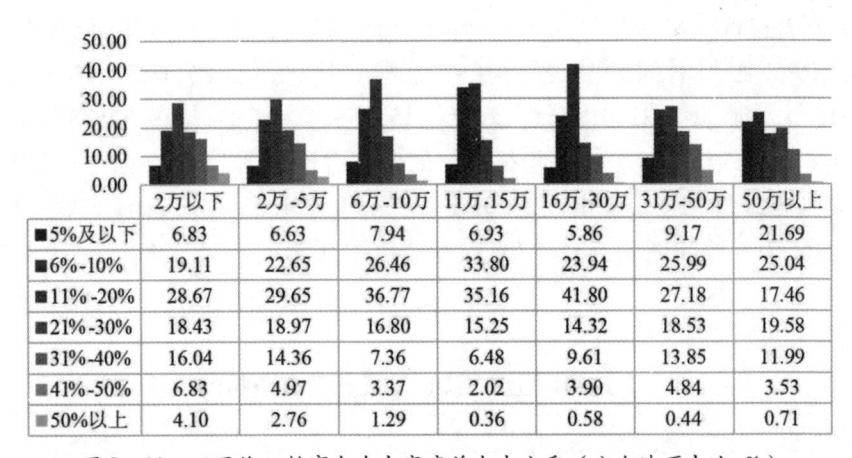

	2万以下	2万-5万	6万-10万	11万-15万	16万-30万	31万-50万	50万以上
5%及以下	6.83	6.63	7.94	6.93	5.86	9.17	21.69
6%-10%	19.11	22.65	26.46	33.80	23.94	25.99	25.04
11%-20%	28.67	29.65	36.77	35.16	41.80	27.18	17.46
21%-30%	18.43	18.97	16.80	15.25	14.32	18.53	19.58
31%-40%	16.04	14.36	7.36	6.48	9.61	13.85	11.99
41%-50%	6.83	4.97	3.37	2.02	3.90	4.84	3.53
50%以上	4.10	2.76	1.29	0.36	0.58	0.44	0.71

图 8-11 不同收入教育支出占家庭总支出比重（公众选项占比,%）

（二）家庭教育负担感知

1. 总体情况

全省21个地级以上市中，45.14%的受访群众认为孩子上学对家庭有一些负担，28.96%的群众认为负担比较重。

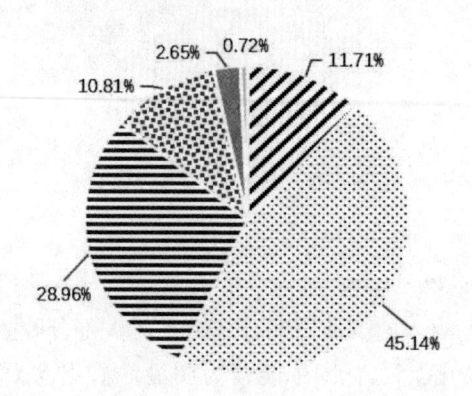

图8-12 21个地级以上市家庭教育负担感知

公众普遍认为家庭教育会产生一些负担或负担比较重，但具体到不同负担程度的群体分布，不同地市之间存在差异。其中，云浮（23.14%）、汕尾（15.71%）、河源（21.01%）、肇庆（15.85%）、湛江（19.35%）和中山（16.78%）等地市中认为"负担很重"的公众占比达到15%以上。与此形成对照，深圳（21.81%）、佛山（23.03%）、江门（21.53%）、珠海（21.91%）、阳江（25.10%）和韶关（15.27%）等地市中认为"没什么负担"的达15%以上。

表8-3 21个地级以上市GDP与家庭教育负担的比较（%）

地市	GDP（亿）	没什么负担	有一些负担	负担比较重	负担很重	不好说	其他情况
广州	19610.94	8.89	45.32	34.57	8.11	2.61	0.51
深圳	19492.60	21.81	55.62	16.12	4.05	1.57	0.82
佛山	8630.00	23.03	55.83	16.82	3.85	0.47	0.00
东莞	6827.68	3.36	47.43	44.30	4.03	0.22	0.67
惠州	3412.17	8.51	57.57	23.44	6.43	3.46	0.59

续表

地市	GDP（亿）	没什么负担	有一些负担	负担比较重	负担很重	不好说	其他情况
中山	3202.78	5.08	35.76	37.97	16.78	3.53	0.88
茂名	2636.74	1.35	56.71	25.81	13.42	2.39	0.31
湛江	2584.78	12.88	28.61	36.82	19.35	2.11	0.23
江门	2418.78	21.53	54.59	16.73	6.43	0.71	0.00
珠海	2226.37	21.91	48.11	22.42	6.80	0.76	0.00
肇庆	2084.02	11.23	28.35	42.84	15.85	1.54	0.18
汕头	2080.54	14.22	65.96	13.03	2.75	2.02	2.02
揭阳	2032.61	6.51	45.08	26.38	13.36	5.84	2.84
清远	1388.10	6.95	54.53	28.67	8.44	1.32	0.09
阳江	1319.33	25.10	40.79	23.01	6.90	3.14	1.05
韶关	1218.39	15.27	33.92	31.65	11.90	6.50	0.76
梅州	1045.56	12.88	36.32	32.08	14.80	3.60	0.32
潮州	976.83	0.97	66.67	25.69	6.67	0.00	0.00
河源	898.72	5.57	36.24	33.61	21.01	3.05	0.53
汕尾	828.49	14.80	25.83	33.53	15.71	6.50	3.63
云浮	778.28	5.14	20.29	48.43	23.14	2.71	0.29

2. 以公众背景划分

从户籍上看，不同户籍人口对于教育负担的感知相似度很高，多数人认为，教育对家庭经济而言"有一些负担"或"负担比较重"。

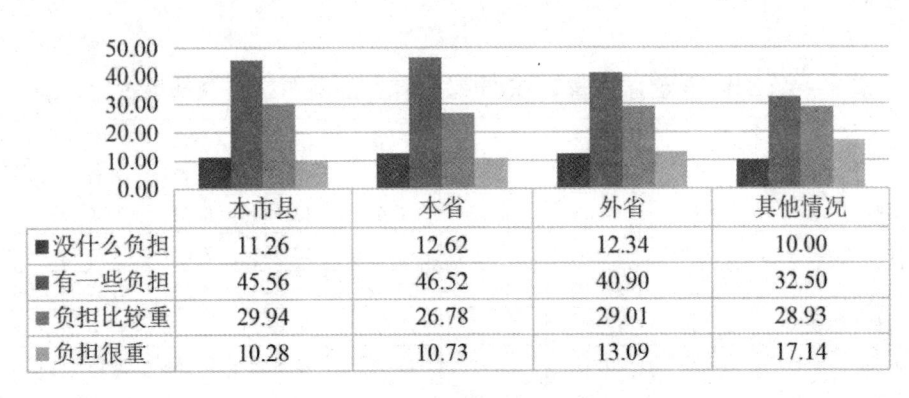

	本市县	本省	外省	其他情况
没什么负担	11.26	12.62	12.34	10.00
有一些负担	45.56	46.52	40.90	32.50
负担比较重	29.94	26.78	29.01	28.93
负担很重	10.28	10.73	13.09	17.14

图 8-13 不同户籍家庭教育负担（公众选项占比，%）

从收入上看，家庭总收入在 50 万以上的群体大部分选择没什么负担；11 万-15 万、16 万-30 万的群体认为教育对家庭经济有一些负担的比重较大，接近50%；而收入在2万以下及2万-5万的群体中，认为有一些负担和负担比较重的占比较为接近。

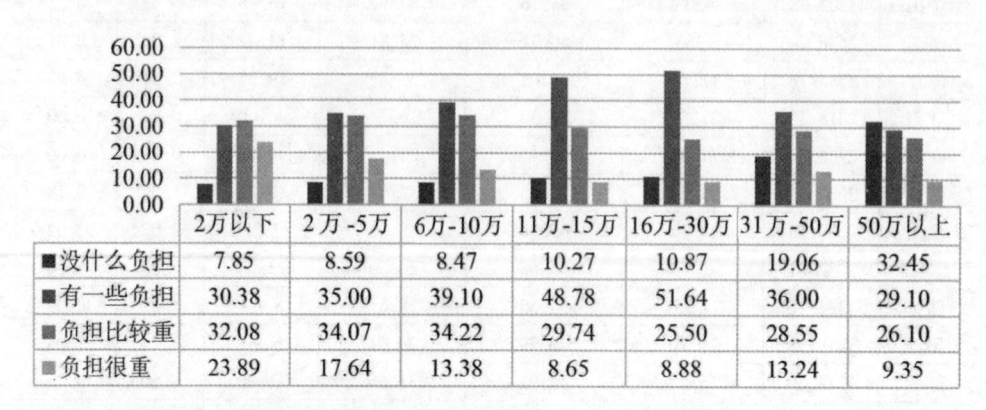

	2万以下	2万-5万	6万-10万	11万-15万	16万-30万	31万-50万	50万以上
没什么负担	7.85	8.59	8.47	10.27	10.87	19.06	32.45
有一些负担	30.38	35.00	39.10	48.78	51.64	36.00	29.10
负担比较重	32.08	34.07	34.22	29.74	25.50	28.55	26.10
负担很重	23.89	17.64	13.38	8.65	8.88	13.24	9.35

图8-14 不同收入家庭教育负担（公众选项占比,%）

五、教育存在问题感知与归因

（一）教育问题感知

在学前教育、小学教育、初中教育、高中教育、高等教育、特殊教育、继续教育、职业教育等各教育阶段中，全省21个地级以上市公众普遍认为初中教育（均值为18.37%）、高中教育（均值为19.92%）及高等教育（均值为21.25%）三个阶段存在问题。

表8-4 2017年度广东省21地市教育存在的问题（公众选项占比,%）

地市	学前教育	小学	初中	高中	高等教育	特殊教育	继续教育	职业教育	其他
广州	9.09	14.10	17.65	18.52	17.63	12.58	8.00	2.30	0.13
韶关	12.09	11.86	14.98	18.76	17.59	10.06	7.22	5.95	1.49
深圳	6.63	13.59	17.36	19.31	23.42	12.54	4.33	2.37	0.45
珠海	9.52	11.90	17.20	19.31	23.81	9.52	4.89	3.44	0.40
汕头	5.81	18.53	20.33	15.87	17.78	13.82	4.86	2.15	0.85
佛山	7.98	17.50	23.33	20.79	17.60	6.93	4.29	1.60	0.00
江门	6.18	11.08	16.84	19.81	22.17	11.99	6.66	5.15	0.12
湛江	6.01	6.81	14.05	17.63	26.83	14.78	9.07	4.51	0.30
茂名	2.50	15.59	15.92	9.74	18.03	25.33	12.50	0.39	0.00

续表

地市	学前教育	小学	初中	高中	高等教育	特殊教育	继续教育	职业教育	其他
肇庆	4.29	6.34	14.27	15.97	27.77	18.26	9.10	2.29	1.70
惠州	3.17	11.67	21.12	20.62	18.15	11.37	8.51	4.06	1.34
梅州	5.48	8.59	16.79	14.93	21.62	16.10	11.26	3.75	1.47
汕尾	10.56	8.33	14.44	16.67	19.22	12.56	5.22	4.44	8.56
河源	2.14	8.48	17.39	18.18	25.63	17.33	7.81	2.81	0.24
阳江	7.57	13.56	15.25	18.51	17.35	12.20	7.99	6.20	1.37
清远	5.62	11.32	21.29	24.59	20.15	9.38	5.43	2.13	0.09
东莞	1.04	3.35	31.68	40.12	17.11	5.32	0.92	0.35	0.12
中山	10.10	8.95	18.16	13.94	22.38	14.71	7.80	3.58	0.38
潮州	1.04	6.40	15.03	28.88	29.71	13.15	5.22	0.56	0.00
揭阳	8.59	10.77	20.17	15.98	19.49	14.27	6.15	2.74	1.84
云浮	3.19	8.85	22.60	30.22	22.77	7.78	4.10	0.49	0.00
均值	6.12	10.84	18.37	19.92	21.25	12.86	6.73	2.92	0.99

不同学历人群对教育问题阶段感知不一，从图中能看出各学历群体教育问题感知集中在初中、高中、高等教育阶段，学历偏低人群的问题感知重点偏向基础教育阶段，研究生学历群体比其他学历群体更倾向于认为继续教育、职业教育存在问题。

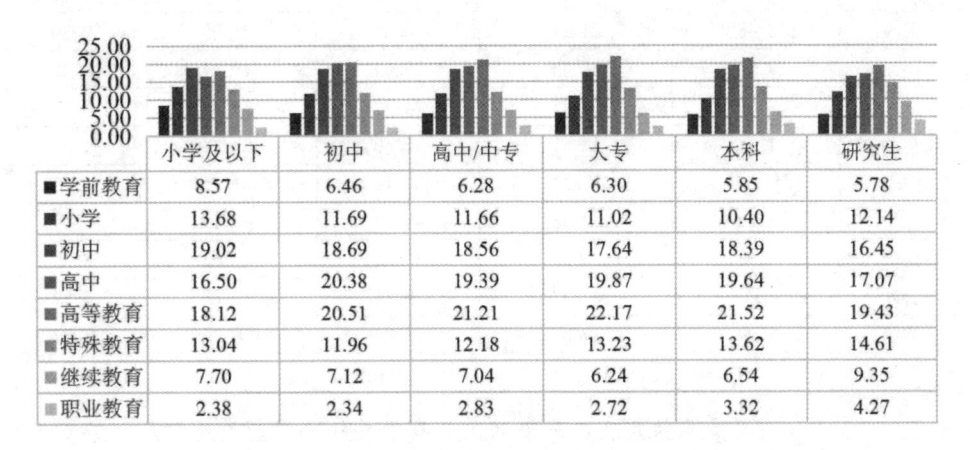

	小学及以下	初中	高中/中专	大专	本科	研究生
学前教育	8.57	6.46	6.28	6.30	5.85	5.78
小学	13.68	11.69	11.66	11.02	10.40	12.14
初中	19.02	18.69	18.56	17.64	18.39	16.45
高中	16.50	20.38	19.39	19.87	19.64	17.07
高等教育	18.12	20.51	21.21	22.17	21.52	19.43
特殊教育	13.04	11.96	12.18	13.23	13.62	14.61
继续教育	7.70	7.12	7.04	6.24	6.54	9.35
职业教育	2.38	2.34	2.83	2.72	3.32	4.27

图8-15 不同学历的教育问题感知（公众选项占比,%）

(二) 教育问题归因

造成教育绩效不佳的原因主要包括法律保障不够、政府作为不到位、财政投入不足、缺乏有效监督及缺乏规划等。其中，全省公众普遍认为财政投入不足（均值为33.84%）、政府作为不到位（均值为29.01%）与缺乏有效监督（均值为18.96%）是最为主要的因素。

表8-5　21个地级以上市教育问题归因（公众选项占比，%）

地市	法律保障不够	政府作为不到位	财政投入不足	缺乏有效监督	缺乏规划
广州	13.22	35.01	29.81	15.48	6.12
韶关	9.93	22.14	29.71	21.95	13.95
深圳	21.82	21.52	29.95	14.77	8.97
珠海	9.22	18.82	33.93	28.81	8.32
汕头	3.79	40.19	29.77	21.57	4.37
佛山	10.61	21.17	35.14	25.52	6.73
江门	7.58	31.91	29.48	18.24	12.37
湛江	8.35	29.48	35.71	17.64	7.83
茂名	6.84	32.76	37.14	20.20	2.79
肇庆	7.59	28.48	38.11	17.22	6.02
惠州	4.36	13.23	34.74	32.90	12.29
梅州	8.47	27.53	33.39	20.10	7.35
汕尾	13.56	20.40	29.95	12.97	7.31
河源	3.48	24.27	40.06	23.05	7.80
阳江	7.89	27.40	29.64	18.34	12.26
清远	8.86	34.85	34.53	15.84	5.33
东莞	1.55	43.81	45.60	7.50	1.31
中山	13.21	38.32	34.11	11.76	1.60
潮州	2.17	33.38	40.19	20.49	3.11
揭阳	12.09	25.09	30.42	20.62	8.75
云浮	14.12	39.37	29.24	13.21	3.82
均值	8.99	29.01	33.84	18.96	7.07

（本章执笔：广东中烟工业有限责任公司韶关卷烟厂　华元果）

下篇　地方政府整体绩效评价

——始于 2007 的年度报告

第九章 评价说明

本篇为我们第十一次发布的"广东省地方政府（市、县两级）整体绩效评价报告"（红皮书，针对2016年度）。本项研究由华南理工大学政府绩效评价中心、广东省政府绩效管理研究会、华南理工大学法治评价与研究中心、原点咨询公司协同完成，被学界称之为"广东试验"。政府绩效评价是公共管理及政府管理创新的前沿课题。一般认为，政府公共项目、公共部门、公共政策与政府整体绩效评价构成现代政府绩效评价的框架体系。从语义来说，本项研究侧重于事后的"测量与分析"，故选择"评价"一词。

一、政府绩效评价及发展

整体绩效评价是一个全新的概念范畴。相对于公共部门绩效、公共项目绩效、公共政策绩效而言，整体绩效是指一定时期内（如一年）作为一级特定政府的总体"成绩与效益"，包括政府行使职能的各个方面，如经济、社会、教育、文化，甚至司法等。整体绩效本质上类似于"概念绩效"或"印象绩效"，具有典型的"中国特色"。因为从公众评价的角度，基于作为评价者的公众未必是政府的直接"消费者"，他们的评价只能是"概念"或"印象"评价。正因如此，西方国家较少进行所谓整体绩效评价，这种功能由选票及选举市场来完成。从某种意义说，我国与西方国家迥然不同的社会制度加大了整体绩效评价的难度，但也更加凸现了整体绩效评价在我国实践的意义和迫切性。

审视历史，政府绩效评价产生和发展有着特殊的历史背景和深刻的社会原因，历经了若干阶段，表现出不同的特征。

第一阶段始于20世纪70年代，称为导入期。学术界普遍认为，20世纪70年代，克莱伦斯·雷德和赫伯特·西蒙出版的《市政工作衡量—行政管理评估标准的调查》一书是政府绩效评价的奠基标志。20世纪70年代，西方社会发展进入新的转折点。一方面，管理集权化导致政府垄断加剧，效率低落，官僚主义盛行；另一方面，全面推行"福利国家""混合经济国家"的公共政策取向加剧了政府管理失控、机构臃肿的趋向。不断扩大的财政赤字导致政府面临严重的财政、管理和信任危机。戴维·奥斯本指出，它们（政府）在公共教育上花的钱越来越多，但是学生考试分数差和退学率几乎没有改变。它们在警察和监狱上花的钱越来越多，但是犯罪率继续上升①。为遏制危机，美国先行一步，1973年，尼克松政府颁布了《联邦政府生产率测定方案》，1976年，科罗拉多州通过第一部《日落法》，此后又有36个州先后通过类似的法案。政府绩效评价在美国进入了法制化阶段②。联邦政府颁布的生产率测定方案设计出3000多个绩效指标，力图从制度上保证政府绩效评价的有效性和全面性。这一阶段政府绩效评价的直接动因是减少财政支出，提高办事效率，摆脱财政危机和公众信誉危机。这一阶段的美国政府绩效评价大都以内部评价方式进行，同时开始通过立法尝试让公众参与评价活动。

第二阶段始于20世纪80年代，称为发展时期。借鉴企业的做法，以市场化为主要诉求，西方各国进一步对政府传统的官僚体制，尤其是组织机构臃肿、效率低下、思想僵化封闭、规制繁杂、公权异化等难以适应复杂公共管理领域的运作模式和运行机制进行彻底改造，政府绩效评价由此全面展开；同时，新公共管理思想力主减少政府干预，应用企业管理思想、方法和哲学，对公共部门的投入产出进行科学的测定，将企业人力资源管理中的绩效评价手段应用于政府部门，实现公共效益的最大化。这方面英国具有代表性，从20世纪60年代开始对公共生产力进行评定，到80年代在中央和地方各个部门进行持续的大规模的"雷纳评审"，随后又建立了"部长管理信息系统"，旨在及时提供全面的、规范化的信息，重点是行政活动的直接产出信息。这一方案包括140个绩效指标，首先应用于卫生服务系统，之后，从中央到地方的各级政府部门都建立起了比较完善的绩效评价体系。③基于"对政府信任一再降到创纪录的最低点"的严峻问题④，源于内外的巨大压力，政府绩效评价旨在顺应变革潮流，强化行政能力，树立政府威望，用企业家精神重塑政府。这一时期，除了国家权力机关介入绩效评价的立法外，公众通过不同方式直接参与评价活动。

第三阶段开始于20世纪90年代，称为相对成熟期。1993年，美国第103届国会颁布了《政府绩效及结果法案》（GDRA），以立法的形式确定了政府绩效评价的地位，同年成立了全国绩效审查委员会（NPR），要求所有的公共机构开展绩效评价，接受社会监督⑤。除美国和英国外，政府绩效评价在西方及新兴国家

---

① [美] 戴维·奥斯本等. 改革政府——企业精神如何改革着公营部门 [M]. 上海：上海译文出版社，1996：121.
② 周凯. 政府绩效评估导论 [M]. 北京：中国人民大学出版社，2006：6.
③ 周凯. 政府绩效评估导论 [M]. 北京：中国人民大学出版社，2006：7.
④ 迈克尔·巴龙. 美国世纪 [N]. 参考消息，2000-01-05.
⑤ 周凯. 政府绩效评估导论 [M]. 北京：中国人民大学出版社，2006：7.

得到了广泛的应用,以至于有西方学者宣称"评估国"已屹立于世界之林。背后的动因,主要是一场全球性的革命已经开始,以知识为基础的经济全球化时代已经到来,并正在世界各地破坏种种陈旧的现实存在[①]。受经济全球化和知识经济对政府管理提出挑战的推动,重塑政府改革运动促进政府自身管理变革,而自身管理改革集中在政府绩效管理上,实行以实现经济目标、效率目标和效益目标等全新管理模式。这一时期,就政府内部而言,更关注重塑政府管理形象和模式,实现政府管理的绩效导向;从外部环境看,由社会公众和民间组织组成的第三方评价主体出现,实现"体制外"评价。

进入21世纪以来,政府绩效评价凸现以下特征:一是评价逐步走向制度化和法制化;二是评价主体日益多元化,公民和服务对象广泛参与评价过程,第三方评价更加普及;三是评价体现公民导向,评价旨在推动建立公共部门负责任的有效机制,以公民满意为评价的终极标准;四是评价技术不断成熟。

二、我国政府绩效管理及评价

政府绩效管理的目标导向包括价值目标及技术目标。从组织管理的角度,政府绩效管理的价值目标即是民主目标,可视为政府的公信力;技术目标追求政府管治的效率效果,体现政府的执行力。

(一) 我国政府绩效管理及评价的功能定位

我国政府绩效管理的目标导向不仅在于提高政府执行力,更在于提升政府公信力。这一导向是保障我国政府绩效管理试点工作规范化的前提。

首先,政府公信力指向政府与公民的关系,与政府绩效管理的价值导向一脉相承。所谓公信力(Accountability),简言之,是使公众信任的力量。政府的公信力体现了政府的信用能力,是公民对政府行为持信任态度,是社会组织、民众对政府信誉的一种主观评价或价值判断。[②] 政府作为提供公共服务的垄断组织,其公信力由公众对其履行职责的程度做出评价。显然,政府公信力涉及公众与政府的本质关系,是政府公共治理合法性的源泉,也是社会性秩序和权威被自觉认可和服从的性质和状态。从本质上讲,政府绩效管理是民主文化的技术工具和手段,它内置了管理的目标应由公民来认同这一终极标准。

[①] 张国庆. 行政管理学概论 [M]. 北京:北京大学出版社,2000:649.
[②] 叶育登. 信息的透明度 政府的公信力 社会的凝聚力——从政府对禽流感信息发布工作说起 [J]. 中国行政管理,2004 (4):56-58.

其次，政府公信力以政府执行力为前提，体现政府绩效管理的技术功能。尽管公信力是公众对政府的主观评价，强弱程度取决于政府所拥有的信用资源的丰富程度，以及政府及公务员在公民心目中的具体形象。或者说，政府公信力是公众对政府行政能力的满意度。但按照满意度理论，公众对政府行为的主观感知以政府行为的客观效果为前提，没有什么比公众自身更了解需要什么样的政府以及政府服务，但任何主观评价总是基于公众已知的客观事实，换言之，政府公信力以政府执行力为基础。理论上，没有政府执行力就没有政府公信力，但执行力与公信力并非平行的概念，政府绩效管理所追求的公信力内置了执行力。

最后，政府绩效管理指向政府"应该干什么"，一定程度上可对政府执行力进行纠错，对决策纠错是民主的理由与功能。政府执行力属于技术范畴，它是政府决策及实现目标的执行能力，隐含了决策及目标的正确性。但事实上，决策失误或政府公共政策"坏倾向"具有自发性，我国政府管理及社会存在的问题，大都与目标本身或目标导向有关，因为体制内管理及评价必然指向政府"正在做什么"，并非"应该做什么"，充其量是政府执行力，并非"服务公民的能力"。在我国现有体制下，上下级政府职能之间具有传承性；体制内管理及评价内设上级政府的正确性，难以形成政府"应该做什么"的纠错机制。由此导致"长期以来，自上而下的政绩考评标准，是以 GDP 增长为核心的评价考核体系。这样的政绩考评有着显而易见的缺陷。

政府绩效管理是新时代我国政府管理创新的基本路径。原因在于：一是价值层面上，政府绩效管理体现民主文化的基本导向。没有民主就没有社会主义现代化。政府绩效管理的内在机理和运行逻辑与现代民主政治的发展一脉相承。一方面，它增强了政府实质合法性；另一方面，它凸显了政府管理民主化。二是技术层面上，政府绩效管理是实现政府理想职能的工具体系。从历史看，可以将 20 世纪八九十年代持续 20 年的西方国家政府绩效化运动视为发达资本主义自我调整的重要内容。这种调整虽以西方选举市场为基础，但却以政府的技术功能实现为目的。我国社会制度与西方迥然不同，但基于民主导向和技术工具的双重属性，政府绩效管理必然成为民主道路上我国政府管理创新的基本路径。

学界普遍认为，我国政府绩效管理发端于 21 世纪初。我们以为，从现实出发，我国政府绩效管理的定位是"绩效导向下的目标管理"。

一是目标管理。1954 年，彼得·德鲁克（Peter Drucker）提出"目标管理"理论被誉为"管理中的管理"，它以目标为导向，以人为中心，以成果为标准，从企业管理迅速延伸到其他组织和个人管理中。作为方法论，目标管理目前已经成为中国各级政府管理最常见有效的管理模式。尽管政府目标具有多元性，但实现各项目标是执行力体现，是集权体制的优越性所在。政府绩效管理立足于目标管理首先吻合体制内自上而下的管理属性。层级体制下，完成上级政府制定的目标是本级政府的使命所然，政府绩效管理倘若无助于目标实现，必然与政府内部管理的刚性需求相脱节，从而丧失存在的前提。

二是绩效导向。严格意义上说，冠以绩效管理的当前我国各级政府的内部管理本质上即是目标管理，如果以目标管理作为我国政府绩效管理的定位不仅逻辑上"多此一举"，而且会打乱组织内部原有的平衡，增加管理成本。绩效导向为目标管理设置了方向和条件，首先是"结果导向"，指向组织内部关系。结果与过程具有相对性，目标管理某种程度上亦体现结果导向，但这种结果往往是短期或主要领导人的"任期结果"，与组织长期目标未必一致，甚至背道而驰，绩效管理追求政府目标长期最大化。其次是"公众满意导向"，指向组织内部与外部的关系。政府由纳税人所供养，公众满意成为检验结果的最终标准。事实上，源自企业的目标管理界定了目标关联者（企业与消费者）的关系，但落脚点是消费者选择，政府目标管理亦如此，是公众或公共选择。

由此，从现实出发，我国政府绩效管理定位于"绩效导向下的目标管理"不仅强化了组织内部的目标实现及责任，即提高政府执行力，体现政府内部自上而下的管理属性及政治制度的内在要求，更重要的是从组织外部的视角，检验内部目标的科学性与民主性，实现政府执行力与公信力的统一，即是理性工具与价值导向的平衡。

（二）我国政府绩效管理的现实矛盾

一是管理权与组织权的矛盾。政府绩效管理过程涉及管理权、组织权等多重权力关系。在各地成立的政府绩效管理（试点）工作机构中，领导机构是管理的主体，拥有管理权，专设（常设或临设）机构是管理的组织者，拥有组织权。从权力组合与制衡的角度，组织机构应该有超然地位，与管理对象保持距离。但目前政府绩效管理中的组织机构或牵头单位五花八门，如组织、人事、综合办公等部门，这些部门亦为管理对象，同时，管理信息来源亦源自作为管理对象的党政部门。实际操作中，在信息垄断及不对称的情况下，所谓信息采集的责任部门拥有部分组织权，绩效管理权被肢解或让渡，这样不仅相互牵制，亦造成角色冲突。事实上，围绕管理组织权的博弈，争取部门权力最大化已为政府绩效管理的现实矛盾。

二是过程控制与结果导向的矛盾。管理始终与过程相关联，过程中体现效率。绩效管理旨在强化效率，但比效率内涵更丰富，外延更为广泛。尽管过程与结果具有相对性，但本质上，绩效管理是结果导向的管理创新。基于内部管理属性与集权体制需要，我国目前政府绩效管理的理念与做法无不强化对决策过程的控制，具体表现为年度中心工作的执行力控制，但中心工作年年有变，从而导致绩效评价指标体系日趋庞杂，缺乏一致性、导向性与稳定性，甚至变成为家长式管理的理性工具，这样不仅成本高昂，亦与政府绩效管理的有效性、回应性及结果导向形成矛盾。

三是绩效评价与原有考评的矛盾。政府绩效评价是政府绩效管理的核心环节，亦为难点所在。目前我国行政管理的一个重大弊端之一就是各自为政，考评五花八门，不断循环。据不完全统计，地方政府每年接受上级年度考评超过百项，指标几千项。镇级处于行政层级最基层，个案调查表明，某些行政部门每年必须花费三分之一的时间与精力应付各项考核、评比与检查，考评主体、部门、形式、指标太多，流程繁琐不堪重负。究其原因不外乎以下几方面："以考代管"，以考评驱动目标完成；争取部门利益最大化，考核评价权是最直接、有效的行政权，在现行体制下，评价组织权意味评价主动权，成为回避责任的有效手段。政府绩效评价是一项新的评价，背后是现行体制下部门间的评价权之争。

四是统一性与差异性的矛盾。这种矛盾表现为评价体系的统一性与被评对象差异性的关系。政府绩效评价本质上是比较性评价，置于现代政府的层级结构中，只有对一组同层级的政府（部门）加以比较评价才有意义，即所谓评价的统一性问题，但基于客观原因，或者说被评价政府不可作为的因素，即使是同级政府所在区域，社会经济及行政文化等亦迥然不同（政府部门之间更是如此），造成所谓差异性问题，这一矛盾影响政府绩效管理及评价体系，削弱指标体系的科学性、公正性。

（三）实现"三个统一"是我国政府绩效管理的现实选择

"三个统一"，即"统一管理组织、统一技术体系及统一结果应用"符合管理学的基本原理，切中评价中的现实问题。从理论上讲，评价政府绩效的主体包括内部主体与外部主体，内部评价主体的政府绩效管理属内控管理，评价权统一于上级政府，无需"多头评价"，减少不确定性，"组织的一个最基本的功能是吸收不确定性造成的影响。"[①] 从本质上讲，我国政府绩效管理试点工作属于体制内管理创新，统一管理及评价权，体制性要求必须统一技术体系与结果应用，这有利于提高评价的权威性，降低内耗，提升效率。同时，"三个统一"是对各

---

① 雷蒙德·E. 迈尔斯，查尔斯·C. 斯诺. 组织的战略结构和过程 [M]. 北京：东方出版社，2006：314.

自为政的校正，切中了目前重复考评的现实问题。但"三个统一"直指体制中枢，面对巨大的阻力。因此，一是从长远来看，应将政府绩效管理的管理权及评价权相对独立于政府及其部门之外，对权力机关负责，理论上，政府作为评价对象不应该成为评价主体；二是以绩效管理统筹政府管理方式，尤其是以绩效评价统筹已有各种考评；三是建立全国绩效评价的通用模型，在评价指标结构及体系中，以符合绩效内涵、纵向对应、方便操作为原则，设立涵盖经济、社会、环保、成本、公众满意度等维度的统一、简洁的三级指标结构；四是规范结果应用，统一协调目前分属于组织、人事、纪检等部门的奖罚权限，体现政府绩效管理的目的旨在提升政府绩效。

三、本项研究的特征与审视[①]

（一）基本特征

始于2007年的本项研究被学界称之为"广东试验"。从组织权获取方式的角度，学术界把第三方评价分为委托第三方评价和独立第三方评价两类。第三方评价避免了政府内部评价角色重叠的矛盾，过程公开透明，结果相对客观。它的意义在于：一是直接影响政府行政模式和治理理念，突破官本位、权力本位的管理模式，驱使政府及其公共政策以公共服务质量和公众满意度为导向，体现"民意"祈求；二是推动政府职能转变，评价改变政府自身缺乏转变职能的动力机制，并通过不断的沟通和反馈，促使政府职能体系配置合理化、科学化；三是强化公民价值取向，开辟公民参政议政途径，提高公民的参政意识和与政府对话的能力。

经过40年改革开放，我国正处于社会转型期，广的发展东具有代表性与前瞻性。一般认为，现代政体区别于传统政体的关键乃在其民众政治意识和政治介入的幅度，"如果要保持政治稳定，当政治参与提高时，社会政治制度的复杂性、自治性、适应性和内聚力也必须随之提高"。[②]"广东试验"研究表明，广东社会经济转型呈现一系列重要特征，如收入与收入满意度的倒U型初现；生态环境成为发展战略中最稀缺的生产与生活要素；社会保障、治安、教育与医疗等"民生供给"缺失；区域发展三级梯度平衡演变为两极格局，等等。

---

① 本节引自郑方辉，张兴. 独立第三方评政府整体绩效："广东试验"审视[J]. 学术研究，2014（8）：37–42.

② 亨廷顿. 变化社会中的政治秩序[M]. 上海：三联书店出版社，1989：73.

"广东试验"是新世纪以来,我国政府绩效评价的理论研究、实践探索与广东社会经济转型对政府管理创新需求相结合的产物,而在目前这样一个选举机制还不尽成熟,投票压力尚不尽完善的年代,通过社会评价的方式施加对政府政策的影响,就成了一种最可常规执行的公民政治参与方式①,"广东试验"的内涵和特点体现于:一是独立的第三方评价。由高校学术团队自选题目,独立操作,体现真正意义上的专业性强的第三方评价。二是基于公众满意导向,重构评价理念。在评价政府现状职能的实现程度的基础上,引导政府的职能转换。三是针对整体绩效,有别于政府部门绩效、项目绩效和政策绩效;立足增量,兼顾存量,形成年度整体绩效指数。四是覆盖全省所有的市、县两级政府,包括21个地级以上市和121个县(市、区)。研究将异质特征较为明显的被评对象置于了统一的评价体系中。五是优化评价路径,使独立的第三方评价变得具有可操作性。作为层次分析法特例建立评价指标体系,以主观指标与客观指标相结合的思路弥补统计数据不足或失真。六是定期公开评价结果,对全社会负责。简言之,独立第三方评价与政府整体绩效评价是"广东试验"的两大特征。

(二)评价主体:伸张了人民评价政府的权力

"广东试验"作为国内首家独立第三方评政府整体绩效的研究,秉持超然的态度和理念,使评价结果更加趋于客观公正。"第三方主体的加入是加强政府绩效评估客观公正性的有效途径,而评估主体的独立性则是保持这种客观公正性的基本前提。"② 由于第三方组织独立于政府系统之外,立场超然,与政府组织没有隶属关系和利益关系,这种"不相关性"使其评价过程可以避开政府的压力和干预,克服了政府内部评价双重角色的矛盾。

理论上,评价就是一种权力。评价主体居于权力关系的核心位置。在公民与政府关系中,独立第三方评价主体伸张了人民评价政府的权力。

一是知情权。一般认为,公民知情权是指公民获取政府相关信息而不受公权力妨碍与干涉的权利以及向国家机关请求公开有关信息的权利。具体包括公民的立法知情权、行政知情权和司法知情权。对政府知情权为公民知情权的核心内容,但我国"官本位"思想根深蒂固。一方面,政府及其官员从自身的利益出发,以各种理由限制政务公开,影响公民获取政府信息的充分性,政府对信息的垄断导致信息资源的巨大浪费;另一方面,公民知情权缺乏具体明确的制度保

---

① 唐昊.红皮书是有益的社会评价体系[N].羊城晚报(A2版),2007-11-14.
② 金竹青等.中国政府绩效评话主体结构特点及发展建议[J].国家行政学院学报,2007(6):30-33.

障，公民缺乏获取政府信息的有效途径，使得知情权局限于一种抽象性的权利。"广东试验"独立于体制外，评价过程公众广泛参与，评价结果向社会公开。

二是监督权。尽管《宪法》明确规定公民对于任何国家机关和国家工作人员，有提出批评和建议的权利，但在实践中公民的这种权利实现有限。因此，对政府行政权加以有效监督和约束是公民的权力与责任。实践证明，监督强调外在的强制性，仅有同体监督（即内部监督）而没有异体监督（即外部监督），就会使监督形同虚设。以独立第三方评政府整体绩效的"广东试验"，评价过程就是公众外部监督政府的过程，评价结果为社会公众、社会组织、新闻媒体监督政府，行使监督权提供了可靠依据，彰显了人民当家作主的地位。

三是主导权。体制内的评价是由政府及其隶属部门组织实施，一般自上而下。政府机构及其官员既扮演"运动员"又扮演"裁判员"的角色，"谁来评、评什么、怎么评"全部由政府部门根据自己的利益取向来决定。整个评价过程公民较少参与，评价结果也较少向社会公开。显然，体制内评价的主导权完全掌控在政府手里，这样的后果是"不可避免会放大成绩，或把问题归咎于客观原因，甚至隐瞒实情以逃避责任"[①]。"广东试验"不然，评价的主导权在民间，"来自民间、面向民间、服务民间，不是政府的附属机构，其合法运作不受政府的干预"[②]，突破了体制内评价"报喜不报忧"的瓶颈。

四是选择权。在资源能够自由流动的条件下，当政府提供的公共产品和服务价格过高或者不能满足其成员需要时，其社会成员就会像私人物品的消费者挑选私人物品的供给者那样，去挑选适合自己需要的公共产品的供给者—其他政府。当其社会成员有权改选政府时，提供劣质公共产品的政府必然被淘汰，即所谓"用手投票"，这是政府更迭的根本原因。"广东试验"中，独立第三方对政府整体绩效的评价结果，是公民对政府意愿的综合反映，不但为公民提供了一个评价官员的载体，亦可视为公众一项选择政府的权力。

（三）评价指向：政府"应该做什么"

厘清和界定政府职能是评价政府整体绩效的前提。100多年来，围绕政府的角色定位，或者说权力边界及其职能内涵，理论界的争论不绝于耳。然而，即便是"市场经济和法治社会的坚定捍卫者"的哈耶克亦认同需要一个"有限的法治政府"。事实上，近代史表明，任何国家的经济与社会都离不开政府职能的行使。

[①] 郑方辉，毕紫薇. 第三方绩效评价与服务型政府建设 [J]. 华南理工大学学报（社会科学版），2009（4）：34-36.

[②] 同上。

问题的症结在于政府"该干什么",对此,世界银行发展报告指出,"有5项基础性任务处于每个政府使命的核心地位,如果这5项任务完不成,就不可能取得可持续的、共享的、减少贫困的发展:建立法律基础;保持非扭曲性的政策环境;投资于基本的社会服务与基础设施;保护承受力差的阶层;保护环境"[①]。

有什么样的考核评价制度,就有什么样的政府行为。自20世纪80年代中期以来,源自地方政府之间强大的竞争压力与自身利益的驱动,加之上级政府政绩考核导向,地方政府将主要精力放在发展地方经济上,但由于市场机制自身不足以实现所有的经济职能,政府不可避免地卷入经济资源竞争的中心地位,偏离"守夜人"和"裁判者"的角色,而忽视经济发展中的环境保护、社会公正等问题。要改变此种状况,必须改革考核制度,重构评价组织与主体,重建指标体系。因为体制内考评更多强调政府的行为过程,注重政府职能的实现程度,主要是对上级政府目标的完成状况,难以形成政府"应该做什么"的督促机制。

"广东试验"基于独立第三方及公众满意度导向,评价直指政府"应该做什么",检验政府"应该做什么"与"已做了什么"的成效及差距。具体来说,在经济领域促进竞争,在社会领域捍卫公正,在自然领域保护生态环境,进而将政府职能定位于促进经济发展、维护社会公正、保护生态环境、节约政府成本、实现公众满意,有效融合客观指标与主观指标,贯穿了政府执政为民的价值导向。广东对官员正实行新的评价指标和考核体系,而华工版(即"广东试验")的政府绩效评价体系与此并行不悖。前者作用于内部,是官僚系统的硬杠杠,后者生效于舆论,成为社会观照的软指标。由官员政绩而至于政府绩效,报告所量化的指标显露出行政的动机、行动及成果的社会评价。报告执着于此,自然能产生恒久的推动力。这绝非是对体制内评价的简单补充,它及其凭依的力量是独立奏效的。[②]

(四)指标体系:终极标准在于人民满意

技术体系主要是指标体系,指标体系的设置决定评价的科学性。从技术方面来说,绩效指标是关于如何获得考评结果或者如何收集数据而对绩效维度进行操作化界定的一种说明[③]。对公共管理部门绩效的衡量一直是一个世界性难题,"广东试验"作为一项探索性的研究成果,其科学性、有效性仍会令人们产生某

[①] 世界发展报告. 变革世界中政府 [M]. 北京:中国财政经济出版社,1997:1-4.
[②] 社论. 民间评估政府绩效,社会襄助政府变革 [N]. 南方都市报(A2版),2008-10-21.
[③] [美] 西奥多·H. 波伊斯特. 公共与非营利组织绩效考评:方法与应用 [M]. 肖鸣政等,译. 北京:中国人民大学出版社,2005:86.

种程度的疑问,如来自政府层面的数据统计能否做到真实准确、评价指标体系的设计是否完整等等。① 事实上,到目前为止,学术界对如何实现政府整体绩效评价结果存在分歧,如在技术路径方面,共同的思路是应用层次分析法(AHP),亦有学者提出数据包络分析法(DEA),或 AHP 和 DEA 两者组合法。这些方法基于共同的假设:作为基础数据来源的专家咨询调查是可行的,但实际上,这种理论性假设与现实相距甚远;在指标体系方面,尽管不同研究者提出的体系不同,但大都基于经济、效率、效益三维逻辑框架,涵盖了社会、经济、科教、环境以及政府内部管理等维度,存在的问题显而易见:一是现行体制下,将政府运作的过程与结果结合起来,本质上是目标考核。二是评价中较少考虑到政府成本及公众满意度,技术体系容易为被评对象"量身订做",实质偏离政府绩效的内涵结构,甚至将评价视为上级政府强化对下级政府监控的"理性工具"。

我们以为,在现实条件下,我国政府整体绩效评价是公民对政府表现的综合评价,其过程承担民意表达的功能,其结果成为民主政治发展和行政体制改革的内在动力。衡量指标体系科学性的终极标准在于人民满意,即技术层面上的公众满意度。

首先,政府整体绩效评价过程承担民意表达功能。民意作为一种自下而上的意志表达是现代社会及政府运作的风向标;民意的充分表达和广泛汇集是现代政府合法性的重要基础。政府整体绩效评价内置了公众满意度导向,从理念上反映了政府治理寻求社会公平和民主的价值,是公众表达利益主张和参与地方政府管理的重要途径;从过程来看可以承担起民意表达功能,原因在于:一是评价的组织者和发起者一般都是作为独立第三方的学术机构、媒体及其他非政府组织,民间性与独立性使评价具有广泛的群众基础,给公民提供了民主评价政府的途径;二是就评价过程实施而言,政府整体绩效评价运用了类似于通常的民意测验方法,包括启动专家咨询程序、发放满意度调查表等,这些主观测评体现了专家或受访公众本身的意志表达,是一定范围内的民意聚集。

其次,政府整体绩效评价结果是民意的综合反映。从终极目标来看,评价的生命力在于回归公众本位。"新公共管理运动的核心取向——公共绩效——在其开展过程中所体现出来的对效率和民主的同时关注,也决定了它不仅是一种单纯的管理工具,而是日益追求和体现着现代民主的价值理性"②。在这个意义上讲,政府绩效评价的结果就构成了综合民意、推进民主的重要助推器。评价结果所引发

---

① 唐昊. 红皮书是有益的社会评价体系 [N]. 羊城晚报(A2 版), 2007-11-14.
② 卓越. 公共部门绩效管理工具理性与价值理性的双导效应 [J]. 兰州大学学报, 2006(9): 27-32.

的民意与政府意志的互动、关联与反馈，最终实现以评价来推动善政进而建立善治（Good Governance）。

因此，从逻辑源头与方法论的角度看，政府整体绩效评价本质上是主观评价，是公民对政府表现的综合评价，那么，不论采用什么样的指标体系，评价结果的科学性、适应性与合理性均可通过公众对政府总体表现满意度来检验。但公众满意度测量的前提是公众能够并可以理性表达个人偏好。因此，民意调查所推进的民意表达功能的实现程度有限。这样，以主客观指标于一体的政府整体绩效评价指标体系更能有效地承载起这种民意表达过程与结果的功能，不仅强化操作上的可行性，而且使评价结果更加趋近公众的真实意愿，或者说，评价结果比公众单一满意度评价更加理性。

（五）动力机制：持续与否源自民间

作为独立第三方评价，"广东试验"具有客观和公正的特点，但面对的问题依旧存在：一是来自被评对象的压力。针对地方政府整体绩效的评价结果反映年度政府政绩，一定程度上被视为行政首长的"成绩单"。政府整体绩效评价排名有先有后，地方政府一旦排名垫底或大幅度降低必然引起社会各界的议论与追问，甚至是上级政府的问责。因而，被评对象倾向通过各种方式给评价主体施加影响。二是体制外评价面临主要资料信息源自真伪混杂的各类年鉴的问题，由评价者主导的调查亦会受到诸多限制。三是评价活动需要投入巨大资源，尤其是公众满意度调查投入代价较大。正因为如此，独立第三方评价政府整体绩效的动力机制尤为重要。在政府自己评估、自己发布的途径之外，来自民间独立、系统的评估视角的建立，对建立社会主义民主政治是有力和有效的促动，而政府似也在承认这种民间评价的价值，应该说这是一种可喜的互动，表明的是政治上的进步和成熟[1]。

事实上，独立第三方评价政府整体绩效的动力更多源自民间。历史经验表明，社会变革的动力在于民间，社会襄助政府变革的可行性不可低估。独立第三方评价虽在信息的全面搜集方面有些不便，但民间评价所需的独立性因此保全，而独立性恰恰是这一评估计划的生命力所在[2]。或者说，民间对政府的看法能否带来实际变化，其希望并不在于民间的评估体系能否进入体制内部，或代替主流评价标准，而在于坐实民间机构的本分，坚守民间的价值立场[3]。唯有保持评价

---

[1] 唐昊. 红皮书是有益的社会评价体系 [N]. 羊城晚报（A2版），2007-11-14.
[2] （社论）评价政府绩效，民间机构应恪守独立性 [N]. 南方都市报（A2版），2009-10-13.
[3] （社论）评价政府绩效，民间机构应恪守独立性 [N]. 南方都市报（A2版），2009-10-13.

的民间性，才能维护评价的独立性。

四、2016年度评价指标体系

为维持技术体系的稳定性与可比性，2016年度技术方案基本源自上年度方案。评价指标体系由50个指标构成，如表9-1。

表9-1　2016年度广东省地方政府整体绩效评价指标体系（指标与权重）

评价维度	二级指标	三级指标（客观指标）	权重（%）	三级指标（主观满意度）	权重（%）
促进经济发展（28%）	经济增长	X_1. GDP增长率（%）	2.1		
		X_2. 人均GDP（元）	2.3		
		X_3. 实际利用投资增长率（%）	2.1		
		X_4. 营业税收入（万元）	2.1		
	质量结构	X_5. 全员劳动生产率（元/人）	2.1		
		X_6. 第三产业增加值比重（%）	2.2		
		X_7. 旅游业收入占GDP比重（%）	2.2		
	人民生活	X_8. 城镇居民人均可支配收入（元）	2.4	X_{36}. 个人（家庭）收入	1.1
		X_9. 城镇化率（%）	2.1		
	发展潜力	X_{10}. 专利授予量（件）	2.3	X_{37}. 市场监管	1.1
		X_{11}. R&D经费占GDP比重（%）	2.3		
		X_{12}. 教育经费占GDP比重（%）	2.0	X_{38}. 政府廉洁	1.1
		X_{13}. 新增内资企业注册户数（户）	1.8		
维护社会公正（25%）	民主法制	X_{14}. 政府网站绩效得分	2.5	X_{39}. 执法公正性	1.1
	公共服务	X_{15}. 人均文体与传媒支出增长率（%）	2.0		
		X_{16}. 人均社保及就业支出（元）	2.5	X_{40}. 社会治安	1.1
		X_{17}. 基本养老保险基金征缴率（%）	2.5		
		X_{18}. 人均医疗卫生支出增长率（%）	2.5		
		X_{19}. 工伤保险参保率（%）	2.2		
		X_{20}. 亿元GDP生产安全事故死亡	2.0	X_{41}. 医疗保障	1.1
		X_{21}. 千人拥有病床数（张）	2.1		
	共同富裕	X_{22}. 城镇登记失业率（%）	2.5	X_{42}. 工作机会	1.1
		X_{23}. 城乡居民收入差异（倍）	4.2	X_{43}. 政策稳定性	1.1

续表

评价维度	二级指标	三级指标（客观指标）	权重（%）	三级指标（主观满意度）	权重（%）
保护生态环境（15%）	环保投入	X_{24}. 人均节能环保支出增长率（%）	2.0	X_{44}. 环保宣传	1.1
	资源消耗	X_{25}. 单位 GDP 能耗增长速度（%）	1.8		
		X_{26}. 单位 GDP 电耗增长速度（%）	1.7		
	污染治理	X_{27}. 城镇污水处理率（%）	1.9		
		X_{28}. 城镇生活垃圾无害化处理率（%）	2.0		
	环境水平	X_{29}. 年日照时数（小时）	1.9	X_{45}. 自然环境	1.1
		X_{30}. 空气污染指数 API 大于 100 天数	1.9		
		X_{31}. 平均造林面积（平方米/人）	1.8		
节约政府成本（12%）	政府消费	X_{32}. 一般公共服务支出占财政支出比重（%）	4.8		
	成本控制	X_{33}. 财政赤字占 GDP 比重（%）	2.5		
		X_{34}. 国有单位人员占总人口比重（%）	2.5		
		X_{35}. 公务员工资与平均工资差异（倍）	2.2		
	财政透明			X_{46}. 政务公开	1.1
突现公众满意（20%）	幸福感			X_{47}. 公众幸福感	2.6
	满意度			X_{48}. 政府部门服务态度	1.1
				X_{49}. 政府部门服务效率	1.1
				X_{50}. 当地政府总体表现	3.1

第十章 地级以上市政府评价结果

广东省简称粤,面积约 17.97 万平方公里(约占全国 1.85%),下辖 21 个地级以上市,实行省辖市、市领导县的体制,共设 121 个县(市、区)(其中东莞与中山实行市辖镇、街道制)。虽然各市建制历史不同,社会经济发展程度、人口及结构差异明显,但作为省辖同级别(广州、深圳为副省级)行政组织,各市政府的基本职能是一致的。

一、技术说明

至 2016 年末,广东全省常住人口 10999 万人,生产总值 79512.05 亿元,同比增长 7.5%,人均 GDP 72787 元,进出口总额 63029.47 亿美元,同比下降 0.8%。总体上,广东是中国经济实力最强,开放程度最高的省份之一。21 个地级以上市的基本情况如表 10-1 所示。

表 10-1 2016 年度广东 21 个地级以上市的基本情况

地市	常住人口(万)	面积(平方公里)	GDP(亿)	人均 GDP(元)	下辖县(区、市)
广州	1404.35	7434.70	19610.94	142394	11 区
韶关	295.61	18412.53	1218.39	41388	3 区 4 县 1 自治县 2 县级市
深圳	1190.84	1997.27	19492.90	167411	10 区
珠海	167.53	1732.33	2226.37	134548	3 区
汕头	557.92	2199.04	2080.54	37382	6 区 1 县
佛山	746.27	3797.72	8630	115891	5 区
江门	454.40	9505	2418.78	53374	3 区 4 县级市
湛江	727.30	13262.6	2584.78	35617	4 区 2 县 3 县级市
茂名	612.32	11427	2636.74	43211	2 区 3 县级市
肇庆	408.46	14891	2084.02	51178	2 区 4 县 2 县级市
惠州	477.50	11346	3412.17	71605	2 区 3 县
梅州	436.08	15864.50	1045.56	24031	2 区 5 县 1 县级市
汕尾	303.66	5271	828.49	27351	1 区 2 县 1 县级市
河源	308.10	15654	898.72	29205	1 区 5 县
阳江	252.84	7955.87	1319.33	52358	2 区 1 县 1 县级市

续表

地市	常住人口（万）	面积（平方公里）	GDP（亿）	人均GDP（元）	下辖县（区、市）
清远	384.60	19035.54	1388.10	36146	2区2县2自治县2县级市
东莞	826.14	2460	6827.67	82682	28镇4街道
中山	323	1783.665	3202.78	99471	18镇6街道
潮州	264.60	3146	976.83	36956	2区1县
揭阳	609.40	5240	2032.61	33451	2区2县1县级市
云浮	248.08	7786.59	778.28	31501	2区2县1县级市

按照社会经济发展程度和区域位置，广东全省可划分为四个区域，即珠江三角洲地区（9市，广州、深圳、东莞、佛山、中山、江门、肇庆、惠州和珠海，为粤港澳大湾区组成部分）、东翼（4市，潮州、汕头、揭阳和汕尾）、西翼（3市，湛江、茂名和阳江）和山区（5市，梅州、河源、韶关、清远和云浮）。历史上，岭南文化的基本特征表现为重商、开放、兼容、务实发风格，但不同区域各有特色，存在较大差异：珠江三角洲毗邻港澳，受西方文明的影响较大，其突出特点是开放性与兼容性，表现为重农、重工与重商的传统以及开拓、务实与敬业等精神；粤西和山区受传统文化影响较深，自然环境、社会心理与传统文化因素形成了艰苦奋斗、吃苦耐劳的民风，但也存在自足、安于现状、因循守旧的一些特质；粤东地区地域特色十分鲜明，衍生出比较独特的潮汕文化，表现为粤东人重商、刻苦、勤俭、精明的特点，出现一大批享誉世界的商界精英和领袖人物。

本项报告表述中，领域层以A标识，指数以K标识，权重系数以T（领域层权重）或t（具体指标权重）标识，具体指标权重系数标记为t_1至t_{50}，共50项指标。其中，促进经济发展领域层13项指标（$X_1 - X_{13}$），维护社会公正领域层11项指标（$X_{14} - X_{23}$），保护生态环境领域层8项指标（$X_{24} - X_{31}$），节约政府成本领域层4项指标（$X_{32} - X_{35}$），实现公众满意领域层15项指标（$X_{36} - X_{50}$）。有关标识见表10-2。

表10-2 整体绩效领域层及指数标识对应表

	总体	促进经济发展	维护社会公正	保护生态化境	节约政府成本	实现公众满意
领域层	A_0	A_1	A_2	A_3	A_4	A_5
绩效指数	K_0	K_1	K_2	K_3	K_4	K_5
权重指数	T_0	T_1	T_2	T_3	T_4	T_5

二、总体评价结果

（一）结果概述

2016年度全省21个地级以上市总体绩效指数的算术平均值为0.715（K0），得分率71.50%，相比2015年（71.60%）变化很小。年度总体绩效最高的为深圳市，指数达0.858（得分率85.80%），比最低的潮州市（0.642）高0.216，差值占全省均值的30.20%（上年度差值为24.40%）。进一步看，指数超过0.80的地市有3个，分别为深圳市（0.858）、珠海市（0.829）、广州市（0.813）；超过0.70的地市有中山（0.783）、佛山（0.780）、汕头市（0.701）等6个。结果详见表10-3。

表10-3 2016年度21个地级以上市评价结果

地市	总体K_0	排名	促进经济发展K_1	排名	维护社会公正K_2	排名	保护生态环境K_3	排名	节约政府成本K_4	排名	实现公众满意K_5	排名
深圳	0.858	1	0.773	2	0.976	1	0.875	1	0.827	2	0.838	1
珠海	0.829	2	0.798	1	0.895	3	0.827	5	0.787	8	0.819	4
广州	0.813	3	0.756	4	0.918	2	0.744	20	0.795	5	0.821	3
中山	0.783	4	0.710	6	0.808	7	0.791	12	0.815	3	0.828	2
佛山	0.780	5	0.692	7	0.891	4	0.771	15	0.798	4	0.760	5
东莞	0.773	6	0.759	3	0.813	6	0.765	17	0.765	12	0.751	6
惠州	0.758	7	0.743	5	0.832	5	0.786	13	0.763	13	0.665	8
江门	0.715	8	0.677	10	0.741	8	0.745	19	0.772	10	0.680	7
汕头	0.701	9	0.667	11	0.701	11	0.824	6	0.734	15	0.638	9
茂名	0.692	10	0.644	15	0.740	9	0.846	4	0.794	6	0.523	17
梅州	0.688	11	0.653	12	0.721	10	0.864	2	0.724	16	0.543	15
肇庆	0.679	12	0.620	19	0.683	14	0.792	11	0.758	14	0.625	11
河源	0.678	13	0.682	8	0.698	12	0.853	3	0.714	17	0.493	19
韶关	0.676	14	0.645	13	0.660	16	0.819	7	0.678	21	0.632	10
阳江	0.671	15	0.643	16	0.653	17	0.816	8	0.696	18	0.611	13
清远	0.671	16	0.680	9	0.646	19	0.771	16	0.687	20	0.604	14
湛江	0.671	17	0.633	18	0.639	20	0.778	14	0.780	9	0.617	12
揭阳	0.651	18	0.598	20	0.684	13	0.802	10	0.793	7	0.488	20
云浮	0.649	19	0.633	17	0.676	15	0.750	18	0.694	19	0.533	16
汕尾	0.642	20	0.593	21	0.606	21	0.815	9	0.827	1	0.514	18
潮州	0.642	21	0.645	14	0.652	18	0.735	21	0.766	11	0.480	21
均值	0.715	-	0.678	-	0.744	-	0.798	-	0.760	-	0.641	-

从绩效指数排名看，区域特征明显。大体上，珠三角地区的优势明显，东翼、西翼和山区差异不大。具体而言，一是总体绩效指数排名。珠三角地区地市位列前列，前9名中有8个位于为珠三角地区。排名后5位依次为湛江、揭阳、云浮、汕尾、潮州，主要分布在粤西与粤东地区。二是粤东、粤西部分城市排名年度波动较大。与上年度相比，粤西的湛江下降8位，茂名上升5位；粤东的汕尾下降3位，揭阳上升3位。三是领域层绩效指数排名与总体绩效指数排名反差较大。如节约政府成本绩效指数，汕尾排第1，揭阳第7，湛江第9，潮州第11，但四个城市的整体绩效排名分别为20、18、17和21。四是深圳"实现公众满意"（K_5）绩效指数最高，达0.838；揭阳仅为0.480，二者相差悬殊。

（二）主要特点

一是指数总体稳定，但各地市差异较大。纵向比较，21个地级以上市总体绩效指数均值为0.715，与2015年相比变化幅度不大（2015年度为0.716）。21地市中，有14个地市指数呈增长势态，7个地市指数较上年略有下降。21个地级以上市2016与2015年度整体绩效指数比较如图10-1所示。在四大区域之间，山区、东翼呈下降趋势，珠三角和西翼呈上升趋势。珠三角、山区、东翼和西翼的整体绩效指数年增长率分别为1.15%、-1.04%、-1.82%、1.77%。同时，同一区域中，各地市之间存在明显差异。珠三角地区最低市为肇庆（0.679）为最高市（深圳，0.858）的79.14%；山区最低市为云浮（0.649）为最高市（梅州，0.688）的94.33%；东翼最低市为汕尾（0.642）为最高市（汕头，0.701）的91.58%；西翼最低市（湛江，0.671）为最高市（茂名，0.692）的96.96%。

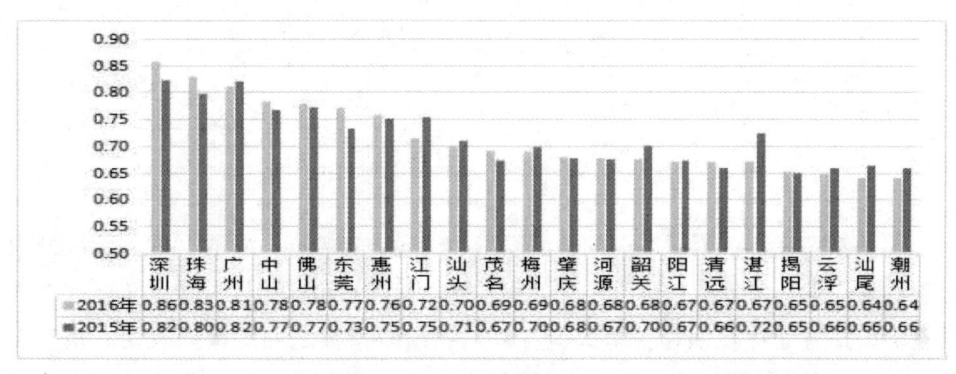

图10-1 2016与2015年度21个地级以上市总体绩效指数比较

二是珠三角城市领先全省，经济发展与政府绩效表现存在关联性。珠三角地区整体绩效指数（0.776）明显超过其他三个区域。其他三个区域整体绩效指数比较接近，分别为山区（0.672）、东翼（0.659）、西翼（0.678）。一般而言，人均生产总值较高，经济相对发达的地区，其总体绩效指数排名亦相对靠前，如珠三角9市中有8个地级以上市位列前10，排序后5位依次为湛江、揭阳、云浮、汕尾、潮州，主要分布粤东地区。比较结果如表10-4。

表10-4　2016年度21地级以上市人均生产总值与绩效指数排名

区域	地市	人均GDP（元）	排名	总体绩效	排名	排序差异
珠三角	深圳	167411	1	0.858	1	0
珠三角	珠海	134548	3	0.829	2	1
珠三角	广州	142394	2	0.813	3	-1
珠三角	中山	99471	5	0.783	4	1
珠三角	佛山	115891	4	0.78	5	-1
珠三角	东莞	82682	6	0.773	6	0
珠三角	惠州	71605	7	0.758	7	0
珠三角	江门	53374	8	0.715	8	0
粤东	汕头	37382	13	0.701	9	4
粤西	茂名	43211	11	0.692	10	1
粤北	梅州	24031	21	0.688	11	10
珠三角	肇庆	51178	10	0.679	12	-2
粤北	河源	29205	19	0.678	13	6
粤北	韶关	41388	12	0.676	14	-2
粤西	阳江	52358	9	0.671	15	-6
粤北	清远	36146	15	0.671	16	-1
粤西	湛江	35617	16	0.671	17	-1
粤东	揭阳	33451	17	0.651	18	-1
粤北	云浮	31501	18	0.649	19	-1
粤东	汕尾	27351	20	0.642	20	0
粤东	潮州	36956	14	0.642	21	-7

三是不同区域、不同城市的领域层指数结构表现不同。首先，就四大区域内部结构看，珠三角地区9市反差较大，东翼、西翼和山区趋同。珠三角地区在维护社会公正方面存在明显优势，但各领域层绩效指数之间的极差较大。相对而言，东翼、西翼和山区各地市各领域层绩效指数分化程度较小。其次，五个领域层指数表现不一。保护生态环境与节约政府成本两个领域层的表现优于上年度，

促进经济发展、维护社会公正、实现公众满意度等三个领域层的绩效低于上年度。同时，五个领域层指数均值都达到 0.60 以上。高于整体绩效指数均值的领域层有：维护社会公正（0.744）、保护生态环境（0.798）、节约政府成本（0.760）；低于整体绩效指数的领域层为促进经济发展（0.678）、实现公众满意（0.641）。最后，个别地市领域层绩效指数排名与整体绩效指数排名反差较大。如广州市实现公众满意绩效指数排第 3，维护社会公正排第 2，但保护生态环境排第 20；佛山市维护社会公正排第 4，节约政府成本排第 4，但保护生态环境排第 15；汕尾促进经济发展排第 21，维护社会公正排序第 21，实现公众满意排第 18，但节约政府成本排序第 1。

四是主观指数低于客观指数，地市之间差异悬殊。全省 2016 年度主观指数均值为 0.641，客观绩效指数均值为 0.745。主观绩效指数明显低于促进经济发展（0.678）、维护社会公正（0.744）、保护生态环境（0.799）、节约政府成本（0.760）等客观领域层（如图 10-2）。从地市来看，广州和中山主观指数高于客观指数，其余地市主观指数均低于客观指数，其中河源市主客观指数差距最大，为 0.232。

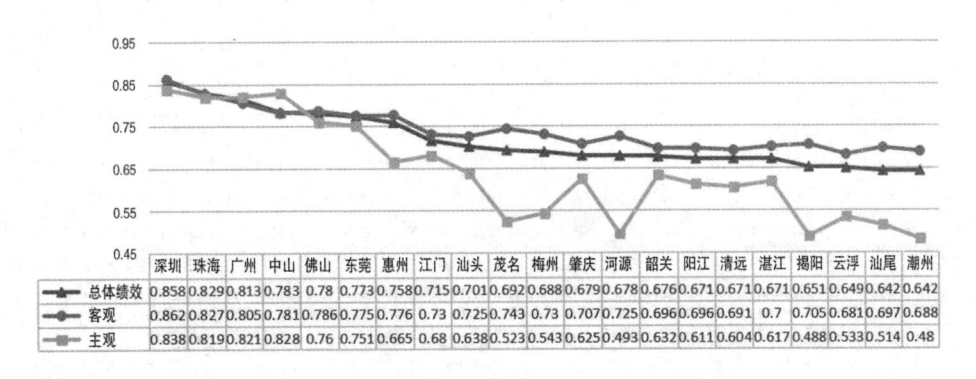

	深圳	珠海	广州	中山	佛山	东莞	惠州	江门	汕头	茂名	梅州	肇庆	河源	韶关	阳江	清远	湛江	揭阳	云浮	汕尾	潮州
总体绩效	0.858	0.829	0.813	0.783	0.78	0.773	0.758	0.715	0.701	0.692	0.688	0.679	0.678	0.676	0.671	0.671	0.671	0.651	0.649	0.642	0.642
客观	0.862	0.827	0.805	0.781	0.786	0.775	0.776	0.73	0.725	0.743	0.73	0.707	0.725	0.696	0.696	0.691	0.7	0.705	0.681	0.697	0.688
主观	0.838	0.819	0.821	0.828	0.76	0.751	0.665	0.68	0.638	0.523	0.543	0.625	0.493	0.632	0.611	0.604	0.617	0.488	0.533	0.514	0.48

图 10-2 21 个地级以上市主客观领域层绩效指数比较

三、50 项指标评价结果

（一）指标评价结果

根据评价方案，计算 21 个地级以上市 50 项指标得分如表 10-5（百分制乘以权重系数，以 $X_1 - X_{50}$ 表示 50 项指标，实现公众满意指标 $X_{36} - X_{50}$ 为十分制）。

表10-5 21个地级以上市50项指标得分情况

指标	广州	韶关	深圳	珠海	汕头	佛山	江门	湛江	茂名	肇庆	惠州	梅州	汕尾	河源	阳江	清远	东莞	中山	潮州	揭阳	云浮
X_1	2.02	1.79	2.05	1.87	2.08	2.02	1.93	1.98	1.94	1.68	1.95	1.92	1.92	2.10	1.84	2.01	2.05	1.98	1.91	1.85	1.98
X_2	1.50	1.36	1.68	1.92	2.08	1.81	1.68	1.72	1.62	1.36	1.81	1.61	1.61	1.95	1.34	1.73	2.04	1.58	1.82	1.54	1.69
X_3	1.84	1.18	1.83	1.59	0.95	1.41	1.12	0.93	0.95	1.01	1.58	1.10	0.83	1.05	1.11	1.21	1.71	1.33	1.09	0.96	0.97
X_4	1.30	0.71	1.69	1.85	1.14	1.21	1.14	0.76	0.80	0.94	1.62	1.17	1.20	1.05	0.91	0.90	1.75	1.29	1.00	0.91	1.16
X_5	1.11	1.30	1.07	1.08	1.24	1.12	1.26	2.10	1.86	1.38	1.17	1.59	0.93	1.42	1.33	1.43	0.87	1.05	1.26	1.41	1.42
X_6	2.05	1.36	1.72	1.52	1.33	1.19	1.32	1.14	1.19	1.26	1.25	1.37	1.24	1.56	1.58	1.41	1.41	1.48	1.35	1.43	1.33
X_7	1.68	2.02	1.09	1.41	2.00	1.11	1.83	1.72	1.33	1.53	1.34	2.20	1.50	1.84	1.83	1.67	0.92	1.09	1.93	1.50	1.67
X_8	2.13	1.83	2.04	2.12	1.74	2.07	1.74	1.73	1.63	1.78	1.90	1.68	1.40	1.73	1.83	1.88	2.06	2.11	1.55	1.65	1.67
X_9	1.75	1.23	1.68	1.84	1.38	1.52	1.28	1.32	1.36	1.42	1.58	1.37	1.03	1.41	1.41	1.43	1.66	1.55	1.27	1.06	1.33
X_{10}	2.18	1.76	2.12	2.01	1.89	1.96	1.90	1.78	2.04	1.81	1.88	1.60	1.64	1.95	1.50	1.95	2.13	2.11	1.82	1.79	1.74
X_{11}	1.47	1.34	2.27	2.27	0.94	2.02	1.82	0.54	0.94	1.37	2.29	0.59	1.10	0.59	1.09	0.64	2.30	2.24	0.96	0.93	0.65
X_{12}	0.95	1.28	1.35	1.06	1.09	0.75	1.06	1.21	1.54	1.04	1.15	1.29	1.01	1.68	1.36	2.00	1.00	0.93	1.28	1.08	1.34
X_{13}	1.19	0.91	1.04	1.80	0.81	1.20	0.86	0.80	0.78	1.26	0.79	0.70	0.76	0.87	0.79	1.36	1.15	0.83	0.63	0.79	
X_{14}	2.32	1.34	2.28	1.96	1.76	2.38	1.81	1.84	1.65	1.79	1.86	1.61	1.39	1.37	1.67	1.61	1.87	1.69	1.35	1.65	1.20
X_{15}	1.51	1.18	1.92	1.70	1.04	1.40	1.22	0.88	0.99	1.16	1.34	1.25	1.13	1.36	1.19	1.16	1.30	1.43	1.05	1.04	1.08
X_{16}	2.26	2.45	2.02	2.50	2.00	2.08	2.35	1.88	2.38	2.00	2.43	2.43	1.81	2.46	2.32	2.33	1.44	1.40	1.88	2.02	2.48
X_{17}	2.40	1.61	2.50	1.99	1.79	2.24	1.98	1.80	1.78	1.78	1.98	2.09	1.10	1.61	1.38	1.80	2.32	2.17	1.44	1.62	1.28
X_{18}	1.97	1.55	1.97	2.00	1.51	1.28	1.47	1.25	2.49	1.81	1.21	1.92	2.00	1.50	1.31	1.34	1.36	2.02			
X_{19}	1.80	1.06	2.20	1.92	1.04	1.69	1.02	1.07	1.64	1.14	1.07	1.09	1.07	1.58	1.66	1.08	0.86	1.07			
X_{20}	1.74	1.21	1.66	1.68	1.86	1.71	1.61	1.43	1.80	1.45	1.49	1.70	1.17	1.51	1.07	0.84	1.53	1.54	1.64	1.84	1.01
X_{21}	1.74	1.77	1.31	1.60	1.43	1.62	1.70	1.45	2.10	1.38	1.54	1.40	1.24	1.66	1.44	1.48	1.27	1.43	1.10	1.25	1.55
X_{22}	2.43	1.50	2.48	2.44	1.55	2.46	1.48	1.49	1.35	1.56	2.40	1.43	1.39	1.54	1.40	1.47	2.50	2.46	1.48	2.40	1.58
X_{23}	2.70	1.74	4.20	3.40	2.53	3.83	2.49	1.68	2.87	2.57	2.61	2.06	1.92	2.21	1.78	4.08	4.01	2.92	2.05	2.54	
X_{24}	1.09	1.29	1.88	1.63	1.16	1.13	1.13	1.17	1.24	1.14	1.12	1.25	1.13	1.23	1.36	1.16	1.21	1.27	1.00	1.08	1.06
X_{25}	1.54	1.55	1.54	1.53	1.55	1.54	1.55	1.17	1.55	1.54	1.55	1.55	1.58	1.54	0.96	1.55	1.55	1.54	1.55	1.55	1.53
X_{26}	1.60	1.66	1.66	1.64	1.57	1.61	1.61	0.88	1.58	1.52	1.46	1.51	1.55	1.59	1.56	1.53	1.60	1.59	1.56	1.53	1.58
X_{27}	1.77	1.66	1.82	1.80	1.70	1.81	1.73	1.73	1.80	1.72	1.80	1.85	1.73	1.73	1.68	1.53	1.73	1.79	1.57	1.44	1.41
X_{28}	1.91	2.00	2.00	2.00	1.66	2.00	2.00	2.00	2.00	2.00	2.00	1.58	2.00	2.00	2.00	2.00	2.00	2.00	1.46	1.94	2.00
X_{29}	1.14	1.15	1.60	1.35	1.79	1.36	1.04	1.79	1.77	1.39	1.12	1.33	1.15	1.07	1.77	1.07	1.25	1.20	1.16	1.74	0.91
X_{30}	1.35	1.53	1.87	1.70	1.87	1.35	1.35	1.87	1.69	1.36	1.69	1.87	1.87	1.86	1.70	1.53	1.36	1.70	1.53	1.70	1.39
X_{31}	0.77	1.44	0.77	0.76	1.06	0.77	0.76	1.06	1.06	1.21	1.05	1.61	1.63	1.76	1.22	1.19	0.77	0.77	1.20	1.05	1.37
X_{32}	4.00	3.12	4.54	4.40	3.78	3.69	3.79	4.17	4.48	4.32	3.97	3.75	4.35	3.94	3.99	3.86	3.65	4.55	4.13	4.14	3.57
X_{33}	1.82	1.59	1.44	1.61	1.45	2.20	1.82	1.48	1.32	1.23	1.79	1.47	1.63	1.19	0.88	1.14	2.13	1.92	1.30	1.35	1.16
X_{34}	1.98	1.71	2.10	1.63	1.82	1.93	1.95	1.79	1.76	1.76	1.63	1.74	1.72	1.58	1.73	1.93	1.93	2.07	1.90		
X_{35}	1.74	1.72	1.85	1.80	1.76	1.76	1.72	1.93	1.91	1.78	1.77	1.73	1.83	1.72	1.91	1.52	1.23	1.39	1.69	1.95	1.69
X_{36}	0.08	0.07	0.08	0.09	0.08	0.08	0.08	0.07	0.06	0.08	0.07	0.05	0.06	0.07	0.07	0.06	0.08	0.10	0.05	0.05	0.06
X_{37}	0.09	0.06	0.09	0.09	0.07	0.08	0.08	0.08	0.04	0.07	0.07	0.07	0.07	0.05	0.07	0.06	0.09	0.10	0.07	0.07	0.07
X_{38}	0.10	0.06	0.08	0.08	0.07	0.08	0.06	0.08	0.06	0.05	0.07	0.04	0.05	0.04	0.06	0.06	0.08	0.09	0.05	0.05	0.05
X_{39}	0.10	0.08	0.08	0.07	0.08	0.07	0.05	0.07	0.07	0.07	0.07	0.07	0.07	0.04	0.07	0.07	0.08	0.09	0.07	0.05	0.06
X_{40}	0.10	0.08	0.08	0.07	0.07	0.07	0.07	0.08	0.07	0.07	0.06	0.07	0.04	0.09	0.07	0.07	0.06	0.05	0.04	0.07	
X_{41}	0.10	0.08	0.09	0.10	0.08	0.09	0.08	0.08	0.07	0.07	0.08	0.07	0.07	0.06	0.07	0.07	0.08	0.09	0.05	0.05	0.06

续表

指标	广州	韶关	深圳	珠海	汕头	佛山	江门	湛江	茂名	肇庆	惠州	梅州	汕尾	河源	阳江	清远	东莞	中山	潮州	揭阳	云浮
X_{42}	0.09	0.06	0.08	0.08	0.07	0.08	0.07	0.08	0.07	0.06	0.07	0.05	0.05	0.04	0.07	0.07	0.10	0.08	0.04	0.06	0.07
X_{43}	0.08	0.05	0.10	0.08	0.06	0.08	0.09	0.07	0.05	0.07	0.08	0.05	0.05	0.07	0.08	0.05	0.10	0.10	0.04	0.05	0.06
X_{44}	0.09	0.08	0.10	0.10	0.08	0.09	0.06	0.08	0.05	0.08	0.07	0.05	0.05	0.05	0.08	0.05	0.08	0.08	0.05	0.06	0.05
X_{45}	0.07	0.05	0.07	0.07	0.07	0.07	0.06	0.09	0.06	0.05	0.07	0.06	0.06	0.05	0.07	0.06	0.08	0.10	0.05	0.04	0.07
X_{46}	0.09	0.07	0.09	0.09	0.07	0.09	0.08	0.06	0.05	0.05	0.07	0.04	0.04	0.05	0.07	0.08	0.06	0.10	0.10	0.06	0.06
X_{47}	0.22	0.19	0.24	0.25	0.21	0.22	0.20	0.15	0.13	0.14	0.13	0.11	0.10	0.11	0.14	0.14	0.17	0.25	0.14	0.12	0.15
X_{48}	0.09	0.09	0.10	0.09	0.08	0.10	0.06	0.06	0.06	0.07	0.07	0.05	0.07	0.05	0.08	0.07	0.10	0.10	0.07	0.07	0.06
X_{49}	0.08	0.06	0.08	0.09	0.06	0.06	0.04	0.07	0.07	0.05	0.08	0.05	0.08	0.07	0.04	0.09	0.07	0.09	0.07	0.06	0.05
X_{50}	0.25	0.19	0.29	0.26	0.17	0.26	0.21	0.23	0.17	0.23	0.25	0.18	0.17	0.16	0.18	0.23	0.26	0.27	0.14	0.16	0.14

（二）各项指标得分率

依据 21 个地级以上市的均值，将 50 项指标得分率分为三个区间，如图 10-3。总体来看，16% 的指标得分率位于 80%~100% 区间（高绩效区间），60% 的指标得分率集中在 60%~79% 区间（中绩效区间），24% 的指标得分率低于 60%（低绩效区间）。相较上年度，高绩效区间上升了 2%，中绩效区间下降 8%，低绩效区间上升 6%。

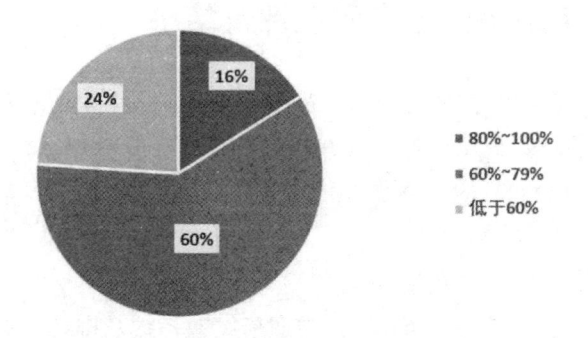

图 10-3 50 项指标得分率的分布情况

一是高绩效区间（得分率在 80%~100% 的指标）共 8 项，占 16%。包括：GDP 增长率（X_1）、人均社保及就业支出（X_{16}）、单位 GDP 能耗增长速度（X_{25}）、单位 GDP 电耗增长速度（X_{26}）、城镇污水处理率（X_{27}）、城镇生活垃圾无害化处理率（X_{28}）、空气污染指数 API 大于 100 天数（X_{30}）、一般公共服务支出占财政支出比重（X_{32}）。

二是中绩效区间（得分率在 60%~80% 的指标）共 30 项，占 60%。包括：人均 GDP（X_2）、第三产业增加值占 GDP 比重（X_6）、旅游业收入占 GDP 比重

(X_7)、城镇居民人均可支配收入（X_8）、城镇化率（X_9）、专利授予量（X_{10}）、政府网站绩效得分（X_{14}）、人均文体与传媒支出（X_{15}）、基本养老保险基金征缴率（X_{17}）、人均医疗卫生支出（X_{18}）、亿元 GDP 生产安全事故死亡（X_{20}）、城镇登记失业率（X_{22}）、千人拥有病床数（X_{21}）、城乡居民收入差异（X_{23}）、年日照时数（X_{29}）、平均造林面积（X_{31}）、国有单位人员占总人口比重（X_{34}）、公务员工资与平均工资的差异（X_{35}）、对个人及家庭收入满意度（X_{36}）、市场监管满意度（X_{37}）、执法公正满意度（X_{39}）、社会治安满意度（X_{40}）、医疗保障满意度（X_{41}）、工作机会满意度（X_{42}）、政策稳定满意度（X_{43}）、环保宣传满意度（X_{44}）、政务公开满意度（X_{46}）、公众幸福感（X_{47}）、政府部门服务态度满意度（X_{48}）和对当地政府总体表现满意度（X_{50}）。

三是低绩效区间（得分率在60%以下的指标）共有12项，占24%。包括：实际利用外商直接投资（X_3）、营业税收入（X_4）、全员劳动生产率（X_5）、R&D 经费占 GDP 比重（X_{11}）、教育经费占 GDP 比重（X_{12}）、新增内资企业注册户数（X_{13}）、工伤保险参保率（X_{19}）、人均节能环保支出（X_{24}）、财政赤字占 GDP 比重（X_{33}）、政府廉洁满意度（X_{38}）、自然环境满意度（X_{45}）和政府部门服务效率满意度（X_{49}）。

四、21个地级以上市政府评价结果

1. 广州市。下辖11区。2016年末户籍总人口870.49万人，常住人口1404.35万人，地区生产总值19610.94亿元（全省排第1），增长速度8.2%（第11），人均142394元（第2）。评价结果见表10-6。年度总体绩效指数为0.813，全省排第3。

表10-6 广州市政府绩效指数及排名

领域层	绩效指数	全省排名	与全省均值比较	与最高市比较	2013年度	2014年度	2015年度
促进经济发展	0.756	4	11150	94.74	1	3	3
维护社会公正	0.918	2	123.39	94.06	1	4	1
保护生态环境	0.744	20	93.23	85.03	13	19	21
节约政府成本	0.795	5	104.61	96.13	7	7	1
实现公众满意	0.821	3	128.08	97.07	4	3	1
年度总体绩效	0.813	3	113.71	94.76	1	3	2

表头：绩效指数与排名 | 绩效指数比较（%） | 全省排名历史比较

2. 韶关市。下辖3区、4县、1自治县、2个县级市。2016年末户籍总人口334.39万人，常住人口295.61万人，地区生产总值1218.39亿元（全省第16），增长速度5.95%（第19），人均41388元（第12）。评价结果如表10-7。年度总体绩效指数为0.676，全省排第14。

表10-7 韶关市政府绩效指数及排名

领域层	绩效指数	全省排名	与全省均值比较	与最高市比较	2013年度	2014年度	2015年度
促进经济发展	0.645	13	95.13	80.83	10	10	18
维护社会公正	0.660	16	88.71	67.62	15	10	8
保护生态环境	0.819	7	102.63	93.60	17	9	2
节约政府成本	0.678	21	89.21	81.98	21	12	6
实现公众满意	0.632	10	98.60	75.42	6	11	12
总体绩效	0.676	14	94.55	78.79	9	10	11

3. 深圳市。下辖10区。2016年末户籍总人口384.52万人，常住人口1190.84万人，地区生产总值19492.9亿元（全省第2），增长速度11.37%（第2），人均167411元（第1）。评价结果如表10-8。年度总体绩效指数为0.858，全省排第1。

表10-8 深圳市政府绩效指数及排名

领域层	绩效指数	全省排名	与全省均值比较	与最高市比较	2013年度	2014年度	2015年度
促进经济发展	0.773	2	114.01	96.87	1	1	1
维护社会公正	0.976	1	131.18	100.00	1	1	3
保护生态环境	0.875	1	109.65	100.00	3	3	7
节约政府成本	0.827	2	108.82	100.00	1	1	3
实现公众满意	0.838	1	130.73	100.00	5	5	4
总体绩效	0.858	1	120.00	100.00	1	1	1

4. 珠海市。下辖3区。2016年末户籍总人口114.78万人，常住人口167.53万人，地区生产总值2226.37亿元（全省第10），增长速度9.92%（第4），人均134548元（第3）。评价结果如表10-9。年度总体绩效指数为0.829，全省排

第2。

表10-9 珠海市政府绩效指数及排名

领域层	绩效指数与排名		绩效指数比较（%）		全省排名历史比较		
	绩效指数	全省排名	与全省均值比较	与最高市比较	2013年度	2014年度	2015年度
促进经济发展	0.978	1	117.70	100.00	3	2	4
维护社会公正	0.895	3	120.30	91.70	4	2	4
保护生态环境	0.827	5	103.63	94.51	1	4	9
节约政府成本	0.787	8	103.55	95.16	10	19	18
实现公众满意	0.819	4	127.77	97.73	3	1	2
总体绩效	0.829	2	115.94	96.62	2	2	3

5. 汕头市。下辖6区、1县。2016年末户籍总人口559.31万人，常住人口557.92万人，地区生产总值2080.54亿元（全省第12），增长速度11.38%（第1），人均37382元（第13）。评价结果如表10-10。年度总体绩效指数为0.701，全省排第9。

表10-10 汕头市政府绩效指数及排名

领域层	绩效指数与排名		绩效指数比较（%）		全省排名历史比较		
	绩效指数	全省排名	与全省均值比较	与最高市比较	2013年度	2014年度	2015年度
促进经济发展	0.667	11	98.38	83.58	18	13	8
维护社会公正	0.701	11	94.22	71.82	18	18	20
保护生态环境	0.824	6	103.26	94.17	7	11	8
节约政府成本	0.734	15	96.58	88.75	16	15	10
实现公众满意	0.638	9	99.53	76.13	16	12	9
总体绩效	0.701	9	98.04	81.70	16	12	10

6. 佛山市。下辖5区。2016年末户籍总人口400.18万人，常住人口746.27万人，地区生产总值8630亿元（全省第3），增长速度7.82%（第14），人均115891元（第4）。评价结果见表10-11。年度总体绩效指数为0.780，全省排第5。

表 10-11　佛山市政府绩效指数及排名

领域层	绩效指数与排名 绩效指数	绩效指数与排名 全省排名	绩效指数比较（%）与全省均值比较	绩效指数比较（%）与最高市比较	全省排名历史比较 2013年度	全省排名历史比较 2014年度	全省排名历史比较 2015年度
促进经济发展	0.692	7	102.06	86.72	7	4	5
维护社会公正	0.891	4	119.76	91.29	6	5	7
保护生态环境	0.771	15	96.62	88.11	18	17	20
节约政府成本	0.798	4	105.00	96.49	5	8	2
实现公众满意	0.76	5	118.56	90.69	1	2	5
总体绩效	0.78	5	109.09	90.91	5	4	4

7. 江门市。下辖3区、4县级市。2016年末户籍总人口393.93万人，常住人口454.40万人，地区生产总值2418.78亿元（全省第9），增长速度7.98%（第13），人均53374元（第8）。评价结果如表10-12。年度总体绩效指数为0.715，全省排第8。

表 10-12　江门市政府绩效指数及排名

领域层	绩效指数与排名 绩效指数	绩效指数与排名 全省排名	绩效指数比较（%）与全省均值比较	绩效指数比较（%）与最高市比较	全省排名历史比较 2013年度	全省排名历史比较 2014年度	全省排名历史比较 2015年度
促进经济发展	0.677	10	99.85	84.84	11	8	7
维护社会公正	0.741	8	99.60	75.92	11	7	5
保护生态环境	0.741	8	99.60	75.92	15	5	14
节约政府成本	0.772	10	101.58	93.35	4	2	12
实现公众满意	0.68	7	106.08	81.15	7	6	6
总体绩效	0.715	8	100.00	83.33	8	6	6

8. 湛江市。下辖4区、2县、3县级市。2016年末户籍总人口834.81万人，常住人口727.30万人，地区生产总值2584.78亿元（全省第8），增长速度8.6%（第11），人均35617元（第16）。评价结果如表10-13。年度总体绩效指数为0.671，全省排第9。

表 10-13　湛江市政府绩效指数及排名

领域层	绩效指数与排名		绩效指数比较（%）		全省排名历史比较		
	绩效指数	全省排名	与全省均值比较	与最高市比较	2013年度	2014年度	2015年度
促进经济发展	0.633	18	93.36	79.32	9	17	12
维护社会公正	0.639	20	85.89	65.47	10	11	6
保护生态环境	0.778	14	97.49	88.91	10	7	13
节约政府成本	0.78	9	102.63	94.32	11	6	13
实现公众满意	0.617	12	96.26	73.63	12	15	7
总体绩效	0.671	17	93.85	78.21	11	13	9

9. 茂名市。下辖 2 区、3 县级市。2016 年末户籍总人口 798.85 万人，常住人口 612.32 万人，地区生产总值 2636.74 亿元（全省第 7），增长速度 7.81%（第 15），人均 43211 元（第 11）。评价结果如表 10-14。年度总体绩效指数为 0.674，全省排第 15。

表 10-14　茂名市政府绩效指数及排名

领域层	绩效指数与排名		绩效指数比较（%）		全省排名历史比较		
	绩效指数	全省排名	与全省均值比较	与最高市比较	2013年度	2014年度	2015年度
促进经济发展	0.602	20	86.56	68.37	17	12	20
维护社会公正	0.733	12	97.61	85.83	17	12	12
保护生态环境	0.795	10	101.02	88.81	4	10	10
节约政府成本	0.744	16	98.23	91.03	13	13	16
实现公众满意	0.569	13	91.04	63.72	19	21	13
总体绩效	0.674	15	94.10	81.81	17	19	15

10. 肇庆市。下辖 2 区、4 县、2 县级市。2016 年末户籍总人口 444.17 万人，常住人口 408.46 万人，地区生产总值 2084.02 亿元（全省第 11），增长速度 5.79%（全省第 20），人均 51178 元（全省第 10）。评价结果如表 10-15。年度总体绩效指数为 0.679，全省排第 12。

表 10-15　肇庆市政府绩效指数及排名

领域层	绩效指数	全省排名	与全省均值比较	与最高市比较	2013年度	2014年度	2015年度
促进经济发展	0.62	19	91.45	77.69	15	9	14
维护社会公正	0.683	14	91.80	69.98	16	6	14
保护生态环境	0.792	11	99.25	90.51	19	16	19
节约政府成本	0.758	14	99.74	91.66	18	11	19
实现公众满意	0.625	11	97.50	74.58	14	11	11
总体绩效	0.679	12	94.97	79.14	15	9	13

11. 惠州市。下辖2区，3县。2016年末户籍总人口364.31万人，常住人口477.50万人，地区生产总值3412.17亿元（全省第5），增长速度8.67%（第9），人均71605元（第7）。评价结果如表10-16。年度总体绩效指数为0.758，全省排第7。

表 10-16　惠州市政府绩效指数及排名

领域层	绩效指数	全省排名	与全省均值比较	与最高市比较	2013年度	2014年度	2015年度
促进经济发展	0.743	5	109.59	93.11	4	7	9
维护社会公正	0.832	5	111.83	85.25	5	16	2
保护生态环境	0.786	13	98.50	89.83	9	6	18
节约政府成本	0.763	13	100.39	92.26	9	14	5
实现公众满意	0.665	8	103.74	79.36	9	7	8
总体绩效	0.758	7	106.01	88.34	7	8	7

12. 梅州市。下辖2区、5县、1县级市。2016年末户籍总人口551.40万人，常住人口436.08万人，地区生产总值1045.56亿元（全省第17），增长速度8.94%（第6），人均24031元（第21）。评价结果如表10-17。年度总体绩效指数为0.688，全省排第11。

表10-17　梅州市政府绩效指数及排名

领域层	绩效指数	全省排名	与全省均值比较	与最高市比较	2013年度	2014年度	2015年度
促进经济发展	0.653	12	96.31	81.83	8	14	10
维护社会公正	0.721	10	96.91	73.87	14	9	9
保护生态环境	0.864	2	108.27	98.74	2	2	1
节约政府成本	0.724	16	95.26	87.55	20	20	14
实现公众满意	0.543	15	84.71	64.80	10	17	18
总体绩效	0.688	11	96.22	80.19	10	15	12

13. 汕尾市。下辖1区、2县、1县级市。2016年末户籍总人口361.89万人，常住人口303.66万人，地区生产总值828.49亿元（全省第20），增长速度8.72%（第8），人均27351元（第20）。评价结果如表10-18。年度总体绩效指数为0.642，全省排第20。

表10-18　汕尾市政府绩效指数及排名

领域层	绩效指数	全省排名	与全省均值比较	与最高市比较	2013年度	2014年度	2015年度
促进经济发展	0.593	21	87.46	74.31	20	20	16
维护社会公正	0.606	21	81.45	62.09	21	19	18
保护生态环境	0.815	9	102.13	93.14	5	8	5
节约政府成本	0.827	1	108.82	100.00	6	5	17
实现公众满意	0.514	18	80.19	61.34	18	14	20
总体绩效	0.642	20	89.79	74.83	20	16	17

14. 河源市。下辖1区、5县。2016年末户籍总人口373.32万人，常住人口308.10万人，地区生产总值898.72亿元（全省第19），增长速度10.94%（第3），人均29205元（第19）。评价结果如表10-19。年度总体绩效指数为0.678，全省排第13。

表 10-19　河源市政府绩效指数及排名

领域层	绩效指数	全省排名	与全省均值比较	与最高市比较	2013年度	2014年度	2015年度
促进经济发展	0.682	8	100.59	85.46	13	11	19
维护社会公正	0.698	12	93.82	71.52	12	14	10
保护生态环境	0.853	3	106.89	97.49	6	1	3
节约政府成本	0.714	17	93.95	86.34	15	21	21
实现公众满意	0.493	19	76.91	58.83	20	16	14
总体绩效	0.678	13	94.83	79.02	18	11	14

15. 阳江市。下辖1区、2县、1县级市。2016年末户籍总人口296.06万人，常住人口252.84万人，地区生产总值1319.33亿元（全省第15），增长速度5.55%（第21），人均52358元（第9）。评价结果如表10-20。年度总体绩效指数为0.671，全省排第15。

表 10-20　阳江市政府绩效指数及排名

领域层	绩效指数	全省排名	与全省均值比较	与最高市比较	2013年度	2014年度	2015年度
促进经济发展	0.643	16	94.84	80.58	14	21	15
维护社会公正	0.653	17	87.77	66.91	13	15	11
保护生态环境	0.816	8	102.26	93.26	12	15	11
节约政府成本	0.696	18	91.58	84.16	12	17	11
实现公众满意	0.611	13	95.32	72.91	15	13	17
总体绩效	0.671	15	93.85	78.21	12	17	16

16. 清远市。下辖2区、2县、2自治县、2县级市。2016年末户籍总人口432.09万人，常住人口384.60万人，地区生产总值1388.10亿元（全省第14），增长速度8.63%（第10），人均36146元（第15）。评价结果如表10-21。年度总体绩效指数为0.671，排第16。

表10-21　清远市政府绩效指数及排名

领域层	绩效指数	全省排名	与全省均值比较	与最高市比较	2013年度	2014年度	2015年度
促进经济发展	0.68	9	100.29	85.21	21	16	11
维护社会公正	0.646	19	86.83	66.19	8	13	17
保护生态环境	0.771	16	96.62	88.11	14	18	15
节约政府成本	0.687	20	90.39	83.07	14	18	20
实现公众满意	0.604	14	94.23	72.08	13	9	16
总体绩效	0.671	16	93.85	78.21	13	14	18

17. 东莞市。下辖28镇4街道。2016年末户籍总人口200.94万人，常住人口826.14万人，地区生产总值6827.67亿元（全省第4），增长速度8.81%（第7），人均82682元（第6）。评价结果如表10-22。年度总体绩效指数为0.773，全省排第6。

表10-22　东莞市政府绩效指数及排名

领域层	绩效指数	全省排名	与全省均值比较	与最高市比较	2013年度	2014年度	2015年度
促进经济发展	0.759	3	111.95	95.11	2	6	2
维护社会公正	0.813	6	109.27	83.30	7	8	16
保护生态环境	0.765	17	95.86	87.43	20	21	16
节约政府成本	0.765	12	100.66	92.50	2	4	9
实现公众满意	0.751	6	117.16	89.62	8	8	10
总体绩效	0.773	6	108.11	90.09	6	7	8

18. 中山市。下辖18镇6街道。2016年末户籍总人口161.25万人，常住人口323.00万人，地区生产总值3202.78亿元（全省第6），增长速度6.4%（第18），人均99471元（第5）。评价结果如表10-23。年度总体绩效指数为0.783，全省排第4。

表 10-23 中山市政府绩效指数及排名

领域层	绩效指数	全省排名	与全省均值比较	与最高市比较	2013年度	2014年度	2015年度
促进经济发展	0.71	6	104.72	88.97	6	5	6
维护社会公正	0.808	7	108.60	82.79	3	3	13
保护生态环境	0.791	12	99.12	90.40	8	12	6
节约政府成本	0.815	3	107.24	98.55	3	3	7
实现公众满意	0.828	2	129.17	98.81	2	4	3
总体绩效	0.783	4	109.51	91.26	4	5	5

19. 潮州市。下辖 2 区、1 县。2016 年末户籍总人口 273.98 万人，常住人口 264.60 万人，地区生产总值 976.83 亿元（全省第 18），增长速度 7.33%（第 17），人均 36956 元（第 14）。评价结果如表 10-24。年度总体绩效指数为 0.642，全省排第 21。

表 10-24 潮州市政府绩效指数及排名

领域层	绩效指数	全省排名	与全省均值比较	与最高市比较	2013年度	2014年度	2015年度
促进经济发展	0.645	14	95.13	80.83	19	15	13
维护社会公正	0.652	18	87.63	66.80	19	20	21
保护生态环境	0.735	21	92.11	84.00	11	20	17
节约政府成本	0.766	11	100.79	92.62	17	10	4
实现公众满意	0.48	21	74.88	57.28	17	20	19
总体绩效	0.642	21	89.79	74.83	19	21	20

20. 揭阳市。下辖 2 区、2 县、1 县级市。2016 年末户籍总人口 697.05 万人，常住人口 609.40 万人，地区生产总值 2032.61 亿元（全省第 13），增长速度 7.54%（第 16），人均 33451 元（第 17）。评价结果如表 10-25。年度总体绩效指数为 0.651，全省排第 18。

表 10-25　揭阳市政府绩效指数及排名

领域层	绩效指数与排名		绩效指数比较（%）		全省排名历史比较		
	绩效指数	全省排名	与全省均值比较	与最高市比较	2013年度	2014年度	2015年度
促进经济发展	0.598	20	88.20	74.94	16	19	21
维护社会公正	0.684	13	91.94	70.08	20	21	15
保护生态环境	0.802	10	100.50	91.66	16	14	4
节约政府成本	0.793	7	104.34	95.89	8	9	15
实现公众满意	0.488	20	76.13	58.23	21	19	21
年度总体绩效	0.651	18	91.05	75.87	21	20	21

21. 云浮市。下辖 2 区、2 县、1 县级市。2016 年末户籍总人口 301.23 万人，常住人口 248.08 万人，地区生产总值 778.28 亿元（全省第 21），增长速度 9.13%（第 5），人均 31501 元（第 18）。评价结果如表 10-26。年度总体绩效指数为 0.660，全省排第 19。

表 10-26　云浮市政府绩效指数及排名

领域层	绩效指数与排名		绩效指数比较（%）		全省排名历史比较		
	绩效指数	全省排名	与全省均值比较	与最高市比较	2013年度	2014年度	2015年度
促进经济发展	0.618	17	88.84	70.17	12	18	17
维护社会公正	0.699	19	93.09	81.86	9	17	19
保护生态环境	0.778	12	98.84	86.90	21	13	12
节约政府成本	0.770	8	101.72	94.27	19	16	8
实现公众满意	0.513	15	82.14	57.49	11	18	15
年度总体绩效	0.660	19	92.07	80.05	14	18	19

（本章执笔：华南理工大学公共管理学院硕士生　王佳兴、周如卉）

第十一章 县级政府评价结果

经过行政区划调整，2016年广东全省辖21个地级以上市（19个地级市和广州、深圳2个副省级市）、62个市辖区、20个县级市和37个县（含3个民族自治县，共119个，其中，东莞市和中山市直辖镇或街道。2017年再调整后为121个县市区）。119个县域在人口规模、发展水平、政府结构与行政级别等方面均存在差异。相对于地级市政府，县级政府绩效评价指标体系有所调整。同时，由于县（市、区）数量较多，部分县域缺失有效的指标数据，加之县、县级市、区三者存在某些不可比性，因此，评价结果采用分类分区间展示。

一、总体评价结果

依据分类评价方案，以整体绩效指数（K_0）作为分类指标，将全部县（市、区）分为A、B、C、D四类，结果见表11-1。

表11-1 2016年度县（市、区）政府整体绩效指数（K_0）分类结果

分类	指数区间	县（市、区）	数量（个）
A类	0.718~0.784	罗湖区、黄埔区、宝安区、龙岗区、福田区、盐田区、三水区、南山区、南海区、金湾区、南沙区、斗门区、香洲区、龙湖区、博罗县、翁源县、天河区、高明区、江海区、端州区	20
B类	0.668~0.717	始兴县、花都区、荔湾区、龙门县、鹤山市、禅城区、海珠区、从化区、番禺区、惠城区、信宜市、开平市、越秀区、顺德区、乐山市、台山市、增城区、蓬江区、紫金县、高州市、澄海区、潮阳区、和平县、白云区、大埔县、新会区、曲江区、五华县、电白区、惠阳区、兴宁市、恩平市、新兴县、雷州市、金平区、阳春市、榕城区、武江区、鼎湖区、惠东县	40
C类	0.635~0.668	坡头区、平远县、濠江区、东源县、梅江区、清城区、遂溪县、赤坎区、龙川县、四会市、吴川市、怀集县、连南瑶族自治县、潮南区、茂南区、徐闻县、云城区、清新区、蕉岭县、梅县区、广宁县、乳源瑶族自治县、仁化县、化州市、廉江市、德庆县、潮安区、浈江区、普宁市、源城区、阳西县、丰顺县、湘桥区、陆河县、阳东区、陆丰市、佛冈县、高要区、海丰县、揭东区	40

185

续表

分类	指数区间	县（市、区）	数量（个）
D类	0.586~0.635	霞山区、饶平县、江城区、连山壮族瑶族自治县、英德市、新丰县、汕尾城区、连州市、惠来县、封开县、罗定市、郁南县、南澳县、连平县、揭西县、麻章区、云安区、阳山县、南雄市	19

（一）A类县（市、区）

20个A类县（市、区）整体绩效年度评价结果及基本情况如表11-2。

表11-2 2016年度A类县（市、区）评价结果

县（市、区）	总体评价结果			常住人口规模与人均GDP	
	整体绩效指数（K_0）	全省排名	年度变化	常住人口（万人）	人均GDP（元）
罗湖区	0.784	1	6	100.40	199442
黄埔区	0.781	2	10	108.26	303435
宝安区	0.771	3	-1	301.71	102151
龙岗区	0.767	4	17	214.38	151426
福田区	0.765	5	1	150.17	242086
盐田区	0.761	6	3	22.65	240197
三水区	0.758	7	9	64.09	169331
南山区	0.757	8	2	135.63	290264
南海区	0.748	9	9	271.13	89018
金湾区	0.747	10	12	26.58	175290
南沙区	0.741	11	4	68.74	190405
斗门区	0.736	12	14	43.89	71099
香洲区	0.731	13	15	97.07	152086
龙湖区	0.730	14	51	55.51	56075
博罗县	0.725	15	23	107.19	57364
翁源县	0.720	16	81	34.64	28467
天河区	0.720	17	10	163.10	239316
高明区	0.720	18	28	43.15	175711
江海区	0.719	19	44	26.46	60354
端州区	0.718	20	88	49.70	104270
平均值	0.745	—	—	104.22	154889.35

由上表可知，前20名县（市、区）整体绩效指数（K_0）介于0.718与

0.784 之间。其中：深圳市罗湖区以 0.784 居于全省首位，较上年度上升 6 名；肇庆端州区位列第 20 名，指数为 0.718。20 家 A 类县（市、区）的主要特点：一是有 18 个为区，2 个为县；二是广州占 3 席，深圳占 6 席，佛山占 3 席，珠海占 3 席，汕头、肇庆、惠州、韶关、江门各占 1 席；三是从区域来看，珠三角地区占 18 席，粤北粤东各占 1 席；四是从排名来看，变化较明显的有端州区、翁源县和龙湖区等，较上年度提升较多，但宝安区排名略有下降；五是从人口和发展的角度来看，有 9 个县（市、区）常住人口在 100 万人以上，其中：宝安区达 301.71 万人，盐田区仅 22.65 万人。同时，A 类县（市、区）2016 年度人均 GDP 为 154889.35 元，明显高于全省平均水平（72787 元）。最高为黄埔区（303435 元），最低为翁源县（28467 元），差别十分明显。

（二）B 类县（市、区）

40 个 B 类县（市、区）整体绩效指数介于 0.668～0.717 之间，均值为 0.690，比 A 类均值低 0.055，差值比例为 7.38%，比上年度（6.21%）有所上升，如图 11-1。

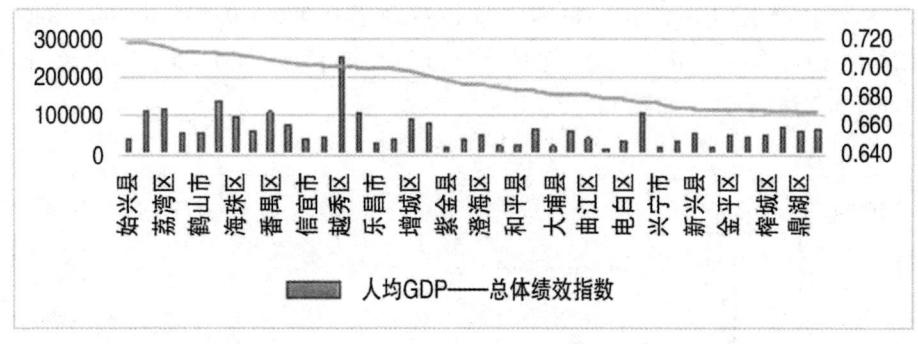

图 11-1 B 类县（市、区）人均 GDP（元）与整体绩效指数

（三）C 类县（市、区）

40 个 C 类县（市、区）整体绩效指数介于 0.635～0.668 之间，均值为 0.653，较 B 类平均值低 0.047，差值比例 6.81%，比上年度（5.59%）有所上升，如图 11-2。

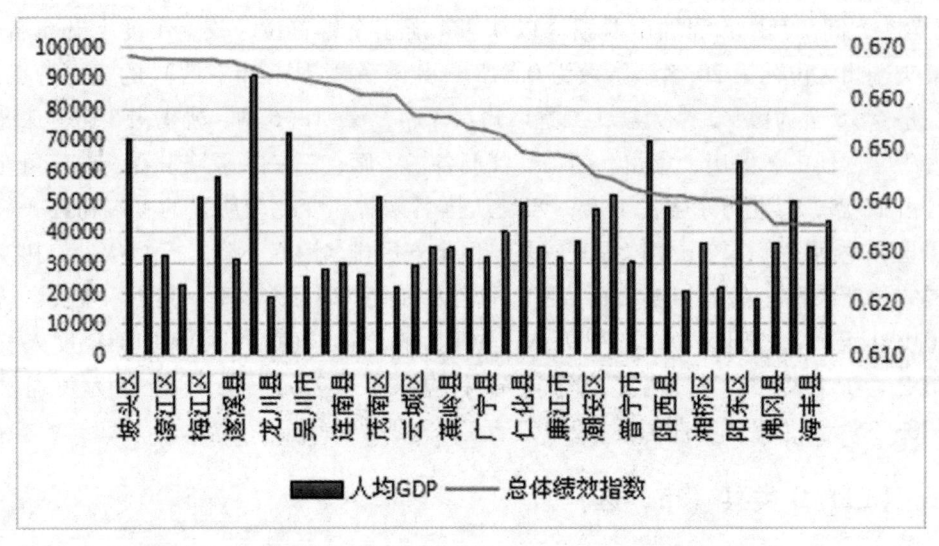

图 11-2　C 类县（市、区）人均 GDP（元）与整体绩效指数

（四）D 类县（市、区）

19 个 D 类县（市、区）整体绩效指数介于 0.586～0.635 之间，均值为 0.622，比 C 类县（市、区）均值低 0.031，差值比例 4.75%，比上年度（3.58%）有所上升，如图 11-3。

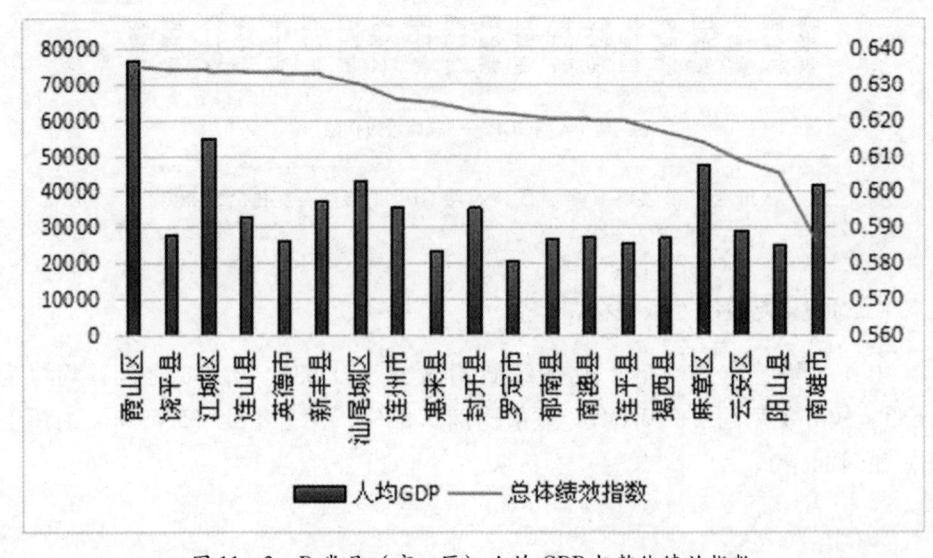

图 11-3　D 类县（市、区）人均 GDP 与整体绩效指数

二、促进经济发展领域层评价结果

以促进经济发展领域层绩效指数（K_1）作为分类指标，评价结果见表13-3。

表11-3　2016年度县（市、区）促进经济发展领域层绩效指数（K_1）分类结果

分类	指数区间	县（市、区）	数量（个）
A类	0.670~0.746	罗湖区、宝安区、斗门区、盐田区、福田区、香洲区、龙岗区、南山区、金湾区、禅城区、越秀区、天河区、南海区、番禺区、龙门县、白云区、荔湾区、惠城区、从化区、博罗县、顺德区	21
B类	0.616~0.669	惠阳区、海珠区、惠东县、花都区、黄埔区、增城区、恩平市、蓬江区、三水区、南沙区、龙湖区、金平区、潮南区、台山市、江海区、开平区、高明区、新会区、鹤山市、饶平县、乐昌市、英德市、濠江区、澄海区、南澳县、五华县、连南瑶族自治县、信宜市、清新区、湘桥区、翁源县	31
C类	0.594~0.614	始兴县、浈江区、佛冈县、东源县、潮阳区、仁化县、赤坎区、平远县、和平县、清城区、霞山区、电白区、南雄市、龙川县、大埔县、连州市、化州市、云城区、连平县、高州市、乳源瑶族自治县、新丰县、陆丰市、端州区、陆河县、梅县区、紫金县、茂南区、兴宁市、潮安区、丰顺县、郁南县	32
D类	0.493~0.592	海丰县、吴川市、鼎湖区、德清县、阳春市、蕉岭县、阳山县、新兴县、连山壮族瑶族自治县、封开县、罗定市、四会市、普宁市、广宁县、武江区、雷州市、汕尾城区、怀集县、源城区、云安区、廉江市、江城区、阳西县、曲江区、惠来县、徐闻县、揭东区、遂溪县、阳东区、榕城区、梅江区、坡头区、麻章区、揭西县、高要区	35

（一）A类县（市、区）

21个A类县（市、区）评价结果如表11-4。

表11-4 2016年度全省促进经济发展领域层绩效指数A类县（市、区）

县（市、区）	促进经济发展 指数（K₁）	全省排名	年度变化	其他领域层 整体指数（K₀）	社会公正（K₂）	生态环境（K₃）	政府成本（K₄）	公众满意（K₅）
罗湖区	0.746	1	2	0.784	0.881	0.832	0.822	0.659
宝安区	0.726	2	3	0.771	0.861	0.875	0.766	0.649
斗门区	0.725	3	9	0.736	0.783	0.799	0.718	0.658
盐田区	0.725	4	2	0.761	0.868	0.836	0.787	0.606
福田区	0.721	5	-3	0.765	0.813	0.832	0.830	0.676
香洲区	0.720	6	-2	0.731	0.748	0.795	0.751	0.664
龙岗区	0.712	7	0	0.767	0.845	0.845	0.785	0.676
南山区	0.712	8	2	0.757	0.832	0.844	0.827	0.617
金湾区	0.697	9	4	0.747	0.785	0.820	0.741	0.718
禅城区	0.694	10	6	0.709	0.800	0.775	0.732	0.554
越秀区	0.685	11	4	0.700	0.784	0.749	0.804	0.518
天河区	0.685	12	2	0.720	0.741	0.749	0.746	0.707
南海区	0.681	13	-2	0.748	0.826	0.783	0.783	0.700
番禺区	0.679	14	3	0.705	0.807	0.750	0.747	0.556
龙门县	0.677	15	49	0.711	0.787	0.781	0.621	0.663
白云区	0.676	16	4	0.683	0.725	0.749	0.733	0.562
荔湾区	0.675	17	0	0.714	0.790	0.749	0.752	0.626
惠城区	0.674	18	15	0.703	0.686	0.779	0.745	0.683
从化区	0.674	19	6	0.707	0.795	0.750	0.721	0.603
博罗县	0.671	20	12	0.725	0.770	0.782	0.719	0.703
顺德区	0.670	21	-20	0.699	0.819	0.775	0.775	0.490
平均	0.696	—	—	0.731	0.797	0.793	0.757	0.633

21个A类县（市、区）中均属于珠三角地区，以广州、深圳居多。指数（K₁）介于0.670~0.746之间，均值为0.696，较上年度（0.671）略有上升。其中：0.720以上的有6席；0.690~0.719之间有4席，占比19%；0.670~0.689之间有11席，占比52.4%。在排名上，深圳罗湖区居全省首位（0.746），较上年上升2位，盐田区、龙岗区、荔湾区、南山区、香洲区等地也如此，但龙门县、顺德区、博罗县等变动幅度相对较大。

（二）B类县（市、区）

31个县（市、区）指数（K₁）介于0.616~0.669之间，均值为0.639，主要分布在江门、汕头、广州等10市，其中，江门占7席，汕头占6席，广州占5

席，清远占 3 席，佛山、惠州、潮州和韶关各占 2 席，茂名与梅州各占 1 席。

（三）C 类县（市、区）

32 个县（市、区）含县 15 个、县级市 6 个、区 11 个。促进经济发展绩效指数（K_1）介于 0.584~0.614 之间，最高值为 0.584，最低值 0.614，均值为 0.602。从区域分布来看，主要分布在粤北山区，其中，韶关占 6 席，梅州、河源各占 5 席，茂名占 4 席，清远占 3 席，汕尾、湛江和云浮各占 2 席，肇庆、潮州、汕头各占 1 席。

（四）D 类县（市、区）

35 个县（市、区）含县 14 个、县级市 7 个、区 14 个。指数（K_1）介于 0.520~0.592 之间，最高值为 0.592，最低值 0.520，均值为 0.576。从区域分布来看，肇庆、湛江各占 7 席，揭阳占 5 席，阳江占 4 席，云浮占 3 席，汕尾、韶关、梅州和清远各占 2 席，河源占 1 席。

三、维护社会公正领域层评价结果

以维护社会公正领域层绩效指数（K_2）作为分类指标，评价结果见表 13-5。

表 11-5　2016 年度县（市、区）维护社会公正领域层绩效指数（K_2）分类结果

分类	指数区间	县（市、区）	数量（个）
A 类	0.784~0.881	罗湖区、盐田区、宝安区、三水区、龙岗区、南山区、南海区、顺德区、福田区、南沙区、番禺区、高明区、黄埔区、禅城区、增城区、从化区、惠东区、荔湾区、龙门县、金湾区、越秀区	21
B 类	0.712~0.783	斗门区、花都区、南澳县、博罗县、开平市、新会区、恩平市、台山市、大埔县、海珠区、高州市、香洲区、平远县、鹤山市、信宜市、天河区、蕉岭县、惠阳区、梅县区、电白区、兴宁市、江海区、白云区、紫金县、蓬江区、连山壮族自治县、化州市、龙川县、德庆县、丰顺县、澄海区、鼎湖区、连南瑶族自治县、仁化县	34
C 类	0.672~0.710	吴川市、五华县、东源县、和平县、连平县、始兴县、潮南区、潮阳区、遂溪县、廉江市、广宁县、梅江区、徐闻县、揭东区、翁源县、南雄市、封开县、揭西县、英德市、濠江区、惠城区、麻章区、乐昌市、高要区、佛冈县、曲江区、源城区、新兴县、四会市、新丰县、雷州市、茂南区、怀集县	33

续表

分类	指数区间	县（市、区）	数量（个）
D类	0.604~0.670	端州区、乳源瑶族自治县、清城区、阳春市、连州市、普宁市、阳山县、阳西县、金平区、清新区、坡头区、阳东区、龙湖区、郁南县、惠来县、赤坎区、饶平县、陆丰市、湛江区、罗定市、榕城区、潮安区、武江区、云安区、江城区、湘桥区、陆河县、霞山区、云城区、海丰县、汕尾城区	31

（一）A类县（市、区）

按维护社会公正领域层绩效指数（K_2）的大小，将全省排序前21位县（市、区）划分为A类。表11-6为A类县（市、区）的情况。

表11-6　2016年度全省维护社会公正领域层绩效指数A类县（市、区）一览表

县（市、区）	维护社会公正 指数（K_2）	全省排名	年度变化	其他领域层 整体绩效（K_0）	经济发展（K_1）	生态环境（K_3）	政府成本（K_4）	公众满意（K_5）
罗湖区	0.881	1	0	0.784	0.746	0.832	0.822	0.659
盐田区	0.868	2	0	0.761	0.725	0.836	0.787	0.606
宝安区	0.861	3	1	0.771	0.726	0.875	0.766	0.649
三水区	0.858	4	13	0.758	0.650	0.783	0.786	0.750
龙岗区	0.845	5	13	0.767	0.712	0.845	0.785	0.676
南山区	0.832	6	-3	0.757	0.712	0.844	0.827	0.617
南海区	0.826	7	27	0.748	0.681	0.783	0.783	0.700
顺德区	0.819	8	17	0.699	0.670	0.775	0.775	0.490
福田区	0.813	9	-1	0.765	0.721	0.832	0.830	0.676
南沙区	0.812	10	1	0.741	0.649	0.751	0.754	0.766
番禺区	0.807	11	9	0.705	0.679	0.750	0.747	0.556
高明区	0.804	12	20	0.720	0.638	0.775	0.745	0.674
黄埔区	0.801	13	1	0.781	0.660	0.751	0.766	0.955
禅城区	0.800	14	14	0.709	0.694	0.775	0.732	0.554
增城区	0.796	15	1	0.697	0.657	0.754	0.775	0.540
从化区	0.795	16	-1	0.707	0.674	0.750	0.721	0.603
惠东县	0.795	17	-5	0.668	0.663	0.781	0.717	0.404
荔湾区	0.790	18	-9	0.714	0.675	0.749	0.752	0.626
龙门县	0.787	19	-12	0.711	0.677	0.781	0.621	0.663
金湾区	0.785	20	1	0.747	0.697	0.820	0.741	0.718
越秀区	0.784	21	-15	0.700	0.685	0.749	0.804	0.518
平均值	0.817	—		0.734	0.685	0.790	0.764	0.638

维护社会公正领域层前21位（A类）的县（市、区）中有19个为区，2个为县。在地域分布上，21个县（市、区）均位于珠三角地区，21个县（市、区）中以广州所辖县（市、区）最多。从指数特点来看，前21名县（市、区）维护社会公正指数（K_2）介于0.784~0.881之间，其中0.820以上有7个县（市、区），7个县（市、区）指数在0.800~0.819范围内，7个县（市、区）指数在0.784~0.796范围内。总体分布较分散，第1名与第2名间的指数差距较大，其余各指数之间相距不大。指数平均值为0.817，极差为0.097，占均值的11.9%。

在排序上，深圳罗湖区居全省首位，较上年没有变化，广州越秀区排在第21位，与上年下降15位。另外，罗湖区、盐田区、宝安区、南沙区、黄埔区、增城区、金湾区等排名变动较小，稳定性较高，但南海区、高明区、顺德区等变动幅度较大。

（二）B类县（市、区）

B类34个县（市、区）包含县12个、县级市8个、区14个。指数（K_2）介于0.712~0.783之间，最高值为0.783，最低值0.712，极差0.071，平均值为0.738。从区域分布来看，江门7席，梅州6席，广州、茂名各4席，肇庆、惠州、珠海、汕头、河源、清远各2席，韶关占1席；按四大经济区域划分，珠三角有17席，东翼2席，西翼4席，粤北11席。

（三）C类县（市、区）

C类33个县（市、区）包含县15个、县级市7个、区11个。指数（K_2）介于0.672~0.710之间，最高值为0.710，最低值0.672，极差0.038，平均值为0.69。从区域分布来看，湛江、韶关各占6，肇庆占5席，河源4席，汕头3席，揭阳、梅州、清远各2席，惠州、茂名、云浮各1席；按四大经济区域划分，珠三角有6席，东翼5席，西翼7席，粤北15席。

（四）D类县（市、区）

D类31个县（市、区）包含县8个、县级市5个、区18个。指数（K_2）介于0.604~0.670之间，最高值为0.670，最低值0.604，极差0.066，平均值为0.644。从区域分布来看，汕尾、阳江、清远、云浮各4席，潮州、揭阳、湛江、韶关各3席，汕头2席，肇庆1席；按经济区域划分，珠三角1席，东翼12席，西翼 7 席，粤北 11 席。

四、保护生态环境领域层评价结果

以保护生态环境领域层绩效指数（K_3）作为分类指标，评价结果见表 11-7。

表 11-7 2016 年度全省县（市、区）保护生态环境领域层绩效指数（K_3）分类结果

分类	指数区间	县（市、区）	数量（个）
A 类	0.829~0.875	宝安区、平远县、蕉岭县、丰顺县、龙岗区、梅县区、南山区、大埔县、茂南区、五华县、兴宁市、梅江区、电白区、高州市、盐田区、信宜市、化州市、龙川县、福田区、罗湖区、潮阳区	21
B 类	0.791~0.827	南澳县、和平县、潮南区、紫金县、澄海区、连平县、东源县、濠江区、龙湖区、金平区、源城区、乳源瑶族自治县、金湾区、江城区、陆河县、陆丰市、仁化县、海丰县、汕尾城区、阳东区、斗门区、始兴县、阳春市、阳西县、香洲区、曲江区、普宁市、翁源县、端州区、揭西县、鼎湖区、滇江区、乐昌市、新丰县	34
C 类	0.751~0.790	揭东区、惠来县、南雄市、武江区、封开县、广宁县、德庆县、四会市、高要区、怀集县、三水区、南海区、博罗县、龙门县、惠东县、惠阳区、惠城区、高明区、禅城区、顺德区、遂溪县、赤坎区、麻章区、吴川市、廉江市、徐闻县、坡头区、雷州市、霞山区、增城区、黄埔区、南沙区	32
D 类	0.707~0.750	榕城区、花都区、从化区、番禺区、鹤山市、荔湾区、天河区、白云区、海珠区、越秀区、新会区、江海区、开平市、恩平市、台山市、蓬江区、潮安区、饶平县、湘桥区、新兴县、云安区、罗定市、郁南县、云城区、连南瑶族自治县、连山壮族自治县、英德市、佛冈县、连州市、清城区、清新区、阳山县	32

（一）A 类县（市、区）

表 11-8 为 2016 年度保护生态环境 A 类县（市、区）的指数情况。

表 11-8　2016 年度全省保护生态环境领域层绩效指数 A 类县（市、区）一览表

县（市、区）	保护生态环境 指数（K_3）	全省排名	年度变化	其他领域层 整体绩效（K_0）	经济发展（K_1）	社会公正（K_2）	政府成本（K_4）	公众满意（K_5）
宝安区	0.875	1	52	0.771	0.726	0.861	0.766	0.649
平远县	0.867	2	0	0.668	0.605	0.747	0.702	0.486
蕉岭县	0.862	3	-2	0.656	0.591	0.737	0.672	0.483
丰顺县	0.846	4	0	0.641	0.594	0.714	0.694	0.428
龙岗区	0.845	5	65	0.767	0.712	0.845	0.785	0.676
梅县区	0.844	6	1	0.654	0.596	0.727	0.614	0.525
南山区	0.844	7	53	0.757	0.712	0.832	0.827	0.617
大埔县	0.842	8	-5	0.681	0.601	0.755	0.693	0.574
茂南区	0.841	9	47	0.661	0.595	0.673	0.682	0.588
五华县	0.840	10	-2	0.679	0.621	0.710	0.731	0.567
兴宁市	0.840	11	-5	0.674	0.595	0.726	0.695	0.584
梅江区	0.839	12	-7	0.667	0.565	0.698	0.725	0.610
电白区	0.838	13	41	0.678	0.604	0.726	0.768	0.546
高州市	0.838	14	37	0.688	0.599	0.750	0.764	0.577
盐田区	0.836	15	54	0.761	0.725	0.868	0.787	0.606
信宜市	0.836	16	39	0.702	0.619	0.741	0.745	0.641
化州市	0.836	17	33	0.649	0.601	0.717	0.749	0.430
龙川县	0.835	18	16	0.664	0.603	0.717	0.725	0.520
福田区	0.832	19	53	0.765	0.721	0.813	0.830	0.676
罗湖区	0.832	20	51	0.784	0.746	0.881	0.822	0.659
潮阳区	0.829	21	21	0.686	0.612	0.702	0.693	0.659
平均值	0.843	…	…	0.698	0.635	0.759	0.737	0.576

保护生态环境领域层前 21 位（A 类）的县（市、区）中有 11 个区，4 个县级市，6 个县，其中：珠三角 6 席，东翼 1 席，西翼 5 席，粤北 9 席。从指数特点来看，0.845 以上有 5 个县（市、区），平均值为 0.843，极差为 0.046。在排名上，深圳宝安区居全省首位（0.875），较前一年上升 52 位，汕头潮阳区排在第 21 位，较前一年上升 21 位。相上年度，变化相对较小的有平远县、丰顺县、梅县区。

（二）B 类县（市、区）

B 类 34 个县（市、区）包含县 14 个、县级市 4 个、区 16 个。指数（K_3）介于 0.791~0.827 之间，最高值为 0.827，最低值 0.791，极差 0.036，均值为

0.808，比A类均值低0.047。其中，韶关8席，汕头6席，河源5席，汕尾、阳江各4席，珠海3席，肇庆、揭阳各2席；按四大经济区域划分，珠三角5席，东翼12席，西翼4席，粤北13席。

(三) C类县（市、区）

C类32个县（市、区）包含县10个、县级市5个、区17个。指数（K_3）介于0.751~0.790之间，最高值为0.790，最低值0.751，极差0.039，平均值为0.776，比B类平均水平低0.032。从区域分布来看，湛江占9席，肇庆占6席，佛山、惠州各占5席，广州占3席，揭阳、韶关各占2席；按经济区域划分，珠三角19席，东翼2席，西翼9席，粤北2席。

(四) D类县（市、区）

D类32个县（市、区）包含县7个、县级市7个、区18个。指数（K_3）介于0.707~0.750之间，最高值为0.750，最低值0.707，极差0.043，平均值为0.736，比C类平均水平低0.040。从区域分布来看，广州、清远各占8席，江门占7席，云浮占5席，潮州占3席，揭阳占一席；按四大经济区域划分珠三角15席，东翼4席，粤北13席。

五、节约政府成本领域层评价结果

以节约政府成本领域层绩效指数（K_4）作为分类指标，评价结果见表11-9。

表11-9　2016年度全省县（市、区）节约政府成本领域层绩效指数（K_4）分类结果

分类	指数区间	县（市、区）	数量（个）
A类	0.770~0.830	福田区、南山区、霞山区、榕城区、罗湖区、端州区、越秀区、海珠区、新会区、湘桥区、揭东区、盐田区、三水区、龙岗区、南海区、江城区、澄海区、高要区、揭西县、潮安区、汕尾城区、增城区、顺德区、陆河县、坡头区	25

续表

分类	指数区间	县（市、区）	数量（个）
B类	0.741～0.769	惠来县、电白区、黄埔区、宝安区、高州市、陆丰市、雷州市、花都区、海丰县、蓬江区、惠阳区、广宁县、南沙区、源城区、荔湾区、遂溪县、香洲区、吴川市、饶平县、化州市、赤坎区、番禺区、金平区、鹤山市、天河区、怀集县、开平市、高明区、信宜市、惠城区、廉江市、徐闻县、金湾区	33
C类	0.695～0.740	翁源县、武江区、普宁市、麻章区、新兴县、白云区、禅城区、五华县、潮南区、濠江区、台山市、浈江区、紫金县、南雄市、连平县、梅江区、龙川县、鼎湖区、从化区、博罗县、斗门区、乐昌市、仁化县、连山壮族自治县、惠东县、龙湖区、江海区、英德市、平远县、云安区、清城区、兴宁市	32
D类	0.599～0.694	阳西县、恩平市、丰顺县、阳东区、曲江区、潮阳区、大埔县、郁南县、阳春市、德庆县、和平县、茂南区、始兴县、清新区、罗定市、新丰县、蕉岭县、连南瑶族自治县、阳山县、封开县、云城区、南澳县、连州市、四会市、佛冈县、龙门县、梅县区、东源县、乳源瑶族自治县	29

（一）A类县（市、区）

表11-10 为2016年度节约政府成本A类县（市、区）的指数情况。

表11-10 2016年度全省节约政府成本领域层绩效指数A类县（市、区）一览表

县（市、区）	节约政府成本			其他领域层				
	指数（K_4）	全省排名	年度变化	整体绩效（K_0）	经济发展（K_1）	社会公正（K_2）	生态环境（K_3）	公众满意（K_5）
福田区	0.830	1	6	0.765	0.721	0.813	0.832	0.676
南山区	0.827	2	8	0.757	0.712	0.832	0.844	0.617
霞山区	0.826	3	55	0.635	0.604	0.614	0.765	0.492
榕城区	0.825	4	0	0.669	0.566	0.638	0.750	0.699
罗湖区	0.822	5	26	0.784	0.746	0.881	0.832	0.659
端州区	0.819	6	110	0.718	0.596	0.670	0.792	0.831
越秀区	0.804	7	15	0.700	0.685	0.784	0.749	0.518
海珠区	0.795	8	9	0.709	0.667	0.754	0.749	0.627
新会区	0.792	9	14	0.681	0.635	0.762	0.749	0.527
湘桥区	0.790	10	2	0.640	0.617	0.626	0.739	0.526

197

续表

县（市、区）	节约政府成本 指数（K_4）	全省排名	年度变化	其他领域层 整体绩效（K_0）	经济发展（K_1）	社会公正（K_2）	生态环境（K_3）	公众满意（K_5）
揭东区	0.787	11	18	0.635	0.572	0.692	0.790	0.444
盐田区	0.787	12	23	0.761	0.725	0.868	0.836	0.606
三水区	0.786	13	-2	0.758	0.650	0.858	0.783	0.750
龙岗区	0.785	14	-8	0.767	0.712	0.845	0.845	0.676
南海区	0.783	15	3	0.748	0.681	0.826	0.783	0.700
江城区	0.783	16	-3	0.633	0.576	0.629	0.815	0.494
澄海区	0.779	17	-15	0.688	0.621	0.713	0.825	0.592
高要区	0.777	18	94	0.635	0.520	0.685	0.784	0.537
揭西县	0.777	19	49	0.616	0.546	0.690	0.792	0.394
潮安区	0.777	20	-1	0.645	0.595	0.637	0.741	0.573
汕尾城区	0.776	21	-5	0.630	0.581	0.604	0.807	0.511
增城区	0.775	22	3	0.697	0.657	0.796	0.754	0.540
顺德区	0.775	23	-18	0.699	0.670	0.819	0.775	0.490
陆河县	0.773	24	14	0.640	0.596	0.625	0.815	0.510
坡头区	0.770	25	29	0.668	0.556	0.655	0.766	0.707
平均值	0.793	—	—	0.691	0.632	0.733	0.789	0.588

A类县（市、区）中有23个为区，2个为县级市，其中，14个属珠三角地区，8个属东翼，3个属西翼。从指数特点来看，A类县（市、区）中，指数0.800以上有7个县（市、区），平均值为0.793。在排名上，深圳市福田区居全省首位（0.830），湛江坡头区排在第25位，端州区、高要区、霞山区、揭西县排名相对上年度变化较大，但榕城区、潮安区、湘桥区、三水区、南海区、江城区排名变化较小。

（二）B类县（市、区）

B类33个县（市、区）包括县7个、县级市9个、区17个。指数（K_4）介于0.741~0.769之间，最高值为0.769，最低值0.741，均值为0.752，比A类均值低0.041。从区域分布来看，广州、湛江各6席，茂名4席，江门3席，肇庆、惠州、珠海、汕尾各2席，深圳、佛山、潮州、汕头、揭阳、河源各1席；按四大经济区域划分，珠三角有17席，东翼5席，西翼10席，粤北1席。

(三) C类县（市、区）

C类32个县（市、区）包括县11个、县级市6个、区15个。指数（K_4）介于0.695~0.740之间，最高值为0.740，最低值0.695，极差0.045，平均值为0.722，比B类均值低0.030。从区域分布来看，韶关占6席，梅州占4席，汕头、河源、清远各占3席，广州、江门、惠州、云浮各2席，佛山、肇庆、珠海、揭阳、湛江各1席；按四大经济区域划分，珠三角有9席，东翼4席，西翼1席，粤北18席。

(四) D类县（市、区）

D类29个县（市、区）包括县17个、县级市5个、区7个。指数（K_4）介于0.599~0.694之间，最高值为0.694，最低值0.599，极差0.095，平均值为0.666，比C类平均水平低0.056。从区域分布来看，清远占5席，梅州、韶关各占4席，肇庆、阳江、云浮各占3席，汕头、河源各2席，江门、惠州、茂名各1席；按四大经济区域划分，珠三角有5席，东翼2席，西翼4席，粤北18席。

六、实现公众满意领域层评价结果

以实现公众满意领域层绩效指数（K_5）作为分类指标，评价结果见表11-11。

表11-11　2016年度全省县（市、区）实现公众满意领域层绩效指数（K_5）分类结果

分类	指数区间	县（市、区）	数量（个）
A类	0.680~0.955	黄埔区、龙湖区、始兴县、翁源县、端州区、江海区、南沙区、三水区、乐昌市、曲江区、云城区、鹤山市、金湾区、坡头区、天河区、武江区、清城区、博罗县、南海区、榕城区、惠城区、阳春市、四会市、新兴县	24
B类	0.603~0.676	龙岗区、福田区、高明区、花都区、香洲区、龙门县、雷州市、和平县、紫金县、罗湖区、潮阳区、台山市、斗门区、清新区、宝安区、蓬江区、赤坎区、信宜市、开平市、遂溪县、怀集县、海珠区、荔湾区、南山区、连南瑶族自治县、乳源瑶族自治县、徐闻县、东源县、梅江区、盐田区、从化区	31

续表

分类	指数区间	县（市、区）	数量（个）
C类	0.510~0.598	鼎湖区、澄海区、茂南区、兴宁市、高州市、吴川市、大埔县、潮安区、五华县、阳东区、白云区、阳西县、金平区、番禺区、禅城区、佛冈县、濠江区、电白区、连州市、廉江市、增城区、广宁县、高要区、普宁市、罗定市、浈江区、新会区、湘桥区、梅县区、海丰县、龙川县、恩平市、越秀区、德庆县、汕尾城区、陆河县	36
D类	0.190~0.495	陆丰市、江城区、霞山区、惠阳区、郁南县、顺德区、平远县、蕉岭县、新丰县、连山壮族自治县、源城区、饶平县、英德市、云安区、仁化县、潮南区、惠来县、阳山县、揭东区、封开县、化州市、丰顺县、麻章区、惠东县、揭西县、连平县、南澳县、南雄市	28

（一）A类县（市、区）

表 11-12 显示 2016 年度实现公众满意 24 个 A 类县（市、区）的指数情况。包括 16 个为区，4 个为县级市，4 个为县，其中，珠三角 12 席，东翼和西翼各 2 席，粤北 8 席。指数（K_5）介于 0.680~0.955 之间，平均值为 0.749，其中，0.800 以上有 6 席。在排序上，广州黄埔区居全省首位（0.955），云浮新兴县（0.680）排在第 24 位。

表 11-12 2016 年度全省实现公众满意领域层绩效指数 A 类县（市、区）一览表

县（市、区）	实现公众满意 指数（K_5）	全省排名	年度变化	其他领域层 整体绩效（K_0）	经济发展（K_1）	社会公正（K_2）	生态环境（K_3）	政府成本（K_4）
黄埔区	0.955	1	38	0.781	0.660	0.801	0.751	0.766
龙湖区	0.884	2	66	0.730	0.648	0.652	0.822	0.710
始兴县	0.839	3	106	0.717	0.614	0.704	0.797	0.679
翁源县	0.837	4	101	0.720	0.616	0.692	0.793	0.740
端州区	0.831	5	84	0.718	0.596	0.670	0.792	0.819
江海区	0.811	6	72	0.719	0.639	0.725	0.749	0.707
南沙区	0.766	7	18	0.741	0.649	0.812	0.751	0.754
三水区	0.750	8	11	0.758	0.650	0.858	0.783	0.786
乐昌市	0.739	9	77	0.699	0.626	0.686	0.791	0.718

续表

县 (市、区)	实现公众满意			其他领域层				
	指数 (K_5)	全省排名	年度变化	整体绩效 (K_0)	经济发展 (K_1)	社会公正 (K_2)	生态环境 (K_3)	政府成本 (K_4)
曲江区	0.733	10	65	0.681	0.574	0.684	0.794	0.694
云城区	0.733	11	73	0.657	0.601	0.612	0.732	0.659
鹤山市	0.723	12	84	0.710	0.635	0.743	0.750	0.746
金湾区	0.718	13	42	0.747	0.697	0.785	0.820	0.741
坡头区	0.707	14	36	0.668	0.556	0.655	0.766	0.770
天河区	0.707	15	31	0.720	0.685	0.741	0.749	0.746
武江区	0.705	16	65	0.669	0.581	0.634	0.789	0.738
清城区	0.704	17	12	0.667	0.605	0.668	0.707	0.698
博罗县	0.703	18	26	0.725	0.671	0.770	0.782	0.719
南海区	0.700	19	14	0.748	0.681	0.826	0.783	0.783
榕城区	0.699	20	3	0.669	0.566	0.638	0.750	0.825
惠城区	0.683	21	-7	0.703	0.674	0.686	0.779	0.745
阳春市	0.683	22	84	0.670	0.591	0.664	0.796	0.689
四会市	0.681	23	-5	0.664	0.584	0.680	0.784	0.640
新兴县	0.680	24	66	0.670	0.590	0.682	0.737	0.735
平均值	0.749	—	—	0.706	0.624	0.711	0.773	0.734

(二) B、C、D类县 (市、区)

B类31个县（市、区）包括县9个、县级市4个、区18个。指数（K_5）介于0.603~0.676之间，最高值为0.676，最低值0.603，极差0.073，平均值为0.642，比A类均值低0.107。从区域分布来看，深圳占6席，广州、湛江各占4席，江门、河源各占3席，珠海、清远各占2席，佛山、肇庆、惠州、汕头、茂名、梅州、韶关各占1席。C类36个县（市、区）分为县9个、县级市8个、区19个。指数（K_5）介于0.510~0.598之间，最高值为0.598，最低值0.510，极差0.088，平均值为0.548，比B类均值低0.094。从区域分布来看，广州、肇庆、梅州各占4席，汕头、汕尾、茂名各占3席，江门、潮州、湛江、阳江、清远各占2席，佛山、揭阳、河源、韶关、云浮各占1席。D类28个县（市、区）分为县15个、县级市4个、区9个。实现公众满意绩效指数（K_5）介于0.190~0.495之间，最高值为0.498，最低值0.334，极差0.164，平均值为0.441，比C类均值低0.107。

(本章执笔：华南理工大学公共管理学院硕士生　王彦冰、程佳圆)

第十二章 公众满意度评价结果

一、评价说明

公众对政府满意度是政府绩效评价的重要内容。基于"反映地方政府职能（转变和定位）、体现公众满意导向、具有可操作性"的理念和思路，我们提出了涵盖"促进经济发展、维护社会公正、保护生态环境、节约政府成本、实现公众满意"五个领域层的评价指标体系。同时，借鉴层次分析法，参考专家咨询调查确定了领域层和具体指标的权重系数，其中，实现公众满意领域层权重占20%，公众"对当地政府总体表现满意度"权重为3.1%，"公众幸福感"权重为2.6%，其他各项指标权重为1.1%，如表12-1。

表12-1 实现公众满意领域层指标及权重

		具体指标	满意度领域层标识	指标体系标识	权重（%）
实现公众满意领域层权重占比20%	1	对个人（家庭）收入满意度	B_1	X_{36}	1.1
	2	对工作就业满意度	B_2	X_{42}	1.1
	3	对社会治安满意度	B_3	X_{40}	1.1
	4	对社会（医疗）保障满意度	B_4	X_{41}	1.1
	5	对自然环境满意度	B_5	X_{45}	1.1
	6	对政策稳定性满意度	B_6	X_{43}	1.1
	7	对政府部门服务态度满意度	B_7	X_{48}	1.1
	8	对政府部门服务效率满意度	B_8	X_{49}	1.1
	9	对执法公正性满意度	B_9	X_{39}	1.1
	10	对政府人员廉洁满意度	B_{10}	X_{38}	1.1
	11	对政府环保宣传满意度	B_{11}	X_{44}	1.1
	12	对政府政务公开满意度	B_{12}	X_{46}	1.1
	13	对政府监管市场满意度	B_{13}	X_{37}	1.1
	14	对当地政府总体表现满意度	B_{14}	X_{50}	3.1
	15	公众幸福感	B_{15}	X_{47}	2.6

满意度调查对象为具有正常判别能力，年龄为18—75周岁，具有合法权益

的常住人口。调查范围覆盖广东全省，地市→县（市、区）为普查（覆盖全省每一个县域），县级以下（镇、村）采用抽样。遵循分层多级等概率原则进行抽样。考虑到问卷简单，并节约成本，调查采用定点拦截访问，辅助电话访问。每县（区/市）抽取3—5个街道，每个街道再抽取3—5个点，每个拦截点不超过20人。并按照性别、年龄以及户籍进行现场配额。调查时间为2017年2月。针对的时段为2016年度（考虑到中国人的年度概念，以春节为限）。

依据规范计算确定各地有效样本量。县（区、市）的经验值是：常住人口在30万以下的样本量为100，30万—50万的为150，51万—80万的为200，81万—100万的为250，101万—150万的为300，151万—200万的为400，300万以上人口的样本量为500。实际执行中。全省回收问卷22236份，其中合格问卷22068份，合格率99.3%。

合格问卷采用SPSS软件录入统计，检验样本的代表性。样本结构特征如下。性别结构：男性占49.0%，女性占51.0%；年龄结构：18—20岁为10.3%，21—30岁为20.1%，31—40岁为20.0%，41—50岁为19.8%，51—60岁为19.8%，61—75岁为10.0%，符合配额要求；学历结构：小学及以下者占7.8%，初中者占23.3%，高中/中专者为22.1%，大专占21.3%，本科占19.3%，研究生占6.1%；职业结构：私企员工比例最高，为15.3%，其次是农民，为12.3%，私营业主为11.3%，学生为11.1%，国企员工为10.8%，科教文卫为9.0%，失业/下岗为8.5%，外企员工为6.8%，自由职业者和公务员分别为6.5%和4.7%，其他所占比例较少，为3.8%；收入结构：家庭年收入10－15万的比例最大，占38.4%，其次5万－10万元者占24.1%，再次是15万－30万元者占20.4%，2万—5万元占8.6%，30万－50万元占4.8%。低收入段和高收入段分别为2万元以下占2.6%，50万元以上占1.2%。

另外，从户籍结构来看，全部样本中，本市县占46.2%，本省占35.7%，外省占18.1%。总体上，有效样本结构与广东全省18—75岁人口结构比较，除学历偏高外（因城镇居民比例较大），其他指标均基本吻合，样本具有代表性。

二、全省满意度评价结果

（一）总体结果

以10分制度量，全省均值为5.70，处于"一般满意"状态，其中，满意度得分较高的为广州（6.23），较低的是潮州（5.30）。13项指标（不含总体表现满意度评价，B_{14}，下同）得分介于 5.49—5.86 之间，如表 12-2 所示。

表 12-2　2016 年度公众满意度测量结果（10 分制，指标标识与表 12-1 问题对应）

地市	B_1	B_2	B_3	B_4	B_5	B_6	B_7	B_8	B_9	B_{10}	B_{11}	B_{12}	B_{13}	B_{14}	均值	排名	变化
广州	6.16	6.33	6.29	6.31	6.02	5.91	5.84	6.06	6.43	6.38	6.42	6.48	6.37	6.34	6.23	1	0
韶关	5.67	5.48	5.74	5.88	5.61	5.23	5.42	5.47	5.88	5.65	6.17	5.64	5.51	5.58	5.64	10	0
深圳	5.87	6.02	5.97	6.03	6.03	6.14	5.86	5.94	6.20	5.98	6.61	6.18	6.25	6.27	6.08	4	1
珠海	6.19	5.94	6.23	6.30	6.25	5.93	6.08	6.04	6.10	5.94	6.76	6.23	6.19	6.25	6.17	3	0
汕头	5.93	5.66	5.76	5.89	5.37	5.44	5.32	5.27	5.91	5.67	5.69	5.59	5.67	5.45	5.63	11	0
佛山	6.03	5.94	6.01	6.21	6.28	5.71	5.87	6.17	6.04	5.95	5.73	6.31	6.14	6.21	6.03	5	-1
江门	5.97	5.75	6.07	5.92	6.16	6.01	5.89	5.63	5.78	5.71	5.82	5.89	5.86	5.76	5.88	7	-1
湛江	5.86	5.94	5.81	5.93	5.85	5.78	5.07	5.42	5.57	5.69	5.84	5.39	5.69	5.63	5.68	9	-1
茂名	5.62	5.81	5.61	5.60	5.30	5.23	5.01	5.19	5.61	5.49	5.36	5.09	5.05	5.33	5.38	18	-1
肇庆	5.78	5.42	5.64	5.58	5.61	5.79	5.24	5.71	5.63	5.56	6.03	5.26	5.63	5.86	5.61	12	0
惠州	5.69	5.86	5.80	6.11	6.59	5.53	5.47	5.86	5.91	5.67	5.96	5.67	5.72	5.94	5.85	8	-1
梅州	5.29	5.26	5.33	5.67	5.52	5.13	5.04	5.35	5.43	6.15	5.29	5.63	5.32	5.43	5.43	16	-3
汕尾	5.44	5.28	5.63	5.65	5.41	5.26	5.28	5.25	5.36	5.19	5.42	5.10	5.61	5.21	5.38	19	0
河源	5.78	5.17	5.64	5.48	5.36	5.57	4.91	5.41	5.37	5.24	5.46	5.56	5.34	5.19	5.41	17	-2
阳江	5.81	5.69	5.05	5.64	5.64	5.29	5.56	5.64	5.42	5.50	5.35	5.68	5.54	5.37	5.52	14	2
清远	5.52	5.42	5.66	5.54	5.78	5.53	5.31	5.66	5.44	5.47	5.47	5.45	5.40	5.55	5.53	13	1
东莞	5.86	6.04	5.72	5.63	6.16	5.17	6.11	5.95	6.06	5.83	6.06	6.23	6.09	6.11	5.92	6	3
中山	6.45	5.85	6.16	6.20	7.13	6.05	6.17	6.21	5.35	6.24	6.13	6.29	6.30	6.08	6.19	2	0
潮州	5.34	5.06	5.13	5.21	5.26	5.08	5.42	5.31	5.63	5.31	5.37	5.48	5.39	5.01	5.30	21	0
揭阳	5.36	5.55	5.02	5.24	5.13	5.11	5.30	5.38	5.23	5.38	5.35	5.47	4.88	5.32	5.27	20	0
云浮	5.60	5.50	5.65	5.21	5.66	5.21	5.13	5.24	5.50	5.35	5.57	5.24	5.56	5.27	5.44	15	3
均值	5.77	5.68	5.71	5.79	5.82	5.53	5.49	5.63	5.71	5.65	5.86	5.69	5.73	5.65	5.70	—	—

（二）主要特点

一是均值高于中位数，但评分偏低。全省均值为 5.70，评分为"一般"（对应 5—6，中立态度）的公众比例为 49.6%，倾向于不满意（不太满意和很不满意）的公众比例为 21.7%，倾向于满意（比较满意和很满意）的公众比例为 28.6%。另有 2.6% 的公众"很不满意（0—2）"。

二是 21 地级以上市满意度评分差异较大。广州、中山、珠海、深圳、佛山、东莞、江门、惠州等地市居前，得分在 5.80 以上。从中不难发现，满意度与经济发展程度有一定关联，如图 12-1 所示。

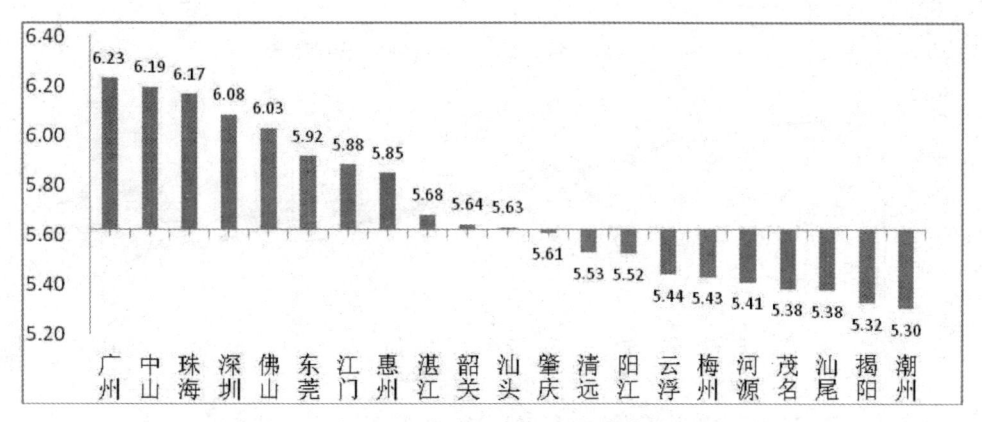

图 12-1 地级以上市的 13 项指标满意度得分平均值

三是 13 项满意度（B_1 – B_{13}）得分差异较大。满意度指标涉及公众的个人（家庭）生活与工作的状态，如对过去一年收入、就业机会、社会治安、医疗保障、自然生活环境等满意度，这些因素与政府有关，但并不等同；对当地政府及其部门的形象、行为及服务的主观评价，如政策稳定连续性、政府服务态度、服务效率、廉洁性和执法公正性；以及政府环保宣传、政务公开、市场监管。结果显示，得分最高的为环保宣传满意度（5.86），最低为政府服务态度满意度（5.49），如图 12-2 所示。

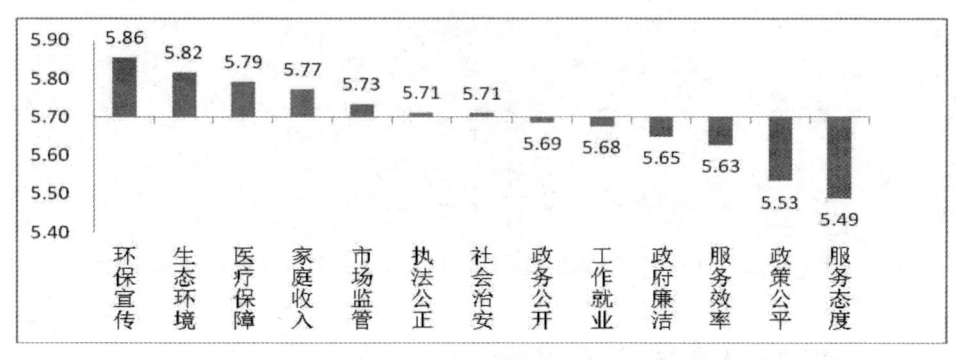

图 12-2 13 项指标满意度评价得分情况（10 分制）

四是公众对当地政府总体表现满意度评分普遍高于 13 项满意度指标均值。如图 12-3。其中，差别较大的有广州、珠海、东莞等市，比较接近的有韶关、汕头、清远等市。

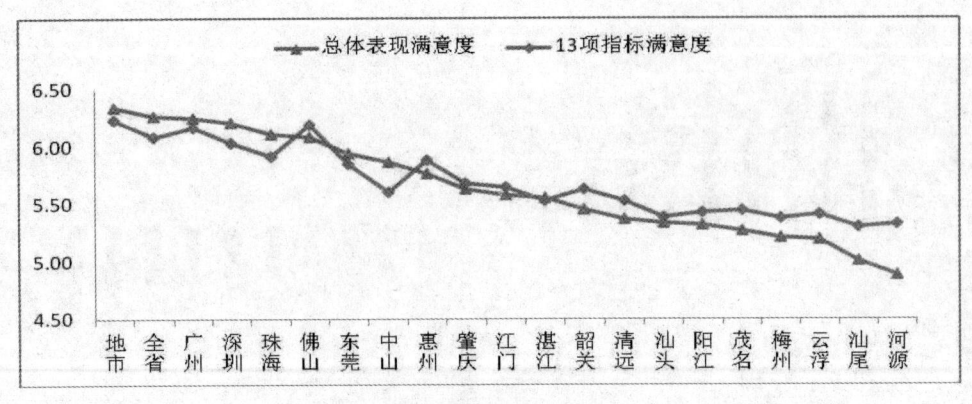

图 12-3 政府总体表现与 13 项指标满意度评分均值比较（10 分制）

五是从排序的角度，21 个地级以上市公众对当地政府总体表现满意度普遍低于 13 项满意度均值，但各自在全省排名基本上一致。如图 12-4，两者差异不大（1-2 位）有深圳、佛山、东莞、惠州等市。

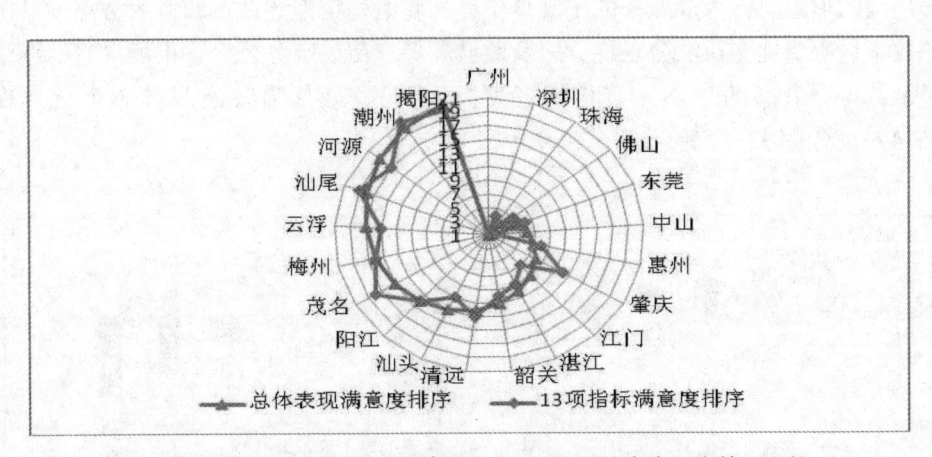

图 12-4 地市之间政府总体表现及 13 项指标满意度全省排名比较

三、13 项满意度分项结果

1. 对收入的满意度（B_1）。全省均值为 5.77。最高值为 6.45，最低值为 5.29，极差为均值的 20.10%。较高的有中山（6.45）、珠海（6.19）、广州（6.16）、佛山（6.03）等市，较低的有揭阳（5.36）、潮州（5.34）和梅州（5.29）等市，如图 12-5 所示。

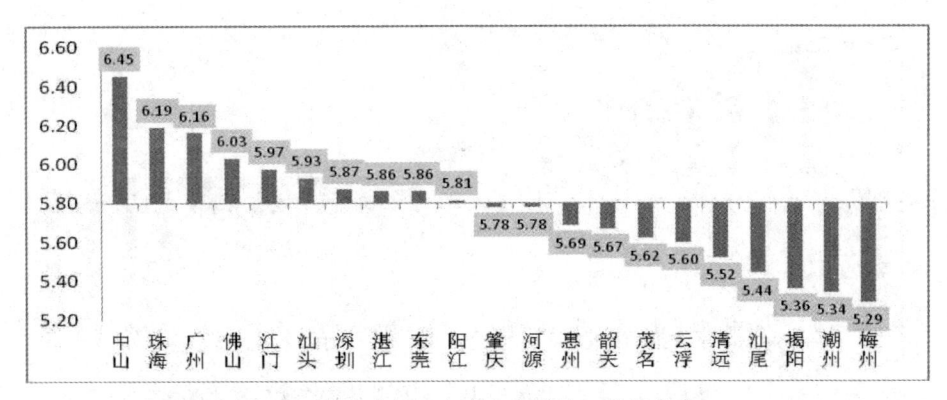

图 12-5　21个地级以上市公众对收入的满意度

2. 对工作机会的满意度（B_2）。全省均值为 5.68。最高值为 6.33，最低值为 5.06，极差值为均值的 22.36%。广州（6.33）、东莞（6.04）、深圳（6.02）等市满意度较高，梅州（5.26）、河源（5.17）和潮州（5.06）等市满意度较低，如图 12-6 所示。

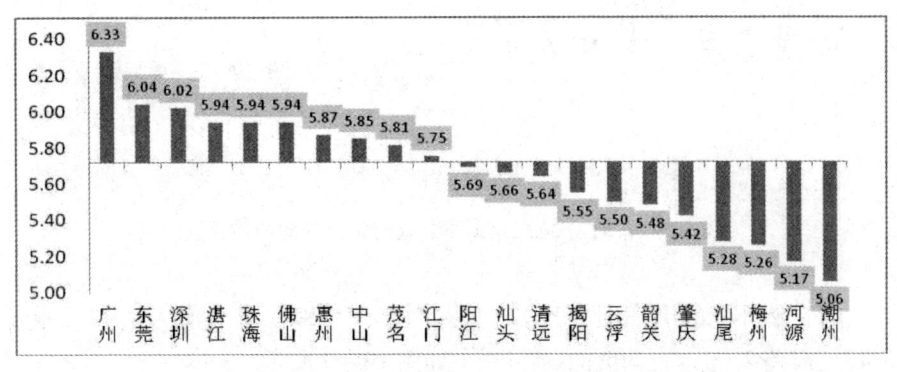

图 12-6　21个地级以上市公众对工作机会的满意度

3. 对社会治安的满意度（B_3）。全省均值为 5.71。最高值为 6.29，最低值为 5.02，极差 1.27，占均值的 22.2%。广州最高（6.29），揭阳最低（5.02）。总体上，经济发达的地区，公众对当地社会治安的满意度评价要高，如图12-7 所示。

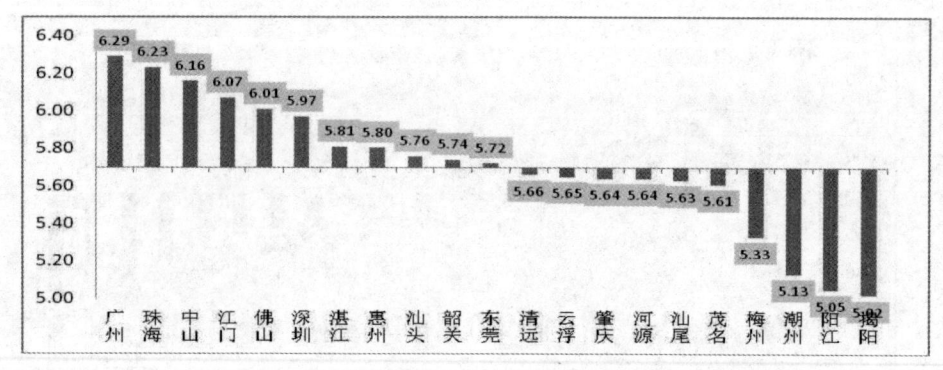

图 12-7　21个地级以上市公众对社会治安的满意度

4. 对医疗保障的满意度（B_4）。全省均值为 5.79。最高值为 6.31，最低值为 5.21。近几年来，各级政府高度重视此项工作，所取得成效亦可从公众满意度评价中得到体现。相对而言，广州、珠海、佛山评价较高，如图 12-8 所示。

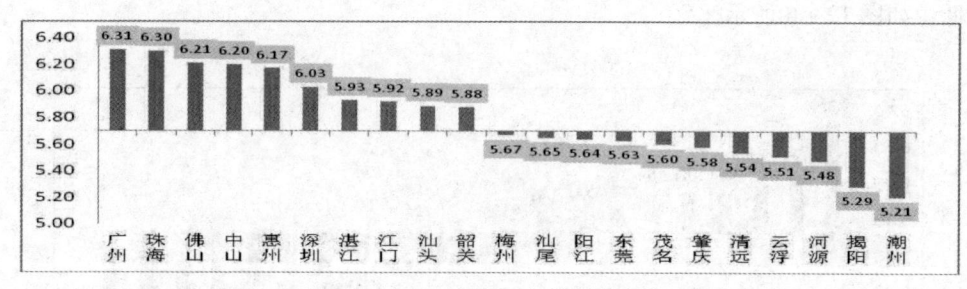

图 12-8　21个地级以上市公众对医疗保障的满意度

5. 对自然环境的满意度（B_5）。全省均值为 5.82。最高值为 7.13，最低值为 5.13，极差 2.00，占均值的 34.4%，如图 12-9 所示。

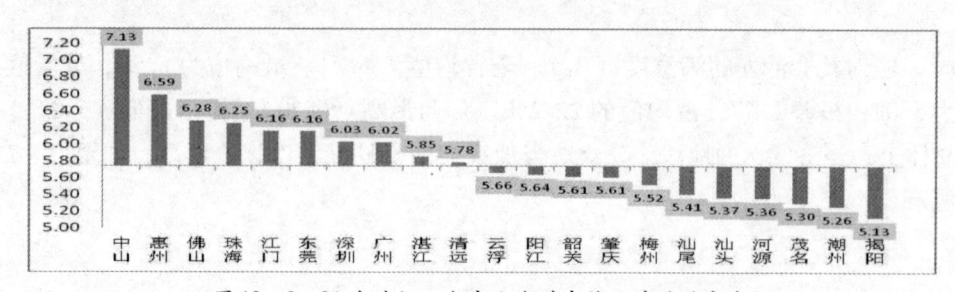

图 12-9　21个地级以上市公众对自然环境的满意度

6. 对政策稳定性的满意度（B_6）。全省均值为 5.53。最高值为 6.14，最低值为 5.08 满意度较高的市有深圳、中山、江门、珠海、肇庆、广州、湛江、佛山等；较低的市为东莞、梅州、揭阳、潮州，如图 12-10 所示。

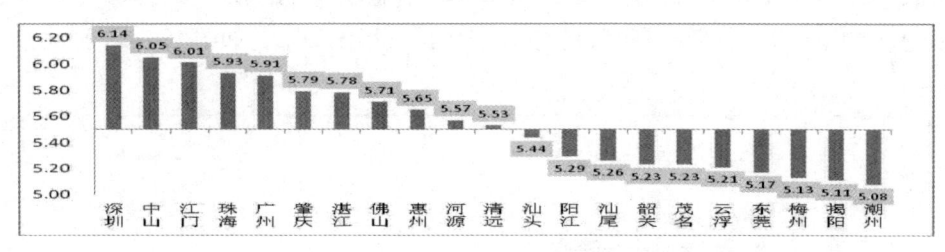

图 12-10　21 个地级以上市公众对政策稳定性的满意度

7. 对当地政府部门服务态度满意度（B_7）。全省均值为 5.49。最高值为 6.17，最低值为 4.91。中山、东莞、珠海、江门等市评分较高，云浮、湛江、梅州、茂名、河源等市评分较低，如图 12-11 所示。

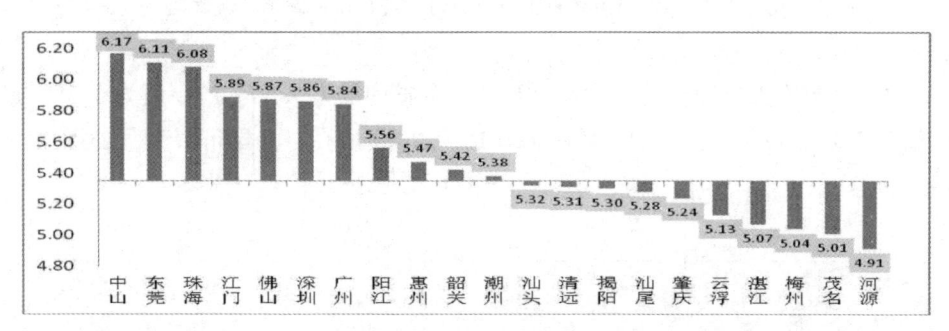

图 12-11　21 个地级以上市公众对政府部门服务态度的满意度

8. 对当地政府部门服务效率的满意度（B_8）。全省均值为 5.63。最高值为 6.21，最低值为 5.19，极差 1.02，占均值的 18.1%，如图 12-12 所示。

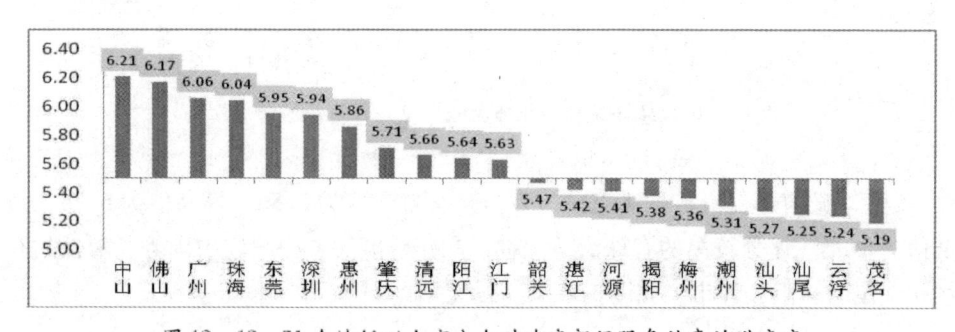

图 12-12　21 个地级以上市公众对政府部门服务效率的满意度

9. 对执法公正性的满意度（B_9）。全省均值为 5.71 分。最高值为 6.43，最低值为 5.28，极差 1.15，为均值的 20.1%。满意度较高的有广州、深圳、珠海、东莞、佛山等市，较低的有河源、汕尾、中山、揭阳等市，如图 12-13 所示。

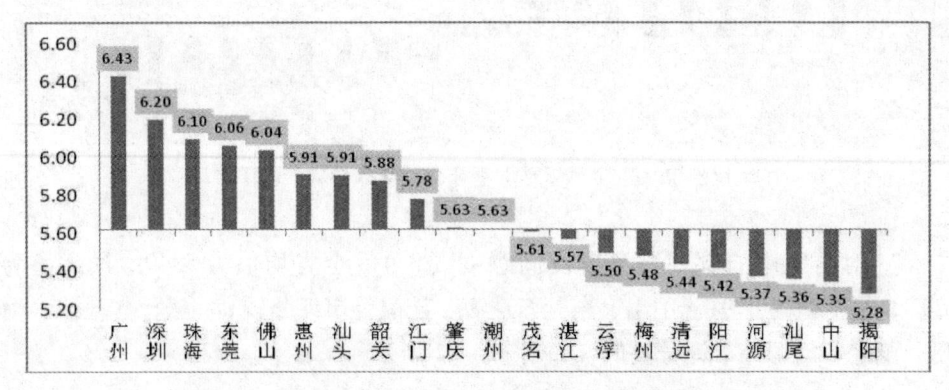

图 12-13　21 个地级以上市公众对政府执法公正性的满意度

10. 对政府人员廉洁的满意度（B_{10}）。全省均值为 5.65。最高值为 6.38，最低值为 5.19，极差 1.19，为均值的 21.1%。广州最高，汕尾市最低，如图 12-14 所示。

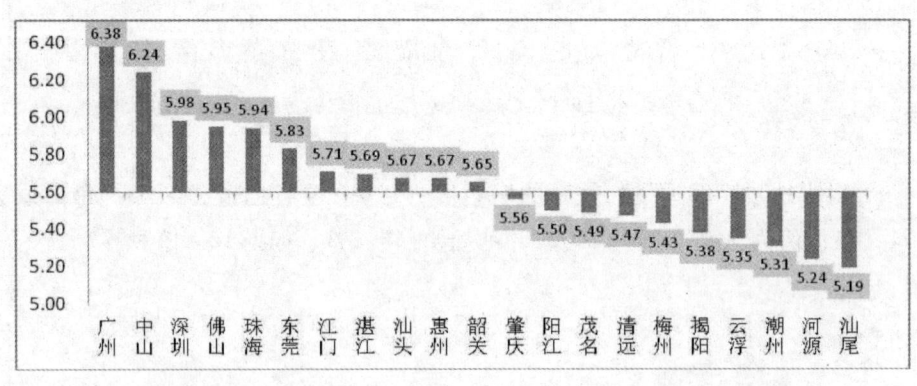

图 12-14　21 个地级以上市公众对政府人员廉洁的满意度

11. 对政府环保宣传的满意度（B_{11}）。全省均值为 5.86。最高值为 6.76，最低值为 5.35。评分较高的有珠海、深圳、广州、韶关、梅州、中山等，较低的有潮州、茂名、阳江等市，如图 12-15 所示。

210

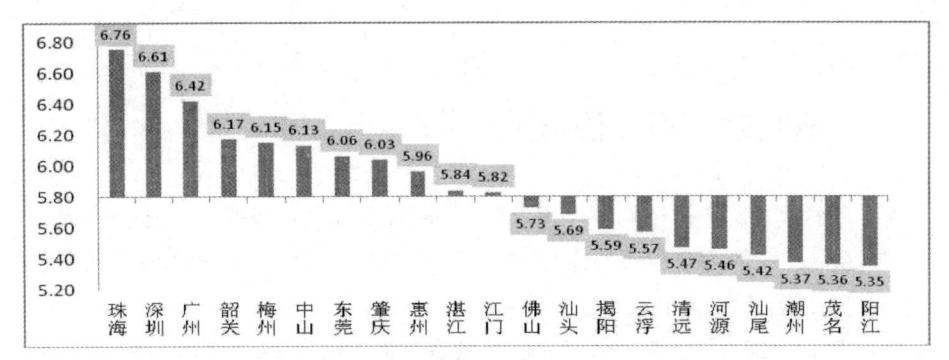

图 12－15　21 个地级以上市公众对政府环保宣传的满意度

12. 对政府政务公开的满意度（B_{12}）。全省均值为 5.69。最高值为 6.48，最低值为 5.09。评分比较高的有广州、佛山、中山等，如图 12－16 所示。

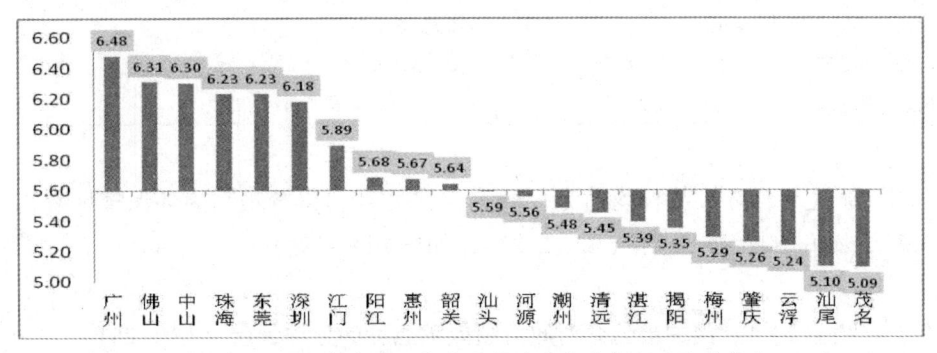

图 12－16　21 个地级以上市公众对政府政务公开的满意度

13. 对市场监管的满意度（B_{13}）。全省均值为 5.73。最高值为 6.37，最低值为 5.05，极差 1.32，为均值的 23.0%，如图 12－17 所示。

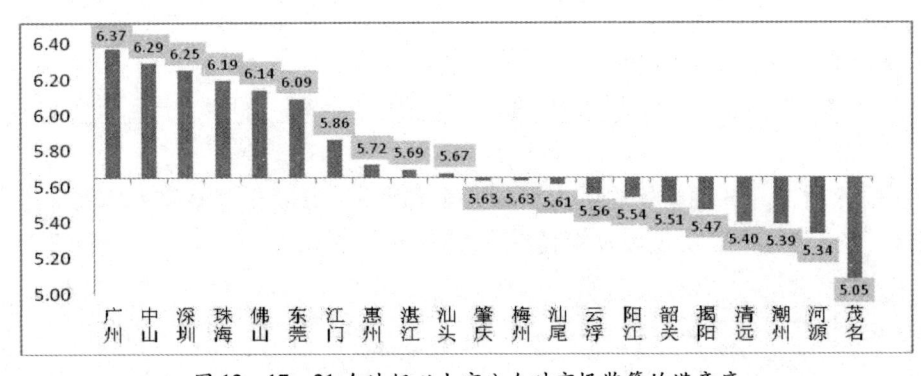

图 12－17　21 个地级以上市公众对市场监管的满意度

四、地级以上市评价结果

1. 广州市。13项指标均值为6.23，全省第1。得分最高为政务公开满意度（B_{12}，6.48），最低为政府服务态度的满意度（B_7，5.84），如表12-3所示。

表12-3 广州市公众对政府绩效满意度的分项评价（10分制）

评价内容	均值	分项排序	全省排序	评价内容	均值	分项排序	全省排序
B_1个人或家庭收入	6.16	10	3	B_8政府服务效率	6.06	11	3
B_2工作机会	6.33	7	1	B_9执法公正性	6.43	2	1
B_3社会治安	6.29	9	1	B_{10}政府人员廉洁	6.38	4	1
B_4医疗保障	6.31	8	1	B_{11}环保宣传	6.42	3	3
B_5自然环境	6.02	12	8	B_{12}政务公开	6.48	1	1
B_6政策稳定性	5.91	13	5	B_{13}市场监管	6.37	5	1
B_7政府服务态度	5.84	14	7	B_{14}政府总体表现	6.34	6	1

2. 韶关市。13项指标均值为5.64，全省第10。得分最高为环保宣传（B_{11}，6.17），最低为政策稳定性（B_6，5.23），如表12-4所示。

表12-4 韶关市公众对政府绩效满意度的分项评价（10分制）

评价内容	均值	分项排序	全省排序	评价内容	均值	分项排序	全省排序
B_1个人或家庭收入	5.67	5	14	B_8政府服务效率	5.47	12	12
B_2工作机会	5.48	11	16	B_9执法公正性	5.88	2	8
B_3社会治安	5.74	4	10	B_{10}政府人员廉洁	5.65	6	11
B_4医疗保障	5.88	3	10	B_{11}环保宣传	6.17	1	4
B_5自然环境	5.61	8	13	B_{12}政务公开	5.64	7	10
B_6政策稳定性	5.23	14	15	B_{13}市场监管	5.51	10	16
B_7政府服务态度	5.42	13	10	B_{14}政府总体表现	5.58	9	11

3. 深圳市。13项指标均值为6.08，全省第4，分项得分最高为环保宣传满意度（B_{11}，6.61），最低为政府服务满意度（B_7，5.86），如表12-5所示。

表12-5　深圳市公众对政府绩效满意度的分项评价（10分制）

评价内容	均值	分项排序	全省排序	评价内容	均值	分项排序	全省排序
B_1 个人或家庭收入	5.87	13	7	B_8 政府服务效率	5.94	12	6
B_2 工作机会	6.02	9	3	B_9 执法公正性	6.20	4	2
B_3 社会治安	5.97	11	6	B_{10} 政府人员廉洁	5.98	10	3
B_4 医疗保障	6.03	8	6	B_{11} 环保宣传	6.61	1	2
B_5 自然环境	6.03	7	7	B_{12} 政务公开	6.18	5	6
B_6 政策稳定性	6.14	6	1	B_{13} 市场监管	6.25	3	3
B_7 政府服务态度	5.86	14	6	B_{14} 政府总体表现	6.27	2	2

4. 珠海市。13项指标均值为6.17，全省第3。分项得分最高为环保宣传满意度（B_{11}, 6.76），最低为政策稳定性（B_6, 5.93），如表12-6所示。

表12-6　珠海市公众对政府绩效满意度的分项评价（10分制）

评价内容	均值	分项排序	全省排序	评价内容	均值	分项排序	全省排序
B_1 个人或家庭收入	6.19	7	2	B_8 政府服务效率	6.04	11	4
B_2 工作机会	5.94	12	5	B_9 执法公正性	6.10	9	3
B_3 社会治安	6.23	5	2	B_{10} 政府人员廉洁	5.94	13	5
B_4 医疗保障	6.30	2	2	B_{11} 环保宣传	6.76	1	1
B_5 自然环境	6.25	3	4	B_{12} 政务公开	6.23	6	4
B_6 政策稳定性	5.93	14	4	B_{13} 市场监管	6.19	8	4
B_7 政府服务态度	6.08	10	3	B_{14} 政府总体表现	6.25	4	3

5. 汕头市。13项指标均值为5.63，全省第11位。最高为个人家庭收入满意度（B_1, 5.93），最低为政府服务效率（B_8, 5.27），如表12-7所示。

表12-7　汕头市公众对政府绩效满意度的分项评价（10分制）

评价内容	均值	分项排序	全省排序	评价内容	均值	分项排序	全省排序
B_1 个人或家庭收入	5.93	1	6	B_8 政府服务效率	5.27	14	18
B_2 工作机会	5.66	8	12	B_9 执法公正性	5.91	2	7
B_3 社会治安	5.76	4	9	B_{10} 政府人员廉洁	5.67	7	9
B_4 医疗保障	5.89	3	9	B_{11} 环保宣传	5.69	5	13
B_5 自然环境	5.37	12	17	B_{12} 政务公开	5.59	9	11
B_6 政策稳定性	5.44	11	12	B_{13} 市场监管	5.67	6	10
B_7 政府服务态度	5.32	13	12	B_{14} 政府总体表现	5.45	10	13

6. 佛山市。13项指标均值为6.03，全省第5。最高为政务公开满意度

(B_{12}，6.31 分)，最低为政策稳定性满意度（B_6，5.71 分），如表 12-8 所示。

表 12-8　佛山市公众对政府绩效满意度的分项评价（10 分制）

评价内容	均值	分项排序	全省排序	评价内容	均值	分项排序	全省排序
B_1 个人或家庭收入	6.03	8	4	B_8 政府服务效率	6.17	5	2
B_2 工作机会	5.94	11	6	B_9 执法公正性	6.04	7	5
B_3 社会治安	6.01	9	5	B_{10} 政府人员廉洁	5.95	10	4
B_4 医疗保障	6.21	3	3	B_{11} 环保宣传	5.73	13	12
B_5 自然环境	6.28	2	3	B_{12} 政务公开	6.31	1	2
B_6 政策稳定性	5.71	14	8	B_{13} 市场监管	6.14	6	5
B_7 政府服务态度	5.87	12	5	B_{14} 政府总体表现	6.21	4	4

7. 江门市。13 项指标均值为 5.88，全省第 7。最高为生态环境满意度（B_5，6.16），最低为政府服务效率满意度（B_8，5.63），如表 12-9 所示。

表 12-9　江门市公众对政府绩效满意度的分项评价（10 分制）

评价内容	均值	分项排序	全省排序	评价内容	均值	分项排序	全省排序
B_1 个人或家庭收入	5.97	4	5	B_8 政府服务效率	5.63	14	11
B_2 工作机会	5.75	12	10	B_9 执法公正性	5.78	10	9
B_3 社会治安	6.07	2	4	B_{10} 政府人员廉洁	5.71	13	11
B_4 医疗保障	5.92	5	8	B_{11} 环保宣传	5.82	9	11
B_5 自然环境	6.16	1	5	B_{12} 政务公开	5.89	6	7
B_6 政策稳定性	6.01	3	3	B_{13} 市场监管	5.86	8	7
B_7 政府服务态度	5.89	7	4	B_{14} 政府总体表现	5.76	11	9

8. 湛江市。13 项指标均值为 5.68，全省第 9。最高为工作就业机会满意度（B_2，5.94），最低为政府服务态度满意度（B_7，5.07），如表 12-10 所示。

表 12-10　湛江市公众对政府绩效满意度的分项评价（10 分制）

评价内容	均值	分项排序	全省排序	评价内容	均值	分项排序	全省排序
B_1 个人或家庭收入	5.86	3	8	B_8 政府服务效率	5.42	12	13
B_2 工作机会	5.94	1	4	B_9 执法公正性	5.57	11	13
B_3 社会治安	5.81	6	7	B_{10} 政府人员廉洁	5.69	8	8
B_4 医疗保障	5.93	2	7	B_{11} 环保宣传	5.84	5	10
B_5 自然环境	5.85	4	9	B_{12} 政务公开	5.39	13	15
B_6 政策稳定性	5.78	7	7	B_{13} 市场监管	5.69	9	9
B_7 政府服务态度	5.07	14	18	B_{14} 政府总体表现	5.63	10	10

9. 茂名市。13项指标均值为5.38,全省第18。其中,最高为工作就业机会满意度(B_2,5.81),最低为政府服务态度满意度(B_7,5.01),如表12-11所示。

表12-11 茂名市公众对政府绩效满意度的分项评价(10分制)

评价内容	均值	分项排序	全省排序	评价内容	均值	分项排序	全省排序
B_1个人或家庭收入	5.62	2	15	B_8政府服务效率	5.19	11	21
B_2工作机会	5.81	1	9	B_9执法公正性	5.61	4	12
B_3社会治安	5.61	3	17	B_{10}政府人员廉洁	5.49	6	14
B_4医疗保障	5.60	5	15	B_{11}环保宣传	5.36	7	20
B_5自然环境	5.30	9	19	B_{12}政务公开	5.09	12	21
B_6政策稳定性	5.23	10	16	B_{13}市场监管	5.05	13	21
B_7政府服务态度	5.01	14	20	B_{14}政府总体表现	5.33	8	15

10. 肇庆市。13项指标均值为5.61,全省第12。最高为环保宣传满意度(B_{11},6.03),最低为政府服务态度满意度(B_7,5.24),如表12-12所示。

表12-12 肇庆市公众对政府绩效满意度的分项评价(10分制)

评价内容	均值	分项排序	全省排序	评价内容	均值	分项排序	全省排序
B_1个人或家庭收入	5.78	4	11	B_8政府服务效率	5.71	5	8
B_2工作机会	5.42	12	17	B_9执法公正性	5.63	7	10
B_3社会治安	5.64	6	14	B_{10}政府人员廉洁	5.56	11	12
B_4医疗保障	5.58	10	16	B_{11}环保宣传	6.03	1	8
B_5自然环境	5.61	9	14	B_{12}政务公开	5.26	13	18
B_6政策稳定性	5.79	3	6	B_{13}市场监管	5.63	8	11
B_7政府服务态度	5.24	14	16	B_{14}政府总体表现	5.86	2	8

11. 惠州市。13项指标均值为5.85,排第8位。得分最高为自然环境满意度(B_5,6.59),最低为政府服务态度满意度(B_7,5.47),如表12-13所示。

表12-13 惠州市公众对政府绩效满意度的分项评价(10分制)

评价内容	均值	分项排序	全省排序	评价内容	均值	分项排序	全省排序
B_1个人或家庭收入	5.69	10	13	B_8政府服务效率	5.86	7	7
B_2工作机会	5.87	6	7	B_9执法公正性	5.91	5	6
B_3社会治安	5.80	8	8	B_{10}政府人员廉洁	5.67	11	10
B_4医疗保障	6.17	2	5	B_{11}环保宣传	5.96	3	9
B_5自然环境	6.59	1	2	B_{12}政务公开	5.67	12	9

续表

评价内容	均值	分项排序	全省排序	评价内容	均值	分项排序	全省排序
B_6政策稳定性	5.65	13	9	B_{13}市场监管	5.72	9	8
B_7政府服务态度	5.47	14	9	B_{14}政府总体表现	5.94	4	7

12. 梅州市。13项指标均值为5.43，全省第16。得分最高为环保宣传满意度（B_{11}，6.15），最低为政府服务态度满意度（B_7，5.04），如表12-14所示。

表12-14　梅州市公众对政府绩效满意度的分项评价（10分制）

评价内容	均值	分项排序	全省排序	评价内容	均值	分项排序	全省排序
B_1个人或家庭收入	5.29	10	21	B_8政府服务效率	5.36	7	16
B_2工作机会	5.26	12	19	B_9执法公正性	5.48	5	15
B_3社会治安	5.33	8	18	B_{10}政府人员廉洁	5.43	6	16
B_4医疗保障	5.67	2	11	B_{11}环保宣传	6.15	1	5
B_5自然环境	5.52	4	15	B_{12}政务公开	5.29	11	17
B_6政策稳定性	5.13	13	19	B_{13}市场监管	5.63	3	12
B_7政府服务态度	5.04	14	19	B_{14}政府总体表现	5.32	9	16

13. 汕尾市。13项指标均值为5.38，全省第19。最高为医疗保障满意度（B_4，5.65），最低为政务公开满意度（B_{12}，5.10），如表12-15所示。

表12-15　汕尾市公众对政府绩效满意度的分项评价（10分制）

评价内容	均值	分项排序	全省排序	评价内容	均值	分项排序	全省排序
B_1个人或家庭收入	5.44	4	18	B_8政府服务效率	5.25	11	19
B_2工作机会	5.28	8	18	B_9执法公正性	5.36	7	19
B_3社会治安	5.63	2	16	B_{10}政府人员廉洁	5.19	13	21
B_4医疗保障	5.65	1	12	B_{11}环保宣传	5.42	5	18
B_5自然环境	5.41	6	16	B_{12}政务公开	5.10	14	20
B_6政策稳定性	5.26	10	14	B_{13}市场监管	5.61	3	13
B_7政府服务态度	5.28	9	15	B_{14}政府总体表现	5.21	12	18

14. 河源市。13项指标均值为5.41，全省第17。最高为家庭收入满意度（B_1，5.78），最低为政府服务态度满意度（B_7，4.91），总体上，该市各项指标均比较靠后，如表12-16所示。

表12-16　河源市公众对政府绩效满意度的分项评价（10分制）

评价内容	均值	分项排序	全省排序	评价内容	均值	分项排序	全省排序
B_1个人或家庭收入	5.78	1	12	B_8政府服务效率	5.41	7	14
B_2工作机会	5.17	13	20	B_9执法公正性	5.37	8	18
B_3社会治安	5.64	2	15	B_{10}政府人员廉洁	5.24	11	20
B_4医疗保障	5.48	5	19	B_{11}环保宣传	5.46	6	17
B_5自然环境	5.36	9	18	B_{12}政务公开	5.56	4	12
B_6政策稳定性	5.57	3	10	B_{13}市场监管	5.34	10	20
B_7政府服务态度	4.91	14	21	B_{14}政府总体表现	5.19	12	19

15. 阳江市。13项指标均值为5.52，全省第14。得分最高为家庭收入满意度（B_1，5.81），最低为社会治安满意度（B_3，5.05），如表12-17所示。

表12-17　阳江市公众对政府绩效满意度的分项评价（10分制）

评价内容	均值	分项排序	全省排序	评价内容	均值	分项排序	全省排序
B_1个人或家庭收入	5.81	1	10	B_8政府服务效率	5.64	6	10
B_2工作机会	5.69	2	11	B_9执法公正性	5.42	10	17
B_3社会治安	5.05	14	20	B_{10}政府人员廉洁	5.50	9	13
B_4医疗保障	5.64	4	13	B_{11}环保宣传	5.35	12	21
B_5自然环境	5.64	5	12	B_{12}政务公开	5.68	3	8
B_6政策稳定性	5.29	13	13	B_{13}市场监管	5.54	8	15
B_7政府服务态度	5.56	7	8	B_{14}政府总体表现	5.37	11	14

16. 清远市。13项指标均值为5.53，全省第13。得分最高为自然环境满意度（B_5，5.78），最低为政府服务态度满意度（B_7，5.31），如表12-18所示。

表12-18　清远市公众对政府绩效满意度的分项评价（10分制）

评价内容	均值	分项排序	全省排序	评价内容	均值	分项排序	全省排序
B_1个人或家庭收入	5.52	8	17	B_8政府服务效率	5.66	3	9
B_2工作机会	5.64	4	13	B_9执法公正性	5.44	12	16
B_3社会治安	5.66	2	12	B_{10}政府人员廉洁	5.47	9	15
B_4医疗保障	5.54	6	17	B_{11}环保宣传	5.47	10	16
B_5自然环境	5.78	1	10	B_{12}政务公开	5.45	11	14
B_6政策稳定性	5.53	7	11	B_{13}市场监管	5.40	13	18
B_7政府服务态度	5.31	14	13	B_{14}政府总体表现	5.55	5	12

17. 东莞市。13 项指标均值为 5.92，全省第 6。最高为政府公开满意度（B_{12}，6.23），最低为政策稳定性满意度（B_6，5.17），如表 12-19 所示。

表 12-19　东莞市公众对政府绩效满意度的分项评价（10 分制）

评价内容	均值	分项排序	全省排序	评价内容	均值	分项排序	全省排序
B_1 个人或家庭收入	5.86	10	9	B_8 政府服务效率	5.95	9	5
B_2 工作机会	6.04	8	2	B_9 执法公正性	6.06	6	4
B_3 社会治安	5.72	12	11	B_{10} 政府人员廉洁	5.83	11	6
B_4 医疗保障	5.63	13	14	B_{11} 环保宣传	6.06	7	7
B_5 自然环境	6.16	2	6	B_{12} 政务公开	6.23	1	5
B_6 政策稳定性	5.17	14	18	B_{13} 市场监管	6.09	5	6
B_7 政府服务态度	6.11	3	2	B_{14} 政府总体表现	6.11	4	5

18. 中山市。13 项指标均值为 6.19，全省第 2。其中，得分最高为自然生活环境满意度（B_5，7.13），最低为执法公正性满意度（B_9，5.35），如表 12-20 所示。

表 12-20　中山市公众对政府绩效满意度的分项评价（10 分制）

评价内容	均值	分项排序	全省排序	评价内容	均值	分项排序	全省排序
B_1 个人或家庭收入	6.45	2	1	B_8 政府服务效率	6.21	6	1
B_2 工作机会	5.85	13	8	B_9 执法公正性	5.35	14	20
B_3 社会治安	6.16	9	3	B_{10} 政府人员廉洁	6.24	5	2
B_4 医疗保障	6.20	7	4	B_{11} 环保宣传	6.13	10	6
B_5 自然环境	7.13	1	1	B_{12} 政务公开	6.30	3	3
B_6 政策稳定性	6.05	12	2	B_{13} 市场监管	6.29	4	2
B_7 政府服务态度	6.17	8	1	B_{14} 政府总体表现	6.08	11	6

19. 潮州市。13 项指标均值为 5.30，全省第 21。得分最高为执法公正性满意度（B_9，5.63），最低为政府总体表现满意度（B_{14}，5.01）。各项满意度排名全省靠后，如表 12-21 所示。

表 12-21　潮州市公众对政府绩效满意度的分项评价（10 分制）

评价内容	均值	分项排序	全省排序	评价内容	均值	分项排序	全省排序
B_1 个人或家庭收入	5.34	6	20	B_8 政府服务效率	5.31	7	17
B_2 工作机会	5.06	13	21	B_9 执法公正性	5.63	1	11

续表

评价内容	均值	分项排序	全省排序	评价内容	均值	分项排序	全省排序
B_3 社会治安	5.13	11	19	B_{10} 政府人员廉洁	5.31	8	19
B_4 医疗保障	5.21	10	21	B_{11} 环保宣传	5.37	5	19
B_5 自然环境	5.26	9	20	B_{12} 政务公开	5.48	2	13
B_6 政策稳定性	5.08	12	21	B_{13} 市场监管	5.39	3	19
B_7 政府服务态度	5.38	4	11	B_{14} 政府总体表现	5.01	14	20

20. 揭阳市。13项指标均值为 5.32，全省第 20。最高为环保宣传满意度（B_{11}，5.59），最低为政府总体表现满意度（B_{14}，4.88）。各项满意度全省排名靠后，如表 12-22 所示。

表 12-22 揭阳市公众对政府绩效满意度的分项评价（10 分制）

评价内容	均值	分项排序	全省排序	评价内容	均值	分项排序	全省排序
B_1 个人或家庭收入	5.36	6	19	B_8 政府服务效率	5.38	4	15
B_2 工作机会	5.55	2	14	B_9 执法公正性	5.28	10	21
B_3 社会治安	5.02	13	21	B_{10} 政府人员廉洁	5.38	5	17
B_4 医疗保障	5.29	9	20	B_{11} 环保宣传	5.59	1	14
B_5 自然环境	5.13	11	21	B_{12} 政务公开	5.35	7	16
B_6 政策稳定性	5.11	12	20	B_{13} 市场监管	5.47	3	17
B_7 政府服务态度	5.30	8	14	B_{14} 政府总体表现	4.88	14	21

21. 云浮市。13项指标均值为 5.44，全省第 15。最高为自然环境满意度（B_5，5.66），最低为政府服务态度满意度（B_7，5.13），如表 12-23 所示。

表 12-23 云浮市公众对政府绩效满意度的分项评价（10 分制）

评价内容	均值	分项排序	全省排序	评价内容	均值	分项排序	全省排序
B_1 个人或家庭收入	5.60	3	16	B_8 政府服务效率	5.24	11	20
B_2 工作机会	5.50	7	15	B_9 执法公正性	5.50	8	14
B_3 社会治安	5.65	2	13	B_{10} 政府人员廉洁	5.35	9	18
B_4 医疗保障	5.51	6	18	B_{11} 环保宣传	5.57	4	15
B_5 自然环境	5.66	1	11	B_{12} 政务公开	5.24	12	19
B_6 政策稳定性	5.21	13	17	B_{13} 市场监管	5.56	5	14
B_7 政府服务态度	5.13	14	17	B_{14} 政府总体表现	5.27	10	17

五、县（市、区）评价结果

（一）指标评价结果

119 个县（市、区）公众满意度分项评价结果如下表（其中东莞、中山为两个地级市，B_{14} 为政府总体表现满意度，B_1—B_{13} 标识与表 12-24 相对应）。

表 12-24　县（市、区）满意度评分一览表（10 分制）

地市	县区	B_1	B_2	B_3	B_4	B_5	B_6	B_7	B_9	B_{10}	B_{11}	B_{12}	B_{13}	B_{14}
广州	荔湾区	6.85	6.51	6.09	6.43	6.07	5.42	4.96	5.88	5.35	5.75	5.92	5.71	6.17
	越秀区	5.50	5.67	5.03	5.85	5.27	4.93	4.63	5.50	5.70	5.29	5.64	5.27	5.98
	海珠区	5.93	6.65	6.02	5.65	5.79	5.93	5.93	6.65	6.89	6.49	6.70	6.57	6.26
	天河区	7.22	6.46	6.99	6.54	6.41	6.24	6.20	6.78	6.13	7.04	7.14	6.71	6.56
	白云区	6.21	5.40	6.17	5.93	5.96	6.22	6.59	6.58	6.09	5.68	6.85	6.36	6.47
	黄埔区	8.04	9.06	8.74	9.19	8.69	7.73	8.44	8.06	8.57	8.36	8.04	8.35	8.87
	番禺区	6.05	5.90	5.82	6.35	5.93	4.49	4.37	5.42	5.67	5.44	6.12	5.55	5.01
	花都区	5.97	6.29	6.18	6.24	5.79	5.85	6.22	6.59	7.02	6.73	6.78	6.74	6.76
	南沙区	7.72	6.66	7.75	7.55	6.95	6.14	7.07	7.21	7.50	7.99	7.52	7.10	7.02
	增城市	4.02	5.81	5.44	4.80	4.54	6.92	5.32	5.95	5.90	6.82	4.88	5.98	5.72
	从化市	4.79	5.45	5.67	5.97	5.80	4.76	4.92	6.67	5.40	5.19	6.42	6.27	5.14
韶关	武江区	5.61	4.93	6.31	5.64	5.12	6.99	6.30	6.91	6.38	7.61	6.08	6.54	6.12
	浈江区	5.39	4.47	5.69	5.56	5.97	5.03	4.43	5.16	4.94	5.54	4.85	4.62	4.76
	曲江区	5.08	7.25	5.15	4.98	4.94	6.71	5.72	5.66	5.97	5.76	6.02	5.50	5.33
	始兴县	9.26	9.37	7.33	7.80	7.16	5.70	7.92	7.32	6.87	6.64	6.31	6.33	7.18
	仁化县	4.73	3.35	4.96	5.47	4.73	4.12	3.54	4.58	4.51	4.73	5.06	4.70	4.44
	翁源县	5.54	6.90	7.56	7.17	7.14	5.46	7.51	7.92	7.51	7.86	7.31	7.05	7.92
	乳源	6.61	5.22	5.41	5.95	5.92	5.06	6.05	5.82	5.01	6.29	4.93	5.08	5.80
	新丰县	4.77	3.93	4.86	5.52	4.85	4.37	3.77	4.92	4.72	5.25	5.15	5.24	4.42
	乐昌市	6.23	6.49	6.45	6.35	5.81	5.78	6.39	6.84	6.86	7.02	7.07	6.49	6.48
	南雄市	3.23	2.82	3.30	4.21	4.17	2.85	2.49	3.35	3.37	4.50	3.23	3.41	3.26
深圳	罗湖区	5.58	5.76	6.39	5.94	5.83	6.46	6.89	6.19	6.44	6.96	6.58	6.48	6.47
	福田区	5.81	6.92	6.28	6.29	6.48	6.30	6.51	6.59	6.05	6.56	6.15	6.37	6.54
	南山区	6.11	5.63	5.36	5.22	5.20	6.25	6.25	5.96	5.86	6.76	5.75	6.02	5.84
	宝安区	6.09	5.49	6.65	6.13	6.19	6.22	5.92	6.72	6.46	6.89	6.68	6.67	6.58
	龙岗区	5.69	6.53	5.67	6.70	6.56	5.53	4.52	5.92	5.70	6.16	6.11	6.13	6.15
	盐田区	5.99	4.99	4.98	5.63	5.75	6.08	4.01	5.23	4.59	5.93	5.49	5.30	5.75
珠海	香洲区	5.97	5.46	6.25	6.00	5.99	6.15	7.05	6.24	6.03	6.59	5.86	6.30	6.34
	斗门区	6.48	5.93	6.19	6.14	5.98	5.44	5.20	5.51	5.68	6.92	6.27	6.15	5.86
	金湾区	6.14	6.85	6.26	7.08	7.14	6.24	5.48	6.69	6.09	6.83	6.86	6.02	6.65

续表

地市	县区	B_1	B_2	B_3	B_4	B_5	B_6	B_7	B_9	B_{10}	B_{11}	B_{12}	B_{13}	B_{14}
汕头	龙湖区	7.25	8.56	7.67	8.20	6.05	6.56	7.60	7.25	7.96	8.31	7.76	8.02	7.58
	金平区	5.62	4.84	5.20	4.75	4.41	6.30	4.74	6.62	5.14	5.63	4.67	5.35	4.73
	濠江区	5.19	5.87	4.99	6.55	5.58	3.79	3.71	4.65	4.99	5.50	5.05	5.19	4.61
	潮阳区	6.44	6.27	6.48	6.49	6.19	5.81	6.20	5.98	6.42	6.01	6.68	6.25	6.29
	潮南区	5.62	4.64	5.38	5.53	5.44	4.64	5.08	5.27	5.07	4.84	5.45	5.04	4.82
	澄海区	5.59	5.16	5.55	4.90	5.15	6.11	5.49	6.49	5.25	4.99	4.68	5.08	5.46
	南澳县	5.37	4.62	4.27	5.34	4.21	3.47	2.70	4.01	4.39	4.66	4.05	4.55	3.95
佛山	禅城区	6.09	5.68	5.60	5.99	6.05	5.95	5.99	5.74	5.66	5.68	6.25	5.88	5.78
	南海区	5.70	6.68	6.10	5.95	5.96	6.37	6.65	6.44	6.46	6.30	6.60	6.51	6.46
	顺德区	5.29	5.32	5.61	6.42	6.36	4.73	4.78	4.96	4.93	4.71	5.28	5.11	5.31
	三水区	6.69	7.21	6.44	6.88	6.85	6.53	5.83	6.82	6.75	6.68	7.32	7.54	7.43
	高明区	7.11	4.48	6.72	5.75	6.35	4.92	6.29	6.85	6.36	5.51	6.45	6.05	6.63
江门	蓬江区	6.43	6.69	6.26	6.19	6.63	5.74	5.68	5.94	5.58	5.72	5.72	5.86	5.76
	江海区	8.42	7.37	7.51	7.00	6.64	6.70	7.20	7.14	7.31	6.37	7.73	7.02	7.12
	新会区	5.67	4.24	5.05	5.10	5.16	6.63	4.90	4.91	4.73	5.67	5.06	5.10	4.76
	台山市	5.65	5.43	6.30	6.11	6.30	6.54	6.99	5.99	6.30	6.07	6.38	6.11	6.29
	开平市	5.84	6.01	6.56	5.22	6.80	5.48	5.49	5.91	5.41	6.11	5.64	5.88	5.69
	鹤山市	6.08	6.22	6.28	6.31	6.09	6.37	7.00	6.27	6.25	6.04	6.36	6.44	6.25
	恩平市	4.86	5.43	4.97	6.22	5.65	4.39	3.97	4.80	4.84	4.73	4.87	5.00	4.82
湛江	赤坎区	6.72	7.02	6.47	6.26	6.54	5.77	5.37	5.39	4.86	5.28	5.60	5.85	6.08
	霞山区	5.54	6.13	5.36	5.91	5.90	5.41	4.59	4.92	4.98	5.77	4.33	5.06	5.20
	坡头区	7.17	6.40	6.58	6.12	5.61	7.43	5.59	6.31	5.97	7.23	6.35	6.33	6.53
	麻章区	4.94	3.70	4.23	5.20	4.66	3.73	2.92	4.30	4.83	5.00	5.25	5.00	4.14
	遂溪县	6.04	5.81	5.82	5.70	5.38	6.61	5.17	5.88	6.19	6.24	5.94	6.33	6.23
	徐闻县	5.70	5.25	5.74	5.53	5.41	5.93	5.49	5.41	5.73	5.49	5.20	5.76	5.81
	廉江市	4.92	5.10	5.48	6.04	6.14	4.61	4.59	5.41	5.57	5.52	5.20	5.17	5.25
	雷州市	6.33	7.48	6.36	6.74	6.53	6.21	5.84	6.30	6.81	6.64	6.13	6.57	6.30
	吴川市	6.01	6.08	5.96	5.60	5.86	6.15	5.22	5.57	5.28	5.32	4.88	5.01	5.05
茂名	茂南区	5.45	5.36	6.01	5.53	5.95	5.23	5.18	5.76	5.32	5.24	5.04	5.05	5.48
	电白县	5.69	6.16	5.10	5.28	4.88	5.76	4.86	5.42	5.36	5.24	4.74	4.84	5.01
	高州市	5.37	5.51	5.92	5.61	5.39	4.85	5.05	5.94	5.62	5.37	5.20	5.12	5.65
	化州市	5.58	5.41	5.24	5.40	5.08	4.60	4.76	4.90	4.82	4.65	4.60	4.53	4.73
	信宜市	6.04	6.68	5.92	6.30	5.36	5.83	5.28	6.16	6.48	6.48	6.04	5.86	5.91
肇庆	端州区	5.38	5.59	5.77	5.52	5.92	5.48	5.17	5.89	5.25	5.38	4.72	5.24	5.40
	鼎湖区	6.14	4.89	5.34	5.53	5.61	5.82	5.44	5.34	5.83	6.67	5.46	6.01	6.42
	广宁县	5.36	5.59	5.47	5.48	5.07	4.80	4.93	5.02	5.41	5.72	4.86	5.15	5.47
	怀集县	5.83	5.52	5.89	6.11	6.30	5.50	5.11	5.59	5.81	5.81	5.65	6.16	6.20
	封开县	4.72	4.19	4.58	4.70	5.02	4.49	4.68	4.53	4.52	5.83	4.24	4.91	5.21
	德庆县	5.50	4.59	5.43	5.62	5.80	5.82	5.52	5.30	5.51	6.98	5.23	5.82	5.91
	高要市	6.07	6.55	5.66	5.26	5.42	6.75	5.42	6.73	5.58	5.49	5.12	4.97	5.57
	四会市	7.10	5.54	6.68	6.32	5.63	7.39	5.75	6.03	6.52	6.88	6.72	6.99	6.85
惠州	惠城区	5.34	6.77	6.37	6.90	7.61	6.49	6.77	6.83	6.79	6.59	6.37	6.53	7.25
	惠阳区	5.96	5.06	5.82	5.35	6.56	4.84	4.19	5.02	4.53	5.70	4.21	4.13	4.72
	博罗县	6.67	6.07	6.51	6.67	6.86	6.61	6.48	6.67	6.18	6.34	6.72	6.91	6.65
	惠东县	4.56	5.02	4.11	5.41	5.12	3.84	3.56	4.28	4.29	4.56	4.55	4.40	4.31
	龙门县	5.79	6.34	6.00	6.18	6.35	6.39	6.12	6.72	6.60	6.77	6.45	6.51	6.52

续表

地市	县区	B_1	B_2	B_3	B_4	B_5	B_6	B_7	B_9	B_{10}	B_{11}	B_{12}	B_{13}	B_{14}
梅州	梅江区	5.91	6.30	5.45	6.17	5.61	5.91	5.30	5.58	5.90	6.52	5.69	5.92	5.58
	梅县	4.74	5.31	5.00	5.35	5.20	3.92	4.90	4.34	4.92	5.67	4.62	5.21	4.65
	大浦县	5.48	5.62	5.87	5.72	5.74	6.00	5.70	5.84	5.39	5.47	5.31	5.34	5.49
	丰顺县	4.46	4.68	4.65	5.39	5.08	4.50	4.23	4.92	4.85	5.73	4.68	5.15	4.63
	五华县	5.89	5.39	5.68	5.80	5.87	5.41	5.44	5.93	5.78	6.51	5.63	5.94	5.67
	平远县	5.31	4.21	4.64	5.14	4.96	5.68	4.30	4.75	4.70	6.57	4.65	5.59	5.03
	蕉岭县	4.94	4.83	5.46	5.47	5.56	4.70	5.03	5.51	5.43	6.01	5.29	5.58	5.18
	兴宁市	5.17	5.25	5.46	5.94	5.68	4.93	4.98	6.20	5.86	6.44	5.84	5.95	5.81
汕尾	城区	5.30	4.59	5.50	5.08	4.72	6.56	4.97	5.23	5.46	5.58	5.14	6.06	5.60
	海丰县	5.37	5.43	5.52	5.74	5.34	4.92	5.45	5.39	5.16	5.23	5.16	5.60	5.10
	陆河县	5.30	5.08	5.19	5.48	5.52	3.82	4.66	5.32	4.58	5.45	5.03	5.27	4.78
	陆丰县	5.64	5.65	5.97	5.99	5.83	5.34	5.58	5.43	5.30	5.46	5.06	5.49	5.24
河源	源城区	5.63	5.03	5.09	6.03	5.48	4.72	3.78	4.97	4.89	5.01	5.61	5.35	4.43
	紫金县	6.40	5.79	6.11	6.26	6.11	6.18	5.63	5.83	6.09	6.18	6.29	5.82	5.70
	龙川县	5.40	5.07	5.94	5.00	4.93	6.12	5.26	5.22	4.84	5.06	5.09	5.11	5.15
	连平县	4.78	3.23	3.87	4.39	4.34	4.22	2.59	3.48	3.42	4.42	3.73	3.65	3.16
	和平县	6.12	5.82	6.00	5.47	5.72	5.98	5.45	6.09	5.98	6.18	6.21	5.77	6.19
	东源县	5.91	5.27	5.97	5.26	5.12	5.35	5.65	5.92	5.44	5.44	5.72	5.66	5.67
阳江	江城区	5.70	5.28	4.73	5.47	5.43	4.65	5.12	5.06	4.96	4.77	5.18	5.20	4.92
	阳西县	5.33	4.95	4.91	5.14	5.66	5.12	5.84	5.25	5.04	5.01	5.48	5.55	4.97
	阳东县	5.86	5.35	4.75	5.49	5.21	5.57	5.04	5.10	5.40	5.31	5.45	5.12	4.96
	阳春县	6.21	6.78	5.60	6.23	6.09	5.69	6.06	6.04	6.31	6.07	6.36	6.09	6.28
清远	清城区	7.01	6.91	7.26	6.75	6.08	6.79	6.33	6.13	6.36	6.67	6.39	6.85	6.74
	佛冈县	4.74	5.22	5.85	5.33	5.88	4.51	5.41	5.91	5.63	4.70	5.96	5.40	5.74
	阳山县	4.28	3.93	4.67	4.68	4.86	4.70	4.82	5.09	4.58	4.25	4.57	4.29	4.60
	连山县	4.87	4.97	4.00	4.46	5.04	5.23	4.85	4.76	4.74	5.14	4.31	4.41	4.98
	连南县	5.37	5.30	5.85	5.52	6.77	5.76	5.66	5.40	5.46	5.54	5.60	5.83	5.51
	清新县	6.22	6.88	6.12	6.44	5.76	5.99	5.34	5.54	6.31	6.58	6.20	6.02	6.06
	英德市	4.85	5.27	4.76	4.98	6.04	5.25	4.40	4.88	4.70	4.68	4.52	4.49	4.65
	连州市	5.87	5.55	6.02	5.28	5.78	5.24	5.67	5.68	5.54	5.47	5.70	5.42	5.79
东莞		5.86	6.04	5.72	5.63	6.16	5.17	6.11	6.06	5.83	6.06	6.23	6.09	6.11
中山		6.45	5.85	6.16	6.20	7.13	6.05	6.17	5.35	6.24	6.13	6.30	6.29	6.08
潮州	湘桥区	6.03	5.57	5.52	4.83	5.08	5.40	5.81	5.90	5.35	4.42	5.73	5.05	4.87
	潮安县	4.93	5.87	5.25	5.47	5.85	5.10	5.93	5.54	5.35	5.18	5.20	5.49	5.22
	饶平县	5.32	3.69	4.69	5.18	4.68	4.82	4.39	5.53	5.23	6.31	5.63	5.53	4.87
揭阳	榕城区	7.82	8.86	6.07	7.18	7.11	6.09	6.83	6.49	6.38	6.22	5.84	6.32	6.15
	揭东县	4.61	4.08	5.19	5.43	5.26	4.06	4.51	5.18	5.25	5.35	5.43	5.18	4.44
	揭西县	4.81	4.41	4.23	4.48	4.29	4.73	4.73	4.65	4.86	5.15	5.31	5.10	4.40
	惠来县	4.46	4.67	4.96	4.78	4.85	4.97	5.02	4.87	4.91	5.16	4.93	5.01	4.52
	普宁县	5.34	5.79	4.81	4.95	4.60	5.47	5.40	5.30	5.52	5.92	5.35	5.70	4.94
云浮	云城区	4.77	7.43	6.39	6.91	7.18	4.55	6.30	7.13	6.80	6.60	6.72	6.94	6.67
	新兴县	6.04	4.08	8.16	5.73	7.05	6.44	4.73	5.91	6.22	7.34	5.39	6.16	6.63
	郁南县	5.10	5.91	4.65	4.96	4.76	5.32	5.25	5.20	4.72	4.19	4.97	4.73	4.43
	云安县	5.65	5.23	4.78	5.04	4.81	5.76	4.79	4.72	4.90	4.72	5.62	4.65	4.47
	罗定市	5.93	5.45	4.77	5.32	5.07	4.45	4.97	5.08	4.78	5.22	4.55	5.49	4.70

(二) 排名前列的县域

13项指标满意度排名居前10位的县（市、区）的基本情况如表12-25。广州黄埔区排首位，得分8.43，广州天河区排第10，得分6.65。同时，一些经济相对落后的区（县）排名靠前，如韶关翁源县。

表12-25　13项指标满意度排名前10的县（区）基本情况

序号	县（市、区）	人均GDP（元）	户籍人口（万人）	13项指标 得分	13项指标 排序	总体表现（B14）得分	总体表现（B14）排序	所属地市
1	黄埔区	303435	45.75	8.43	1	8.87	1	广州
2	龙湖区	56075	44.07	7.63	2	7.58	3	汕头
3	始兴县	38738	25.89	7.34	3	7.18	6	韶关
4	南沙区	190405	39.26	7.19	4	7.02	8	广州
5	江海区	60354	16.40	7.14	5	7.12	7	江门
6	翁源县	28467	41.22	7.10	6	7.92	2	韶关
7	三水区	169331	41.25	6.80	7	7.43	4	佛山
8	榕城区	50512	98.14	6.73	8	6.15	38	揭阳
9	清城区	57949	71.27	6.66	9	6.74	11	清远
10	天河区	239316	86.77	6.65	10	6.56	18	广州

说明：人口数为2016年末人口数；得分为满意度得分，排名为全省县域排名。

六、公众背景对满意度评价影响

调查表明，大多数家庭年收入在15万元以内。21个地级以上市中，年收入5万元以下家庭占比在4.1%和20.3%之间，反差明显。其中深圳年收入10万元以上家庭占比77.3%。交互分析表明，性别对满意度的影响较小。男性的满意度（5.71）比女性低（5.72）；各年龄段人群满意度评价结果如图12-18所示。以31-40岁群体满意度最高，21-30岁群体满意度次之，61-75岁老年群体满意度最低。

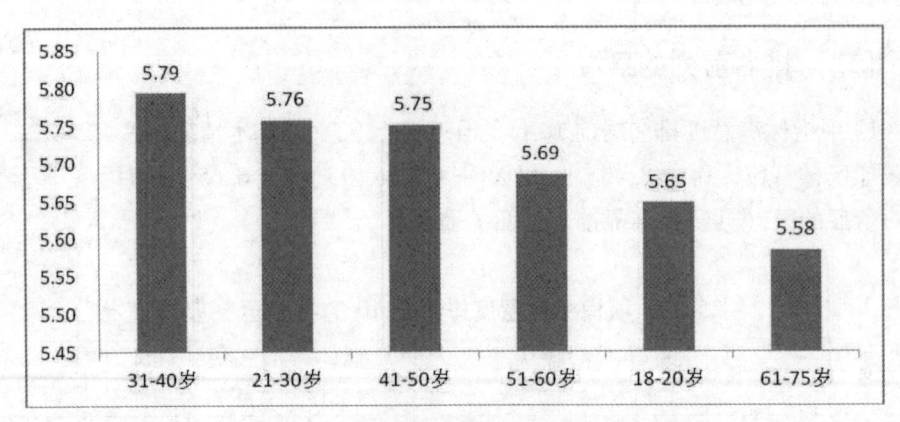

图 12-18　年龄对满意度的影响（10 分制）

收入对满意度评价影响明显。总体趋势是：高收入群体满意度较高。其中，年收入 30 万-50 万元段评分为 6.54，远高于低收入者（2 万以下，5.31），其他收入段评分为：50 万以上（6.39），15-30 万（6.02），10-15 万（5.67），5-10 万（5.52），2-5 万（5.37）。

学历对满意度评价亦有影响。以研究生学历群体满意度（6.17）最高，紧接着依次是本科（5.95）、大专（5.74）、小学（5.62）和初中（5.58），高中学历群体满意度最低（5.57）。总体上，学历越高，满意度越高。

职业对满意度评价影响较大。评价最高为公务员，得分为 6.13；其次为科教文卫从业者（5.96）、国企员工（5.89）、外企（5.88）和私营业主（5.57），评分在 5.77-5.96 之间。这些职业工作稳定，收入较高，生活压力较小。评价较低的是私企员工（5.72）、学生（5.68）、自由职业者（5.55）、失业/下岗（5.55）等，评分在 5.55-5.72 之间；评分最低是农民（5.44）。此类情况与往年大致趋同。

满意度评分作为政府整体绩效"实现公众满意"领域层指数的基础数据直接影响绩效高低，但两者并不等同。因此，针对年度绩效评价不仅要考虑存量水平，更要考虑增量的情况，或者说指标值在评价期的变化情况。

（本章执笔：英国杜伦大学商学院公共经济硕士　郑鸿铭）

第十三章 问题与建议

政府绩效评价旨在提升政府绩效。2016年度评价发现：全省整体绩效指数为0.715，较上年度（0.716）下降0.1%。在21个地级以上市中，深圳、珠海、广州位列前三，最高值为深圳（0.858），最低值为与潮州（0.642），两市反差明显（0.217）；四大区域中，珠三角领先全省，为0.777（粤东为0.659，粤西为0.678，粤北为0.672）。五个领域层指数极差为0.157，为均值的21.96%，较高的有保护生态环境（0.798）、节约政府成本（0.760）、维护社会公正（0.744）；较低的为促进经济发展（0.678）、实现公众满意（0.641）。一般而言，人均生产总值较高，经济相对发达的地区，政府绩效表现也相对领先。同时，主观指数低于客观指数。实现公众满意领域层为0.641，明显低于其他领域层（4个客观领域层绩效均值为0.745），各地市结果均如此。

一、主要成绩与问题

政府绩效评价是关键指标的量化评价。表13-1为年度得分率较高的指标。

表13-1 21个地级以上市得分率较高的客观指标一览表

序号	地市	得分率高于85%的客观指标
1	广州	GDP增长率（96.22%）、实际利用外商直接投资（87.60%）、第三产业增加值占GDP比重（93.31%）、城镇居民人均可支配收入（88.73%）、专利授予量（94.90%）、政府网站绩效得分（92.78%）、人均社保及就业支出（90.31%）、基本养老保险基金征缴额（95.84%）、亿元GDP生产安全事故死亡（86.96%）、城镇登记失业率（97.04%）、单位GDP能耗增长速度（85.51%）、单位GDP电耗增长速度（93.9%）、城镇污水处理率（93.04%）、城镇生活垃圾无害化处理率（95.74%）
2	韶关	GDP增长率（85.04%）、旅游业收入占GDP比重（91.86%）、人均社保及就业支出（元）（98.07%）、单位GDP能耗增长速度（86.07%）、单位GDP电耗增长速度（97.55%）、城镇污水处理率（87.23%）、城镇生活垃圾无害化处理率（100%）

续表

序号	地市	得分率高于85%的客观指标
3	深圳	GDP增长率（97.84%）、实际利用外商直接投资（87.27%）、城镇居民人均可支配收入（85.00%）、专利授予量（92.35%）、R&D经费占GDP比重（98.68%）、政府网站绩效得分（91.06%）、人均文体与传媒支出（95.84%）、基本养老保险基金征缴额（100.00%）、人均医疗卫生支出（94.88%）、工伤保险参保率（100%）、城镇登记失业率（99.15%）、人均节能环保支出（94.07%）、单位GDP能耗增长速度（85.34%）、单位GDP电耗增长速度（97.39%）、城镇污水处理率（95.64%）、城镇生活垃圾无害化处理率（100%）、空气污染指数API大于100天数（98.41%）、一般公共服务支出占财政支出比重（94.56%）
4	珠海	GDP增长率（89.19%）、营业税收入（88.00%）、城镇居民人均可支配收入（88.14%）、城镇化率（87.7%）、专利授予量（87.19%）、R&D经费占GDP比重（98.9%）、新增内资企业注册户数（100%）、人均社保及就业支持（100%）、工伤保险参保率（87.26%）、城镇登记失业率（97.6%）、单位GDP能耗增长速度（85.23%）、单位GDP电耗增长速度（96.57%）、城镇污水处理率（94.48%）、城镇生活垃圾无害化处理率（100%）、空气污染指数API大于100天数（89.35%）、一般公共服务支出占财政支出比重（91.72%）
5	汕头	GDP增长率（98.92%）、人均GDP（90.47）、旅游收入占GDP比重（90.82%）、亿元GDP生产安全事故死亡（93%）、单位GDP能耗增长速度（86.11%）、单位GDP电耗增长速度（92.21%）、城镇污水处理率（89.52%）、年日照时数（94.35%）、空气污染指数API大于100天数（98.59%）
6	佛山	GDP增长率（96.22%）、城镇居民人均可支配收入（86.06%）、R&D经费占GDP比重（88.00%）、政府网站绩效得分（95.08%）、基本养老保险基金征缴额（89.72%）、亿元GDP生产安全事故死亡（85.57%）、城镇登记失业率（98.38%）、城乡居民收入差异（91.21%）、单位GDP能耗增长速度（吨标准煤/万元）（85.44%）、单位GDP电耗增长速度（94.77%）、城镇污水处理率（95.37%）、城镇生活垃圾无害化处理率（100%）、财政赤字占GDP比重（87.80%）
7	江门	GDP增长率（91.89%）、人均社保及就业支出（94.03%）、单位GDP能耗增长速度（85.89%）、单位GDP电耗增长速度（94.67%）、城镇污水处理率（91.07%）、城镇生活垃圾无害化处理率（100%）
8	湛江	GDP增长率（94.05%）、全员劳动生产率（100%）、城镇污水处理率（90.99%）、城镇生活垃圾无害化处理率（100%）、年日照时数（94.03%）、空气污染指数API大于100天数（98.47%）、一般公共服务支出占财政支出比重（86.98%）、公务员工资与平均工资的差异（87.63%）

续表

序号	地市	得分率高于85%的客观指标
9	茂名	GDP增长率（92.43%）、全员劳动生产率（88.40%）、专利授予量（件）（88.86%）、亿元GDP生产安全事故死亡（90.14%）、千人拥有病床数（100%）、人均社保及就业支出（95.06%）、单位GDP能耗增长速度（86.16%）、单位GDP电耗增长速度（92.89%）、城镇污水处理率（94.70%）、城镇生活垃圾无害化处理率（100%）、年日照时数（93.17%）、空气污染指数API大于100天数（89.12%）、一般公共服务支出占财政支出比重（93.39%）、公务员工资与平均工资的差异（86.64%）
10	肇庆	单位GDP能耗增长速度（85.43%）、单位GDP电耗增长速度（89.36%）、城镇污水处理率（90.35%）、城镇生活垃圾无害化处理率（100.00%）、一般公共服务支出占财政支出比重（90.00%）
11	惠州	GDP增长率（92.97%）、R&D经费占GDP比重（99.36%）、人均社保及就业支出（97.29%）、人均医疗卫生支出（99.50%）、城镇登记失业率（96.06%）、单位GDP能耗增长速度（86.31%）、单位GDP电耗增长速度（85.64%）、城镇污水处理率（94.61%）、城镇生活垃圾无害化处理率（100.00%）、空气污染指数API大于100天数（89.18%）
12	梅州	GDP增长率（91.35%）、旅游业收入占GDP比重（100.00%）、人均社保及就业支出（97.24%）、单位GDP能耗增长速度（85.92%）、单位GDP电耗增长速度（88.73%）、城镇污水处理率（97.28%）、城镇生活垃圾无害化处理率（100.00%）、空气污染指数API大于100天数（98.24%）、平均造林面积（89.51%）
13	汕尾	GDP增长率（91.35%）、单位GDP能耗增长速度（吨标准煤/万元）（87.85%）、单位GDP电耗增长速度（91.36%）、城镇污水处理率（90.91%）、空气污染指数API大于100天数（98.47%）、平均造林面积（90.39%）、一般公共服务支出占财政支出比重（90.62%）
14	河源	GDP增长率（100%）、人均社保及就业支出（98.57%）、单位GDP能耗增长速度（85.60%）、单位GDP电耗增长速度（93.70%）、城镇污水处理率（91.08%）、城镇生活垃圾无害化处理率（100.00%）、空气污染指数API大于100天数（98.12%）、平均造林面积（98.04%）
15	阳江	GDP增长率（87.57%）、人均社保及就业支出（92.93%）、单位GDP电耗增长速度（91.49%）、城镇污水处理率（88.39%）、城镇生活垃圾无害化处理率（100.00%）、年日照时数（93.17%）、空气污染指数API大于100天数（89.24%）、公务员工资与平均工资的差异（倍）（86.92%）
16	清远	GDP增长率（95.68%）、教育经费占GDP比重（100.00%）、人均社保及就业支出（93.13%）、单位GDP能耗增长速度（86.03%）、单位GDP电耗增长速度（90.23%）、城镇生活垃圾无害化处理率（100.00%）

续表

序号	地市	得分率高于85%的客观指标
17	东莞	GDP增长率（97.84%）、人均GDP（88.75）、城镇居民人均可支配收入（85.88%）、专利授予量（92.71%）、R&D经费占GDP比重（99.89%）、基本养老保险基金征缴额（92.63%）、城镇登记失业率（100.00%）、城乡居民收入差异（97.22%）、单位GDP能耗增长速度（吨标准煤/万元）（85.97%）、单位GDP电耗增长速度（94.22%）、城镇污水处理率（91.01%）、城镇生活垃圾无害化处理率（100.00%）、财政赤字占GDP比重（85.01%）、国有单位人员占总人口比重（86.91%）
18	中山	GDP增长率（94.05%）、城镇居民人均可支配收入（87.72%）、专利授予量（91.70%）、R&D经费占GDP比重（97.59%）、基本养老保险基金征缴额（86.83%）、城镇登记失业率（98.20%）、城乡居民收入差异（95.41%）、单位GDP能耗增长速度（吨标准煤/万元）（85.60%）、单位GDP电耗增长速度（93.65%）、城镇污水处理率（94.37%）、城镇生活垃圾无害化处理率（100.00%）、空气污染指数API大于100天数（89.47%）、一般公共服务支出占财政支出比重（94.78%）
19	潮州	GDP增长率（90.81%）、旅游业收入占GDP比重（87.61%）、单位GDP能耗增长速度（85.95%）、单位GDP电耗增长速度（92.04%）、一般公共服务支出占财政支出比重（86.06%）
20	揭阳	GDP增长率（88.11%）、亿元GDP生产安全事故死亡（91.94%）、城镇登记失业率（96.00%）、单位GDP能耗增长速度（85.87%）、单位GDP电耗增长速度（89.80%）、城镇生活垃圾无害化处理率（97.12%）、年日照时数（91.73%）、空气污染指数API大于100天数（89.35%）、一般公共服务支出占财政支出比重（86.23%）、公务员工资与平均工资的差异（88.74%）
21	云浮	GDP增长率（94.05%）、人均社保及就业支出（99.17%）、X25.单位GDP能耗增长速度（85.00%）、单位GDP电耗增长速度（92.69%）、城镇生活垃圾无害化处理率（100%）

二、存在问题

（一）21个地级以上市

1. 广州市。得分率较低的指标如表13-2。客观指标得分率较低的是平均造林面积、教育经费占GDP比重、全员劳动生产率、人均节能环保支出、年日照时数。满意度较低的是自然环境、政府部门服务效率和政务公开等几项满意度。

表13-2　2016年度广州市绩效得分率较低的8项指标

指标属性	指标编号及名称	2015年度	2016年度	增量得分	存量得分	合计得分	得分率（%）
客观指标	X₃₁. 平均造林面积（平方米/人）	0.00	0.00	93.56	30	42.71	42.71
	X₁₂. 教育经费占GDP比重%	1.59	1.65	51.72	41.2	47.50	47.50
	X₅. 全员劳动生产率%	223190	328067	6.08	100	53.04	53.04
	X₂₄. 人均节能环保支出增长率（%）	155.29	99.69	75.82	33.00	54.41	54.41
	X₂₉. 年日照时数（小时）	1594.3	1519.7	59.09	60	59.82	59.82
主观指标	X₄₅. 对自然环境的满意度	5.88	6.02	4.75	6.68	6.49	64.90
	X₄₉. 对政府部门服务效率满意度	6.13	6.06	0.00	9.12	7.29	72.90
	X₄₆. 对政务公开的满意度	6.55	6.48	2.22	10.00	8.44	84.40

附注：①客观指标为100分制，主观指标为10分制，存量得分、增量得分和合计得分为100分制。下表同。

2. 韶关市。得分率较低的指标如表13-3。客观指标得分率较低的是营业税收入、城乡居民收入差异、工伤保险参保率、新增内资企业注册户数、政府网站绩效得分，主观指标是政策稳定性、自然环境、市场监管等几项满意度。其中，自然环境满意度指标增量得分为0。

表13-3　2016年度韶关市绩效得分率较低的8项指标

指标属性	指标编号及名称	2015年度	2016年度	增量得分	存量得分	合计得分	得分率（%）
客观指标	X₄. 营业税收入（万元）	88492	38683	9.43	50	33.77	33.77
	X₂₃. 城乡居民收入差异（倍）	1.56	2.02	12.80	70	41.40	41.40
	X₁₉. 工伤保险参保率（%）	26.60	26.66	33.71	50	48.37	48.37
	X₁₃. 新增内资企业注册户数（户）	615	2856	31.02	70	50.51	50.51
	X₁₄. 政府网站绩效得分	44.35	48.28	61.19	48.28	53.45	53.45
主观指标	X₄₃. 对政策稳定性的满意度	5.20	5.23	3.63	4.85	4.61	46.10
	X₄₅. 对自然环境的满意度	5.70	5.61	0.00	5.45	4.91	49.10
	X₃₇. 对市场监管的满意度	5.66	5.51	1.08	6.09	5.09	50.90

3. 深圳市。得分率较低的指标如表13-4。客观指标是平均造林面积、旅游业收入占GDP比重、全员劳动生产率、财政赤字占GDP比重、新增内资企业注册户数，主观指标是自然环境、政府人员廉洁、个人及家庭收入等几项满意度。

表13-4 2016年度深圳市绩效得分率较低的8项指标

指标属性	指标编号及名称	2015年度	2016年度	增量得分	存量得分	合计得分	得分率(%)
客观指标	X_{31}. 平均造林面积（平方米/人）	0.13	0.10	93.55	30	42.71	42.71
	X_7. 旅游业收入占GDP比重（%）	6.24	7.02	2.57	70	49.77	49.77
	X_5. 全员劳动生产率（%）	193159	229008	1.82	100	50.91	50.91
	X_{33}. 财政赤字占GDP比重（%）	4.54	5.51	28.15	70	57.44	57.44
	X_{13}. 新增内资企业注册户数（户）	36572	20947	15.37	100	57.69	57.69
主观指标	X_{45}. 对自然环境的满意度	5.97	6.03	3.00	6.70	6.33	63.30
	X_{38}. 对政府人员廉洁的满意	5.83	5.98	4.39	7.98	7.26	72.60
	X_{36}. 对个人及家庭收入满意度	5.54	5.87	8.97	6.99	7.39	73.90

4. 珠海市。得分率较低的指标如表13-5。客观指标是平均造林面积、全员劳动生产率、教育经费占GDP比重、旅游业收入占GDP比重、财政赤字占GDP比重。主观指标是社会治安、自然环境、工作机会等几项满意度。

表13-5 2016年度珠海市绩效得分率较低的8项指标

指标属性	指标编号及名称	2015年度	2016年度	增量得分	存量得分	合计得分	得分率(%)
客观指标	X_{31}. 平均造林面积（平方米/人）	9.60	0.50	90.03	30	42.01	42.01
	X_5. 全员劳动生产率（%）	185951	239204	3.33	100	51.66	51.66
	X_{12}. 教育经费占GDP比重（%）	2.61	2.57	45.56	64.3	53.06	53.06
	X_7. 旅游业收入占GDP比重（%）	13.36	14.24	3.63	90	64.09	64.09
	X_{33}. 财政赤字占GDP比重（%）	5.87	5.61	50.99	70	64.30	68.87
主观指标	X_{40}. 对社会治安的满意度	6.29	5.76	0.60	7.48	6.10	61.00
	X_{45}. 对自然环境的满意度	6.31	6.25	0.46	7.36	6.67	66.70
	X_{42}. 对工作机会的满意度	5.79	5.94	3.38	8.16	7.21	72.10

5. 汕头市。得分率较低的指标如表13-6。客观指标是R&D经费占GDP比重、新增内资企业注册户数、实际利用外商直接投资、工伤保险参保率、人均文体与传媒支出。主观指标是政府部门服务效率、自然环境、当地政府总体表现等几项满意度。

表13-6　2016年度汕头市绩效得分率较低的8项指标

指标属性	指标编号及名称	2015年度	2016年度	增量得分	存量得分	合计得分	得分率（%）
客观指标	X_{11}. R&D经费占GDP比重（%）	0.60	0.61	81.96	30.5	40.82	40.82
	X_{13}. 新增内资企业注册户数（户）	2405	4010	19.58	70	44.79	44.79
	X_3. 实际利用外商直接投资（万元）	21767	9085	37.52	50	45.01	45.01
	X_{19}. 工伤保险参保率（%）	30.42	29.26	20.47	50	47.05	47.05
	X_{15}. 人均文体与传媒支出增长率（%）	60.23	74.02	87.05	43.47	52.19	52.19
主观指标	X_{49}. 对政府部门服务效率满意度	5.22	5.27	2.96	4.47	4.17	41.70
	X_{45}. 对自然环境的满意度	5.00	5.37	9.55	4.72	5.20	52.00
	X_{50}. 对当地政府总体表现满意度	5.49	5.45	1.81	6.34	5.44	54.40

6. 佛山市。得分率较低的指标如表13-7。客观指标是教育经费占GDP比重、平均造林面积、旅游业收入占GDP比重、全员劳动生产率、第三产业增加值占GDP比重，主观指标是环保宣传、社会治安、政府部门服务态度等几项满意度。

表13-7　2016年度佛山市绩效得分率较低的8项指标

指标属性	指标编号及名称	2015年度	2016年度	增量得分	存量得分	合计得分	得分率（%）
客观指标	X_{12}. 教育经费占GDP比重（%）	1.60	1.44	38.31	36.1	37.41	37.41
	X_{31}. 平均造林面积（平方米/人）			93.56	30	42.71	42.71
	X_7. 旅游业收入占GDP比重（%）	6.20	7.24	5.40	70	50.62	50.62
	X_5. 全员劳动生产率（%）	182565	275081	6.63	100	53.32	53.32
	X_6. 第三产业增加值占GDP比重（%）	37.83	38.69	49.98	55.78	54.04	54.04
主观指标	X_{44}. 对环保宣传的满意度	5.44	5.73	8.27	5.62	5.88	58.80
	X_{40}. 对社会治安的满意度	6.14	5.74	1.42	7.40	6.21	62.10
	X_{48}. 对政府部门服务态度满意度	6.11	5.87	0.00	8.57	6.85	68.50

7. 江门市。得分率较低的指标如表13-8。客观指标是平均造林面积、新增内资企业注册户数、人均医疗卫生支出、教育经费占GDP比重、实际利用外商直接投资。主观指标是政府人员廉洁、政府部门服务效率、社会治安等几项满意度，其中，对政府人员廉洁满意度指标增量得分为0。

表13-8 2016年度江门市绩效得分率较低的8项指标

指标属性	指标编号及名称	2015年度	2016年度	增量得分	存量得分	合计得分	得分率（％）
客观指标	X_{31}．平均造林面积（平方米/人）	5.11	0.23	91.66	30	42.33	42.33
	X_{13}．新增内资企业注册户数（户）	7527	5549	16.00	80	48.00	48.00
	X_{18}．人均医疗卫生支出（元）	624.88	658.01	21.37	58.73	51.26	51.26
	X_{12}．教育经费占GDP比重（％）	2.86	2.77	42.45	69.4	53.21	53.21
	X_3．实际利用外商直接投资（万元）	87940	47634	43.68	60	53.47	53.47
主观指标	X_{38}．对政府人员廉洁的满意度	5.83	5.71	0.00	6.60	5.28	52.80
	X_{49}．对政府部门服务效率满意度	5.65	5.63	1.19	6.59	5.51	55.10
	X_{40}．对社会治安的满意度	6.20	5.64	0.45	6.93	5.63	56.30

8. 湛江市。得分率较低的指标如表13-9。客观指标是R&D经费占GDP比重、营业税收入、城乡居民收入差异、人均文体与传媒支出、实际利用外商直接投资，其中，营业税收入、城乡居民收入差异两项指标增量得分为0。主观指标是社会治安、政府部门服务态度、执法公正性等几项满意度，其中：对社会治安的满意度指标增量得分为0。

表13-9 2016年度湛江市绩效得分率较低的8项指标

指标属性	指标编号及名称	2015年度	2016年度	增量得分	存量得分	合计得分	得分率（％）
客观指标	X_{11}．R&D经费占GDP比重（％）	0.30	0.25	67.18	12.7	23.63	23.63
	X_4．营业税收入（万元）	149216	62074		60	36.00	36.00
	X_{23}．城乡居民收入差异（倍）	1.34	1.87		80	40.00	40.00
	X_{15}．人均文体与传媒支出增长率（％）	121.81	50.32	60.00	40.00	44.00	44.00
	X_3．实际利用外商直接投资（万元）	15717	6132	36.17	50	44.47	44.47
主观指标	X_{40}．对社会治安的满意度	5.97	5.33	0.00	5.46	4.37	43.70
	X_{48}．对政府部门服务态度满意度	4.91	5.07	6.78	4.74	5.15	51.50
	X_{39}．对执法公正性的满意度	5.86	5.57	3.71	5.51	5.15	51.50

9. 茂名市。得分率较低的指标如表13-10。客观指标是营业税收入、R&D经费占GDP比重、实际利用外商直接投资、新增内资企业注册户数、工伤保险参保率。主观指标是政府部门服务效率、市场监管、环保宣传等几项满意度。

表 13-10　2016 年度茂名市绩效得分率较低的 8 项指标

指标属性	指标编号及名称	2014年度	2015年度	增量得分	存量得分	合计得分	得分率（%）
客观指标	X₄. 营业税收入（万元）	95322	43975	20.23	50	38.09	38.09
	X₁₁. R&D 经费占 GDP 比重（%）	0.54	0.58	88.35	29.0	40.89	40.89
	X₃. 实际利用外商直接投资（万元）	17190	7548	38.59	50	45.44	45.44
	X₁₃. 新增内资企业注册户数（户）	2000	4124	21.09	70	45.55	45.55
	X₁₉. 工伤保险参保率（%）	12.71	12.16	27.10	50	47.71	47.71
主观指标	X₄₉. 对政府部门服务效率满意度	5.13	5.19	3.10	4.00	3.82	38.20
	X₃₇. 对市场监管的满意度	4.97	5.05	3.86	4.00	3.97	39.70
	X₄₄. 对环保宣传的满意度	5.28	5.36	5.26	4.04	4.16	41.60

10. 肇庆市。得分率较低的指标如表 13-11。客观指标是新增内资企业注册户数、营业税收入、实际利用外商直接投资、工伤保险参保率、财政赤字占 GDP 比重。主观指标是政务公开、公众幸福感、工作机会等几项满意度。

表 13-11　2016 年度肇庆市绩效得分率较低的 8 项指标

指标属性	指标编号及名称	2015年度	2016年度	增量得分	存量得分	合计得分	得分率（%）
客观指标	X₁₃. 新增内资企业注册户数（户）	3064	2520	16.33	70	43.17	43.17
	X₄. 营业税收入（万元）	126296	58779	22.05	60	44.82	44.82
	X₃. 实际利用外商直接投资（万元）	139447	37049	30.00	60	48.00	48.00
	X₁₉. 工伤保险参保率（%）	20.61	20.73	34.31	50	48.43	48.43
	X₃₃. 财政赤字占 GDP 比重（%）	6.31	7.51	24.00	60	49.20	49.20
主观指标	X₄₆. 对政务公开的满意度	5.11	5.26	5.44	4.73	4.88	48.80
	X₄₇. 公众幸福感	7.04	7.12	5.33	5.43	5.41	54.10
	X₄₂. 对工作机会的满意度	5.12	5.42	4.58	5.71	5.48	54.80

11. 惠州市。得分率较低的指标如表 13-12。客观指标是全员劳动生产率、人均节能环保支出、第三产业增加值占 GDP 比重、教育经费占 GDP 比重、平均造林面积。主观指标是公众幸福感、政府人员廉洁、政务公开等几项满意度。

表 13-12　2016 年度惠州市绩效得分率较低的 8 项指标

指标属性	指标编号及名称	2015年度	2016年度	增量得分	存量得分	合计得分	得分率(%)
客观指标	X_5. 全员劳动生产率（%）	111543	206508	11.79	100	55.90	55.90
	X_{24}. 人均节能环保支出（元）	310.88	175.92	74.25	37.74	55.99	55.99
	X_6. 第三产业增加值占 GDP 比重（%）	40.20	41.12	51.17	59.29	56.85	56.85
	X_{12}. 教育经费占 GDP 比重（%）	3.02	2.99	45.69	74.7	57.28	57.28
	X_{31}. 平均造林面积（平方米/人）	3.08	1.72	93.03	50	58.61	58.61
主观指标	X_{47}. 公众幸福感	7.14	7.13	3.77	5.47	5.13	51.30
	X_{38}. 对政府人员廉洁的满意度	5.62	5.67	2.73	6.42	5.68	56.80
	X_{46}. 对政务公开的满意度	5.51	5.29	0.00	4.86	3.89	38.90

12. 梅州市。得分率较低的指标如表 13-13。客观指标是 R&D 经费占 GDP 比重、新增内资企业注册户数、城乡居民收入差异、工伤保险参保率、实际利用外商直接投资。主观指标是政务公开、公众幸福感、个人及家庭收入等几项满意度，其中，对政务公开的满意度指标增量得分为 0。

表 13-13　2016 年度梅州市绩效得分率较低的 8 项指标

指标属性	指标编号及名称	2014年度	2015年度	增量得分	存量得分	合计得分	得分率(%)
客观指标	X_{11}. R&D 经费占 GDP 比重（%）	0.23	0.24	80.29	12.0	25.63	25.63
	X_{13}. 新增内资企业注册户数（户）	4063	4674	17.59	70	43.80	43.80
	X_{23}. 城乡居民收入差异（倍）	1.39	1.82	18.25	80	49.13	49.13
	X_{19}. 工伤保险参保率（%）	13.47	16.71	68.52	50	51.85	51.85
	X_3. 实际利用外商直接投资（万元）	7130	5710	56.52	50	52.61	52.61
主观指标	X_{46}. 对政务公开的满意度	5.51	5.29	0.00	4.86	3.89	38.90
	X_{47}. 公众幸福感	6.77	6.82	4.79	4.20	4.32	43.20
	X_{36}. 对个人及家庭收入满意度	5.26	5.29	5.69	4.00	4.34	43.40

13. 汕尾市。得分率较低指标如表 13-14。客观指标是新增内资企业注册户数、实际利用外商直接投资、基本养老保险基金征缴额、全员劳动生产率、R&D 经费占 GDP 比重。主观指标是政府人员廉洁、公众幸福感、政务公开等几项满意度。

表 13-14 2016 年度汕尾市绩效得分率较低的 8 项指标

指标属性	指标编号及名称	2015年度	2016年度	增量得分	存量得分	合计得分	得分率(%)
客观指标	X_{13}. 新增内资企业注册户数（户）	417	555	18.28	60	39.14	39.14
	X_3. 实际利用外商直接投资（万元）	9958	4443	38.95	40	39.58	39.58
	X_{17}. 基本养老保险基金征缴额（万元）	117220	118483	50.54	41.5	44.19	44.19
	X_5. 全员劳动生产率（%）	63581	104271	8.63	80	44.31	44.31
	X_{11}. R&D 经费占 GDP 比重（%）	0.66	0.72	94.49	36.0	47.72	47.72
主观指标	X_{38}. 对政府人员廉洁的满意度	5.22	5.19	1.50	4.00	3.50	35.00
	X_{47}. 公众幸福感	6.86	6.79	2.87	4.08	3.84	38.40
	X_{46}. 对政务公开的满意度	5.07	5.10	3.68	4.04	3.97	39.70

14. 河源市。得分率较低的指标如表 13-15。客观指标为 R&D 经费占 GDP 比重、新增内资企业注册户数、城乡居民收入差异、财政赤字占 GDP 比重、工伤保险参保率。主观指标是社会治安、工作机会、自然环境等几项满意度。

表 13-15 2016 年度河源市绩效得分率较低的 8 项指标

指标属性	指标编号及名称	2014年度	2015年度	增量得分	存量得分	合计得分	得分率(%)
客观指标	X_{11}. R&D 经费占 GDP 比重（%）	0.30	0.28	73.57	13.8	25.77	25.77
	X_{13}. 新增内资企业注册户数（户）	3083	1421	14.94	70	42.47	42.47
	X_{23}. 城乡居民收入差异（倍）	1.35	1.81	11.60	80	45.80	45.80
	X_{33}. 财政赤字占 GDP 比重（%）	24.80	25.04	41.67	50	47.50	47.50
	X_{19}. 工伤保险参保率（%）	21.03	21.98	43.36	50	49.34	49.34
主观指标	X_{40}. 对社会治安的满意度	5.56	5.05	0.77	4.14	3.47	34.70
	X_{42}. 对工作机会的满意度	5.45	5.17	0.00	4.53	3.62	36.20
	X_{45}. 对自然环境的满意度	5.28	5.24	1.28	4.23	3.64	36.40

15. 阳江市。得分率较低的指标如表 13-16。客观指标是财政赤字占 GDP 比重、营业税收入、R&D 经费占 GDP 比重、新增内资企业注册户数、工伤保险参保率。主观指标是环保宣传、执法公正性、政策稳定性等几项满意度。

表 13-16　2016 年度阳江市绩效得分率较低的 8 项指标

指标属性	指标编号及名称	2015年度	2016年度	增量得分	存量得分	合计得分	得分率（%）
客观指标	X_{33}. 财政赤字占 GDP 比重（%）	8.24	10.73	0.00	50	35.00	35.00
	X_4. 营业税收入（万元）	73871	36189	32.98	50	43.19	43.19
	X_{11}. R&D 经费占 GDP 比重（%）	0.67	0.73	92.80	36.3	47.59	47.59
	X_{13}. 新增内资企业注册户数（户）	563	2034	27.05	70	48.53	48.53
	X_{19}. 工伤保险参保率（%）	18.32	18.61	36.19	50	48.62	48.62
主观指标	X_{44}. 对环保宣传的满意度	5.17	5.35	6.66	4.00	4.27	42.70
	X_{39}. 对执法公正性的满意度	5.16	5.42	7.35	4.73	5.25	52.50
	X_{43}. 对政策稳定性的满意度	5.12	5.29	6.21	5.19	5.39	53.90

16. 清远市。得分率较低的指标如表 13-17。客观指标是 R&D 经费占 GDP 比重、亿元 GDP 生产安全事故死亡、城乡居民收入差异、营业税收入、新增内资企业注册户数。主观指标是环保宣传、政府人员廉洁、执法公正性等几项满意度。

表 13-17　2016 年度清远市绩效得分率较低的 8 项指标

指标属性	指标编号及名称	2015年度	2016年度	增量得分	存量得分	合计得分	得分率（%）
客观指标	X_{11}. R&D 经费占 GDP 比重（%）	0.45	0.38	61.45	19.2	27.66	27.66
	X_{20}. 亿元 GDP 生产安全事故死亡	0.16	0.20	0.00	60	42.00	42.00
	X_{23}. 城乡居民收入差异（倍）	1.46	1.96	4.57	80	42.29	42.29
	X_4. 营业税收入（万元）	153641	69785	17.05	60	42.82	42.82
	X_{13}. 新增内资企业注册户数（户）	3878	4353	17.48	70	43.74	43.74
主观指标	X_{44}. 对环保宣传的满意度	5.41	5.47	4.98	4.51	4.56	45.60
	X_{38}. 对政府人员廉洁的满意度	5.34	5.47	4.13	5.41	5.16	51.60
	X_{39}. 对执法公正性的满意度	5.30	5.44	6.56	4.83	5.18	51.80

17. 东莞市。得分率较低的指标如表 13-18。客观指标是全员劳动生产率、旅游业收入占 GDP 比重、平均造林面积、教育经费占 GDP 比重、公务员工资与平均工资的差异。主观指标是政策稳定性、社会治安、公众幸福感等几项满意度。

表 13-18 2016 年度东莞市绩效得分率较低的 8 项指标

指标属性	指标编号及名称	2015年度	2016年度	增量得分	存量得分	合计得分	得分率（%）
客观指标	X_5. 全员劳动生产率（%）	96035	118291	2.51	80	41.26	41.26
	X_7. 旅游业收入占 GDP 比重（%）	5.97	6.52	0.00	60	42.00	42.00
	X_{31}. 平均造林面积（平方米/人）	0.00	0.00	93.56	30	42.71	42.71
	X_{12}. 教育经费占 GDP 比重（%）	2.09	2.09	48.39	52.3	49.97	49.97
	X_{35}. 公务员工资与平均工资的差异（倍）	1.73	1.90	40.00	60	56.00	56.00
主观指标	X_{43}. 对政策稳定性的满意度	5.13	5.17	3.74	4.51	4.36	43.60
	X_{40}. 对社会治安的满意度	5.79	5.64	2.90	6.93	6.12	61.20
	X_{47}. 公众幸福感	7.12	7.32	7.19	6.24	6.43	64.30

18. 中山市。得分率较低的指标如表 13-19。客观指标是平均造林面积、教育经费占 GDP 比重、旅游业收入占 GDP 比重、全员劳动生产率、人均医疗卫生支出。主观指标是执法公正性、社会治安、工作机会等几项满意度，其中，对执法公正性的满意度指标增量得分为 0。

表 13-19 2016 年度中山市绩效得分率较低的 8 项指标

指标属性	指标编号及名称	2015年度	2016年度	增量得分	存量得分	合计得分	得分率（%）
客观指标	X_{31}. 平均造林面积（平方米/人）	0.00	0.00	93.56	30	42.71	42.71
	X_{12}. 教育经费占 GDP 比重（%）	2.09	2.02	43.59	50.4	46.30	46.30
	X_7. 旅游业收入占 GDP 比重（%）	6.98	7.71	1.94	70	49.58	49.58
	X_5. 全员劳动生产率（%）	142987	152162	0.00	100	50.00	50.00
	X_{18}. 人均医疗卫生支出增长率（%）	1.61	1.74	40.00	60.00	56.00	56.00
主观指标	X_{39}. 对执法公正性的满意度	6.20	5.35	0.00	4.34	3.47	34.70
	X_{40}. 对社会治安的满意度	6.18	5.66	0.68	7.02	5.76	57.60
	X_{42}. 对工作机会的满意度	5.59	5.85	4.28	7.74	7.04	70.40

19. 潮州市。得分率较低的指标如表 13-20。客观指标是 R&D 经费占 GDP 比重、新增内资企业注册户数、营业税收入、工伤保险参保率、人均节能环保支出。主观指标是工作机会、政府部门服务效率、政策稳定性等几项满意度。

表13-20 2016年度潮州市绩效得分率较低的8项指标

指标属性	指标编号及名称	2015年度	2016年度	增量得分	存量得分	合计得分	得分率（%）
客观指标	X_{11}. R&D经费占GDP比重（%）	0.56	0.60	88.98	30.0	41.81	41.81
	X_{13}. 新增内资企业注册户数（户）	804	1925	22.37	70	46.19	46.19
	X_4. 营业税收入（万元）	34918	18006	44.48	50	47.79	47.79
	X_{19}. 工伤保险参保率（%）	25.22	26.03	42.01	50	49.20	49.20
	X_{24}. 人均节能环保支出（元）	142.48	51.40	70.00	30.00	50.00	50.00
主观指标	X_{42}. 对工作机会的满意度	5.05	5.06	2.26	4.00	3.65	36.50
	X_{49}. 对政府部门服务效率满意度	5.33	5.31	1.15	4.71	3.99	39.90
	X_{43}. 对政策稳定性的满意度	5.01	5.08	4.30	4.00	4.06	40.60

20. 揭阳市。得分率较低的指标如表13-21。客观指标是新增内资企业注册户数、工伤保险参保率、R&D经费占GDP比重、营业税收入、实际利用外商直接投资。主观指标是社会治安、自然环境、政策稳定性等几项满意度。

表13-21 2016年度揭阳市绩效得分率较低的8项指标

指标属性	指标编号及名称	2015年度	2016年度	增量得分	存量得分	合计得分	得分率（%）
客观指标	X_{13}. 新增内资企业注册户数（户）	-734	2515	0.00	70	35.00	35.00
	X_{19}. 工伤保险参保率（%）	7.67	7.66	32.97	40	39.30	39.30
	X_{11}. R&D经费占GDP比重（%）	0.57	0.59	83.34	29.5	40.23	40.23
	X_4. 营业税收入（万元）	63728	31349	33.88	50	43.55	43.55
	X_3. 实际利用外商直接投资（万元）	3929	3072	55.58	39	45.63	45.63
主观指标	X_{40}. 对社会治安的满意度	5.06	5.02	3.59	4.00	3.92	39.20
	X_{45}. 对自然环境的满意度	5.05	5.13	3.42	4.00	3.94	39.40
	X_{43}. 对政策稳定性的满意度	5.06	5.11	3.93	4.17	4.12	41.20

21. 云浮市。得分率较低的指标如表13-22。客观指标是R&D经费占GDP比重、新增内资企业注册户数、实际利用外商直接投资、财政赤字占GDP比重、年日照时数。主观指标是政府部门服务效率、环保宣传等几项满意度，其中，环保宣传满意度增量得分为0。

表13-22　2016年度云浮市绩效得分率较低的8项指标

指标属性	指标编号及名称	2015年度	2016年度	增量得分	存量得分	合计得分	得分率（%）
客观指标	X_{11}. R&D经费占GDP比重（%）	0.36	0.34	73.61	16.9	28.22	28.22
	X_{13}. 新增内资企业注册户数（户）	1610	1857	17.60	70	43.80	43.80
	X_3. 实际利用外商直接投资（万元）	5451	4259	55.56	40	46.22	46.22
	X_{33}. 财政赤字占GDP比重（%）	13.84	14.27	38.21	50	46.46	46.46
	X_{29}. 年日照时数（小时）	2008.1	1478.2	0.00	60	48.00	48.00
主观指标	X_{49}. 对政府部门服务效率满意度	5.13	5.24	4.17	4.29	4.27	42.70
	X_{44}. 对环保宣传的满意度	5.86	5.57	0.00	4.94	4.44	44.40
	X_{50}. 对当地政府总体表现满意度	5.36	5.27	0.32	5.60	4.55	45.50

（二）代表性县（市、区）

1. 宝安区。2016年末户籍总人口47.75万人，常住人口301.71万人，地区生产总值3003.44亿元（增长速度8.8%），人均生产总值102151元，地方公共财政预算收入217.66亿元。年度得分率较高（高于90%）的指标有基本养老保险基金征缴额、工伤保险参保率、城镇生活垃圾无害化处理率、R&D经费占GDP比重、空气污染指数API大于100天数、人均社保及就业支出、城镇污水处理率、政府网站绩效、GDP增长率。得分率低（低于50%）的为旅游业收入占GDP比重、专利授予量。

表13-23　2016年度宝安区绩效得分较高与较低的几项指标（100分制）

指标得分率	指标编号及名称	权重（%）	2015年度值	2016年度值	增量得分	存量得分	合计得分
高于90%指标	X_{17}. 基本养老保险基金征缴额（万元）	2.5	6162967	6940615	100.00	100.00	100.00
	X_{19}. 工伤保险参保率（%）	2.2	113.94	116.95	100.00	100.00	100.00
	X_{29}. 城镇生活垃圾无害化处理率（%）	2.0	100.00	100.00	100.00	100.00	100.00
	X_{11}. R&D经费占GDP比重（%）	2.3	3.84	3.90	93.38	100.0	98.68
	X_{31}. 空气污染指数API大于100天数	1.9	1	0	84.12	100	98.41
	X_{27}. 单位GDP电耗增长速度（%）	1.7	-5.01	-4.17	94.66	97.16	96.66
	X_{16}. 人均社保及就业支出（元）	2.5	497.43	923.67	77.04	100	95.41
	X_{28}. 城镇污水处理率（1.9%）	1.9	96.6	97.6	69.54	97.60	91.99
	X_{14}. 政府网站绩效得分（2.5%）	2.5	85.90	93.90	86.79	93.9	91.06
	X_1. GDP增长率（2.1%）	2.1	9.0	8.8	54.88	100.0	90.98

续表

指标得分率	指标编号及名称	权重(%)	2015年度值	2016年度值	增量得分	存量得分	合计得分
低于50%指标	X_{10}. 专利授予量（件）	2.3	14594	12507	46.82	90	44.93
	X_7. 旅游业收入占GDP比重（%）	2.2	6.24	7.02	0.00	70	49.00

2. 天河区。2016年末户籍总人口86.77万人，常住人口163.1万人，地区生产总值3801.18亿元（增长速度9%），人均生产总值239316元，地方公共财政预算收入65.95亿元。年度得分率较高（高于90%）的指标有城镇生活垃圾无害化处理率、基本养老保险基金征缴额、政府网站绩效、单位GDP电耗增长速度、GDP增长率。较低（低于50%）的两项指标分别是专利授予量与教育经费占GDP比重。

表13-24 2016年度天河区绩效得分较高与较低的几项指标（100分制）

指标得分率	指标编号及名称	权重(%)	2015年度值	2016年度值	增量得分	存量得分	合计得分
高于90%指标	X_{29}. 城镇生活垃圾无害化处理率（%）	2.0	95.2	96.1	97.40	96.10	96.36
	X_{17}. 基本养老保险基金征缴额（万元）	2.5	3966277	4526504	86.15	100.0	95.84
	X_{14}. 政府网站绩效得分（分）	2.5	81.50	90.90	95.60	90.9	92.78
	X_{27}. 单位GDP电耗增长速度（%）	1.7	-6.13	-2.36	87.94	93.26	92.19
	X_1. GDP增长率（%）	2.1	8.8	9.0	57.46	100.0	91.49
低于50%指标	X_{10}. 专利授予量（件）	2.3	3621	4392	52.00	70	35.11
	X_{12}. 教育经费占GDP比重（%）	2.0	0.62	0.64	69.03	16.0	47.80

3. 曲江区。2016年末户籍总人口31.66万人，常住人口31.68万人，地区生产总值133.95亿元（增长速度3.6%），人均生产总值42444元，地方公共财政预算收入8.07亿元。年度得分率较高（高于90%）的指标分别是城镇生活垃圾无害化处理率、单位GDP电耗增长速度（增量得分均较高，存量得分为满分）。得分率较低（低于50%）的指标是专利授予量、城镇居民人均可支配收入、营业税收入、工伤保险参保率、第三产业增加值占GDP比重。

240

表13-25 2016年度曲江区绩效得分较高与较低的几项指标（100分制）

指标 得分率	指标编号及名称	权重 (%)	2014 年度值	2015 年度值	增量 得分	存量 得分	合计 得分
高于90% 指标	X_{29}. 城镇生活垃圾无害化处理率（%）	2.0	100.00	100.00	100.00	100.00	100.00
	X_{27}. 单位GDP电耗增长速度（%）	1.7	-12.00	-5.49	81.66	100.00	96.33
低于50% 指标	X_{10}. 专利授予量（件）	2.3	211	209	48.76	50	25.00
	X_8. 城镇居民人均可支配收入（元）	2.4	22560	24861	0.6	60.00	42.18
	X_4. 营业税收入（万元）	2.1	6,894	3,221	38.36	50.00	45.34
	X_{19}. 工伤保险参保率（%）	2.2	26.60	26.66	16.65	50	46.67
	X_6. 第三产业增加值占GDP比重（%）	2.2	36.44	40.47	69.19	41.2	49.61

4. 番禺区。2016年末户籍总人口88.65万人，常住人口164.11万人，地区生产总值1753.98亿元（增长速度8.3%），人均生产总值110133元，地方公共财政预算收入81.82亿元。年度得分率较高（高于90%）的指标有城乡居民收入差异、城镇生活垃圾无害化处理率、基本养老保险基金征缴额、政府网站绩效等。得分率较低（低于50%）的指标是专利授予量、营业税收入，其中，营业税收入的增量得分较低。

表13-26 2016年度番禺区绩效得分较高与较低的几项指标（100分制）

指标 得分率	指标编号及名称	权重 (%)	2015 年度值	2016 年度值	增量 得分	存量 得分	合计 得分
高于90% 指标	X_{24}. 城乡居民收入差异	4.2	2.21	1.61	100.00	100.00	100.00
	X_{29}. 城镇生活垃圾无害化处理率（%）	2.0	95.2	96.1	97.40	96.10	96.36
	X_{17}. 基本养老保险基金征缴额（万元）	2.5	3966277	4526504	86.15	100.0	95.84
	X_{14}. 政府网站绩效	2.5	81.50	90.90	95.60	90.9	92.78
	X_{27}. 单位GDP电耗增长速度（%）	1.7	-6.13	-2.36	87.94	93.26	92.19
	X_1. GDP增长率（%）	2.1	8.5	8.3	54.88	100.0	90.98
低于50% 指标	X_{10}. 专利授予量（件）	2.3	3621	4392	52.00	70	35.11
	X_4. 营业税收入（万元）	2.1	195,143	80,438	30.01	60.00	48.01

5. 金湾区。2016年末户籍总人口14.37万人，常住人口26.58万人，地区生产总值460.31亿元（增长速度9.1%），人均生产总值175290元，地方公共财政预算收入21.39亿元。年度得分率较高（高于90%）的指标是城镇生活垃圾无害化处理率、R&D经费占GDP比重、单位GDP电耗增长速度、城镇污水处理率、全员劳动生产率，得分率较低（低于50%）的指标是专利授予量、第三产

241

业增加值占 GDP 比重。

表 15-27　2016 年度金湾区绩效得分较高与较低的几项指标（100 分制）

指标得分率	指标编号及名称	权重（%）	2015年度值	2016年度值	增量得分	存量得分	合计得分
高于 90% 指标	X_{29}. 城镇生活垃圾无害化处理率（%）	2.0	100.0	100.0	100.00	100.00	100.00
	X_{11}. R&D 经费占 GDP 比重（%）	2.3	2.14	2.20	94.48	100.0	98.90
	X_{27}. 单位 GDP 电耗增长速度（%）	1.7	-1.61	-3.10	100.00	94.85	95.88
	X_{28}. 城镇污水处理率（%）	2.1	95.7	96.3	67.94	96.30	90.63
	X_5. 全员劳动生产率（%）	2.1	185951	203234	80.45	100	90.23
低于 50% 指标	X_{10}. 专利授予量（件）	2.3	2263	3096	54.26	70	35.18
	X_6. 第三产业增加值占 GDP 比重（%）	2.2	21.48	25.95	69.70	26.4	39.41

6. 澄海区。2016 年末户籍总人口 78.09 万人，常住人口 82.58 万人，地区生产总值 425.45 元（增速 9.6%），人均生产总值 51623 元，地方公共财政预算收入 19.96 亿元。年度得分率较高（高于 90%）的指标是空气污染指数 API 大于 100 天数、年日照时数、亿元 GDP 生产安全事故死亡、GDP 增长率、单位 GDP 电耗增长速度。得分率较低（低于 50%）的指标是专利授予量、R&D 经费占 GDP 比重、城镇居民人均可支配收入、工伤保险参保率、第三产业增加值占 GDP 比重、人均文体与传媒支出，其中，工伤保险参保率的增量得分为 0。

表 13-28　2016 年度澄海区绩效得分较高与较低的几项指标（100 分制）

指标得分率	指标编号及名称	权重（%）	2015年度值	2016年度值	增量得分	存量得分	合计得分
高于 90% 指标	X_{31}. 空气污染指数 API 大于 100 天数	1.9	3	1	85.88	100	98.59
	X_{30}. 年日照时数（小时）	1.9	2010.7	2010.0	71.73	100	94.35
	X_{20}. 亿元 GDP 生产安全事故死亡	2.0	0.11	0.04	100.00	90	93.00
	X_1. GDP 增长率（%）	2.1	8.5	9.6	63.27	100.0	92.65
	X_{27}. 单位 GDP 电耗增长速度（%）	1.7	-5.78	-1.33	86.38	91.04	90.10
低于 50% 指标	X_{10}. 专利授予量（件）	2.3	1093	1132	49.42	70	35.02
	X_{11}. R&D 经费占 GDP 比重（%）	2.3	0.60	0.61	81.96	30.5	40.82
	X_8. 城镇居民人均可支配收入（元）	2.4	23260	23283	0.5	60.00	42.14
	X_{19}. 工伤保险参保率（%）	2.2	30.42	29.26	0.00	50	45.00
	X_6. 第三产业增加值占 GDP 比重（%）	2.2	34.67	35.74	65.79	36.4	45.22
	X_{15}. 人均文体与传媒支出（元）	2.0	57.00	56.87	65.60	44.35	48.60

7. 禅城区。2016年末户籍总人口63.3万人，常住人口113.43万人，地区生产总值1585.26亿元（增长速度8.1%），人均生产总值140600元，地方公共财政预算收入97.63亿元。年度得分率较高（高于90%）的指标有城镇登记失业率、城镇生活垃圾无害化处理率、政府网站绩效、单位GDP电耗增长速度、财政赤字占GDP比重、城镇污水处理率、GDP增长率，其中，城镇登记失业率和城镇生活垃圾无害化处理率指标的增量得分和存量得分均为满分。得分率较低（低于50%）的指标是专利授予量、旅游业收入占GDP比重。

表13-29 2016年度禅城区绩效得分较高与较低的几项指标（100分制）

指标得分率	指标编号及名称	权重(%)	2015年度值	2016年度值	增量得分	存量得分	合计得分
高于90%指标	X_{23}. 城镇登记失业率（%）	2.5	2.4	2.2	100.00	100.00	100.00
	X_{29}. 城镇生活垃圾无害化处理率（%）	2.0	100.0	100.0	100.00	100.00	100.00
	X_{14}. 政府网站绩效得分（分）	2.5	81.70	91.80	100.00	91.8	95.08
	X_{27}. 单位GDP电耗增长速度（%）	1.7	-3.95	-2.48	93.22	93.52	93.46
	X_{35}. 财政赤字占GDP比重（%）	2.5	2.53	0.64	75.82	100.00	92.74
	X_{28}. 城镇污水处理率（%）	1.9	94.4	96.7	75.18	96.70	92.40
	X_1. GDP增长率（%）	2.1	8.2	8.1	55.52	100.00	91.10
低于50%指标	X_{10}. 专利授予量（件）	2.3	3017	670	35.14	70	35.10
	X_7. 旅游业收入占GDP比重（%）	2.2	6.20	7.24	0.03	70	49.01

8. 鹤山市。2016年末户籍总人口37.21万人，常住人口50.53万人，地区生产总值287.04亿元（增长速度8.2%），人均生产总值56969元，地方公共财政预算收入24.96亿元。年度得分率较高（高于90%）的三项指标是城镇生活垃圾无害化处理率、单位GDP电耗增长速度、GDP增长率。得分率较低（低于50%）的指标是专利授予量、营业税收入、城镇居民人均可支配收入、第三产业增加值占GDP比重，增量得分均偏低。

表13-30 2016年度鹤山市绩效得分较高与较低的几项指标（100分制）

指标得分率	指标编号及名称	权重(%)	2015年度值	2016年度值	增量得分	存量得分	合计得分
高于90%指标	X_{29}. 城镇生活垃圾无害化处理率（%）	2.0	100.0	100.0	100.00	100.00	100.00
	X_{27}. 单位GDP电耗增长速度（%）	1.7	-4.00	-2.43	92.97	93.40	93.31
	X_1. GDP增长率（%）	2.1	9.0	8.2	50.78	100.00	90.16

续表

指标 得分率	指标编号及名称	权重 （%）	2015 年度值	2016 年度值	增量 得分	存量 得分	合计 得分
低于50% 指标	X_{10}. 专利授予量（件）	2.3	832	966	51.25	60	30.08
	X_4. 营业税收入（万元）	2.1	24,900	11,825	39.53	50.00	45.81
	X_8. 城镇居民人均可支配收入（元）	2.4	25552	27852	0.6	70.00	49.17
	X_6. 第三产业增加值占GDP比重（%）	2.2	38.36	40.14	66.62	40.9	48.60

9. 龙门县。2016年末户籍总人口35.95万人，常住人口31.79万人，地区生产总值180.46亿元（增长速度12%），人均生产总值56891元，地方公共财政预算收入8.09亿元。得分率较高（高于90%）的指标有城镇生活垃圾无害化处理率、R&D经费占GDP比重、城乡居民收入差异、教育经费占GDP比重、城镇污水处理率；得分率较低（低于50%）的指标是专利授予量、城镇居民人均可支配收入、营业税收入、财政赤字占GDP比重。

表13-31 2016年度龙门县绩效得分较高与较低的几项指标（100分制）

指标 得分率	指标编号及名称	权重 （%）	2015 年度值	2016 年度值	增量 得分	存量 得分	合计 得分
高于90% 指标	X_{29}. 城镇生活垃圾无害化处理率（%）	2.0	100.0	100.0	100.00	100.00	100.00
	X_{11}. R&D经费占GDP比重（%）	2.3	1.90	1.98	100.00	99.2	99.36
	X_{24}. 城乡居民收入差异（%）	4.2	1.59	1.22	92.05	100.00	96.02
	X_{12}. 教育经费占GDP比重（%）	2.0	1.68	3.27	95.92	81.8	90.25
	X_{28}. 城镇污水处理率（%）	1.9	97.6	97.0	62.60	97.00	90.12
低于50% 指标	X_{10}. 专利授予量（件）	2.3	1959	1978	49.04	70	35.00
	X_8. 城镇居民人均可支配收入（元）	2.4	17037	19192	0.6	50.00	35.18
	X_4. 营业税收入（万元）	2.1	11,217	4,972	34.73	50.00	43.89
	X_{35}. 财政赤字占GDP比重（%）	2.5	4.22	11.69	50.00	50.00	50.00

10. 电白区。2016年末户籍总人口208.2万人，常住人口166.85万人，地区生产总值580.97亿元（增长速度8.1%），人均生产总值34865元，地方公共财政预算收入23.66亿元。年度得分率较高（高于90%）的指标分别是城镇生活垃圾无害化处理率、千人拥有病床数、城镇污水处理率、年日照时数、亿元GDP生产安全事故死亡、单位GDP电耗增长速度、教育经费占GDP比重；得分率低（低于50%）的指标为专利授予量、R&D经费占GDP比重、城镇居民人均可支配收入、第三产业增加值占GDP比重、工伤保险参保率、营业税收入、人

均文体与传媒支出、旅游业收入占 GDP 比重。

表 13-32 2016 年度电白区绩效得分较高与较低的几项指标（100 分制）

指标得分率	指标编号及名称	权重（%）	2015年度值	2016年度值	增量得分	存量得分	合计得分
高于90%指标	X_{29}. 城镇生活垃圾无害化处理率（%）	2.0	100.0	100.0	100.00	100.00	100.00
	X_{21}. 千人拥有病床数（张）	2.1	4.39	5.03	100.00	100.00	100.00
	X_{28}. 城镇污水处理率（%）	1.9	88.4	94.3	90.78	94.30	93.60
	X_{30}. 年日照时数（小时）	1.9	2008.1	1963.9	65.84	100	93.17
	X_{20}. 亿元 GDP 生产安全事故死亡	2.0	0.10	0.04	94.29	90	91.29
	X_{27}. 单位 GDP 电耗增长速度（%）	1.7	-3.86	-1.38	90.90	91.15	91.10
	X_{12}. 教育经费占 GDP 比重（%）	2.0	4.75	5.62	83.66	100.0	90.20
低于50%指标	X_{10}. 专利授予量（件）	2.3	708	1048	55.89	70	35.24
	X_{11}. R&D 经费占 GDP 比重（%）	2.3	0.54	0.58	88.35	29.0	40.89
	X_{8}. 城镇居民人均可支配收入（元）	2.4	20907	22858	0.6	60.00	42.17
	X_{6}. 第三产业增加值占 GDP 比重（%）	2.2	43.87	37.02	56.73	37.7	43.41
	X_{19}. 工伤保险参保率（%）	2.2	12.71	12.16	8.34	50	45.83
	X_{4}. 营业税收入（万元）	2.1	20,662	9,883	40.05	50.00	46.02
	X_{15}. 人均文体与传媒支出（元）	2.0	25.12	40.43	70.83	42.72	48.34
	X_{7}. 旅游业收入占 GDP 比重（%）	2.2	5.18	9.19	0.37	70	49.11

三、若干建议

作为一种重塑政府发展模式的理性工具，政府绩效评价影响政府行为及公共政策取向。从技术层面分析，提高政府绩效指数，我们提出以下建议。

第一，力求领域间、区域间均衡发展，避免指标值变化大起大落。均衡发展是社会经济发展内在规律和要求，亦为评价技术体系设计的基本原则。从年度绩效评价结果来看，指数靠前的市，各领域层也保持了较好的协调性。如 2016 年度排序前五位的深圳市、珠海市、广州市、中山市和佛山市，五大领域层绩效水平较高且均衡。提高地方政府整体绩效，应避免出现"单科"或"短腿"的现象。为此，应切实注重均衡发展、协调发展，实现经济、社会、环保的全面协调，同时保持政策措施的连续性和前瞻性，确保增量相对稳定，并正向变化，防止年度之间指标数据值大起大落。

第二，各地应针对短项指标加以改进。本年度评价结果发现，在 21 个地级以上市得分率最低的三项指标中，大致可为两种情况：一是出现频率较高（5次及以上）的指标，分别有R&D经费占GDP比重（10次）、新增内资企业注册户数（9次）、平均造林面积（7次）、营业税收入（6次）、全员劳动生产率（5次）、城乡居民收入差异（5次）、实际利用外商直接投资（5次），可视为各地共性的短板指标；另一类是出现频率较低（5次以下）的指标，分别有教育经费占GDP比重（4次）、旅游业收入占GDP比重（4次）、工伤保险参保率（2次）、人均医疗卫生支出（1次）、人均节能环保支出（1次）、第三产业增加值占GDP比重（1次）、基本养老保险基金征缴额（1次）、财政赤字占GDP比重（1次）、亿元GDP生产安全事故死亡（1次），可视为各地个性短项指标。21个地级以上市得分率最低的三项客观指标如表5-33，应针对这些短项指标重点加以改进。

表13-33 21个地级以上市得分率最低的三项客观指标比较

地市	2016年度绩效得分最低的三项指标
广州	平均造林面积、教育经费占GDP比重、全员劳动生产率
韶关	营业税收入、城乡居民收入差异、工伤保险参保率
深圳	平均造林面积、旅游业收入占GDP比重、全员劳动生产率
珠海	平均造林面积、全员劳动生产率、教育经费占GDP比重
汕头	R&D经费占GDP比重、新增内资企业注册户数、实际利用外商直接投资
佛山	教育经费占GDP比重、平均造林面积、旅游业收入占GDP比重
江门	平均造林面积、新增内资企业注册户数、人均医疗卫生支出
湛江	R&D经费占GDP比重、营业税收入、城乡居民收入差异
茂名	营业税收入、R&D经费占GDP比重、实际利用外商直接投资
肇庆	新增内资企业注册户数、营业税收入、实际利用外商直接投资
惠州	全员劳动生产率、人均节能环保支出、第三产业增加值占GDP比重
梅州	R&D经费占GDP比重、新增内资企业注册户数、城乡居民收入差异
汕尾	新增内资企业注册户数、实际利用外商直接投资、基本养老保险基金征缴额
河源	R&D经费占GDP比重、新增内资企业注册户数、城乡居民收入差异
阳江	财政赤字占GDP比重、营业税收入、R&D经费占GDP比重
清远	R&D经费占GDP比重、亿元GDP生产安全事故死亡、城乡居民收入差异
东莞	全员劳动生产率、旅游业收入占GDP比重、平均造林面积
中山	平均造林面积、教育经费占GDP比重、旅游业收入占GDP比重
潮州	R&D经费占GDP比重、新增内资企业注册户数、营业税收入
揭阳	新增内资企业注册户数、工伤保险参保率、R&D经费占GDP比重
云浮	R&D经费占GDP比重、新增内资企业注册户数、实际利用外商直接投资

（本章执笔：厦门大学公共事务学院博士生　张兴）

附录

2017年度广东省地方政府整体绩效评价结果

"广东省地方政府整体绩效评价"始于2007年,被视为"破冰之举"及"开全国先河"。2018(针对2017年度)采用与上年相同的评价指标体系(仅将营业税调整为增值税)。同时,全省公众满意度调查有效样本量21122人(样本结构详见第八章)。

一、评价结果

21个地级以上市整体绩效指数均值为0.728,较上年(0.715)上升了1.3%。结果详见附表1。

附表1 2017年度21个地级以上市政府整体绩效评价结果

地市	总体绩效	排名	促进经济发展	排名	维护社会公正	排名	保护生态环境	排名	节约政府成本	排名	实现公众满意	排名
深圳市	0.868	1	0.805	1	0.964	1	0.861	1	0.799	3	0.882	1
广州市	0.835	2	0.761	3	0.925	2	0.742	19	0.861	1	0.880	2
珠海市	0.804	3	0.778	2	0.899	3	0.826	5	0.720	18	0.757	5
东莞市	0.784	4	0.719	8	0.812	7	0.781	10	0.860	2	0.795	4
佛山市	0.779	5	0.720	7	0.816	6	0.767	14	0.755	9	0.841	3
中山市	0.770	6	0.710	9	0.827	5	0.806	9	0.771	5	0.756	6
惠州市	0.759	7	0.749	4	0.843	4	0.739	20	0.760	8	0.683	9
江门市	0.748	8	0.743	5	0.765	9	0.744	17	0.766	6	0.724	7
汕头市	0.725	9	0.720	6	0.743	17	0.818	8	0.720	16	0.643	11
茂名市	0.714	10	0.668	12	0.762	11	0.822	7	0.740	11	0.619	12
韶关市	0.708	11	0.690	10	0.763	12	0.771	12	0.728	15	0.604	14
肇庆市	0.708	12	0.647	15	0.719	19	0.743	18	0.784	4	0.706	8
河源市	0.707	13	0.640	16	0.752	14	0.826	6	0.708	19	0.656	10
阳江市	0.697	14	0.651	13	0.775	8	0.762	15	0.729	14	0.596	15
清远市	0.693	15	0.636	17	0.745	15	0.843	3	0.729	13	0.572	16
潮州市	0.689	16	0.628	18	0.758	12	0.755	16	0.746	10	0.607	13
梅州市	0.682	17	0.677	11	0.754	13	0.839	4	0.631	21	0.512	18
湛江市	0.674	18	0.650	14	0.705	21	0.736	21	0.763	7	0.570	17
汕尾市	0.666	19	0.607	19	0.744	16	0.857	2	0.720	17	0.476	20
揭阳市	0.641	20	0.591	20	0.715	20	0.767	13	0.739	12	0.464	21
云浮市	0.640	21	0.585	21	0.727	18	0.772	11	0.681	20	0.482	19
均值	0.728	–	0.685	–	0.786	–	0.789	–	0.748	–	0.658	–

247

二、主要特点

一是地市整体绩效指数及排名。纵向比较，21个地级以上市指数均值为0.728，与上年相比有所进步（上年度为0.715）。其中，有15个地市指数呈增长势态，6个地市指数较上年略有下降。值得一提的是，6个呈下降态势的地市中，珠三角地区占3席。横向比较，各地市整体绩效指数存在较大差距：珠三角地区最低市（肇庆，0.708）为最高市（深圳，0.868）的81.6%；山区最低市（云浮，0.640）为最高市（韶关，0.708）的90.4%；东翼最低市（揭阳，0.641）为最高市（汕头，0.725）的88.4%；西翼最低市（湛江，0.674）为最高市（茂名，0.714）的94.5%。

二是区域指数。纵向比较，与上年度相比，珠三角、山区、东翼和西翼四大区域的整体绩效指数均呈上升趋势，年增长率分别为1.02%、2.04%、3.09%、2.45%。横向比较，四大区域之间，珠三角地区优势明显，总体指数排名前9名中有8个位于珠三角地区；排名后五位地市依次为梅州、湛江、汕尾、揭阳、云浮，主要分布于山区、东翼和西翼。同时，个别领域层绩效指数排名与总体绩效指数排名反差较大。如保护生态环境领域层，汕尾排名第2，清远第3，梅州第4，但这三个城市的整体绩效分数分别为19名、14名、17名。

三是历年评价指数比较。2006—2017年度各领域层绩效指数比较如图1所示，总体上呈现逐年递增趋势，递增幅度前期（2006—2010年）略缓，中期（2011—2014年）较大，后期（2015—2017年）增幅减缓。五个领域层呈现出三类变化趋势："促进经济发展"指数与总体绩效指数一样呈现逐年递增趋势；保护生态环境、节约政府成本、维护社会公正三大领域层指数出现回落；"实现公众满意"指数2006—2010年度基本不变，2012年达峰值，随后有所回落。

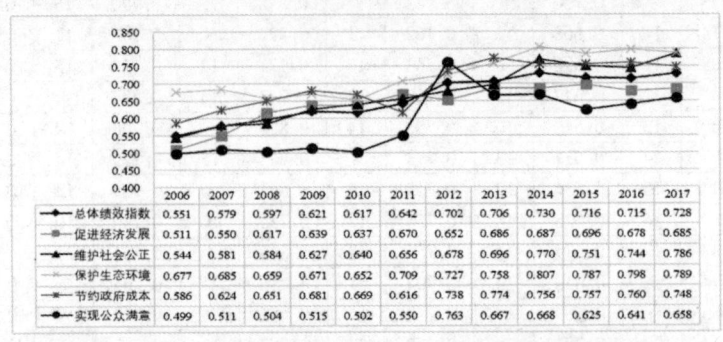

	2006	2007	2008	2009	2010	2011	2012	2013	2014	2015	2016	2017
总体绩效指数	0.551	0.579	0.597	0.621	0.617	0.642	0.702	0.706	0.730	0.716	0.715	0.728
促进经济发展	0.511	0.550	0.617	0.639	0.637	0.670	0.652	0.686	0.685	0.696	0.678	0.685
维护社会公正	0.544	0.581	0.584	0.627	0.640	0.656	0.678	0.696	0.770	0.751	0.744	0.786
保护生态环境	0.677	0.685	0.659	0.671	0.652	0.709	0.727	0.758	0.807	0.787	0.798	0.789
节约政府成本	0.586	0.624	0.651	0.681	0.669	0.616	0.738	0.774	0.756	0.757	0.760	0.748
实现公众满意	0.499	0.511	0.504	0.515	0.502	0.550	0.763	0.667	0.668	0.625	0.641	0.658

附图1 2006—2017年总体绩效指数及五大领域层绩效指数比较

（执笔：华南理工大学公共管理学院研究生 刘畅、胡晓月）